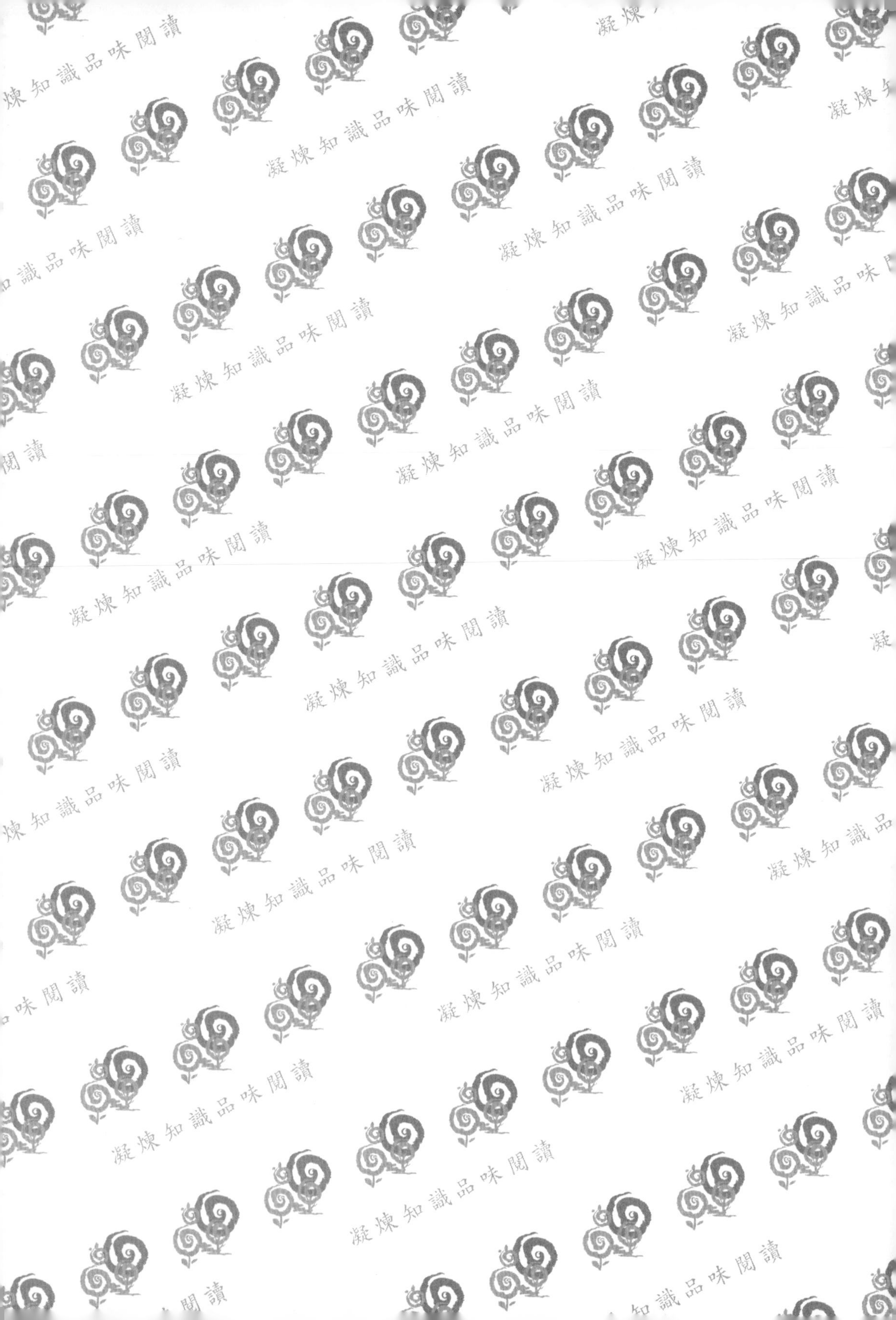
凝煉知識品味閱讀

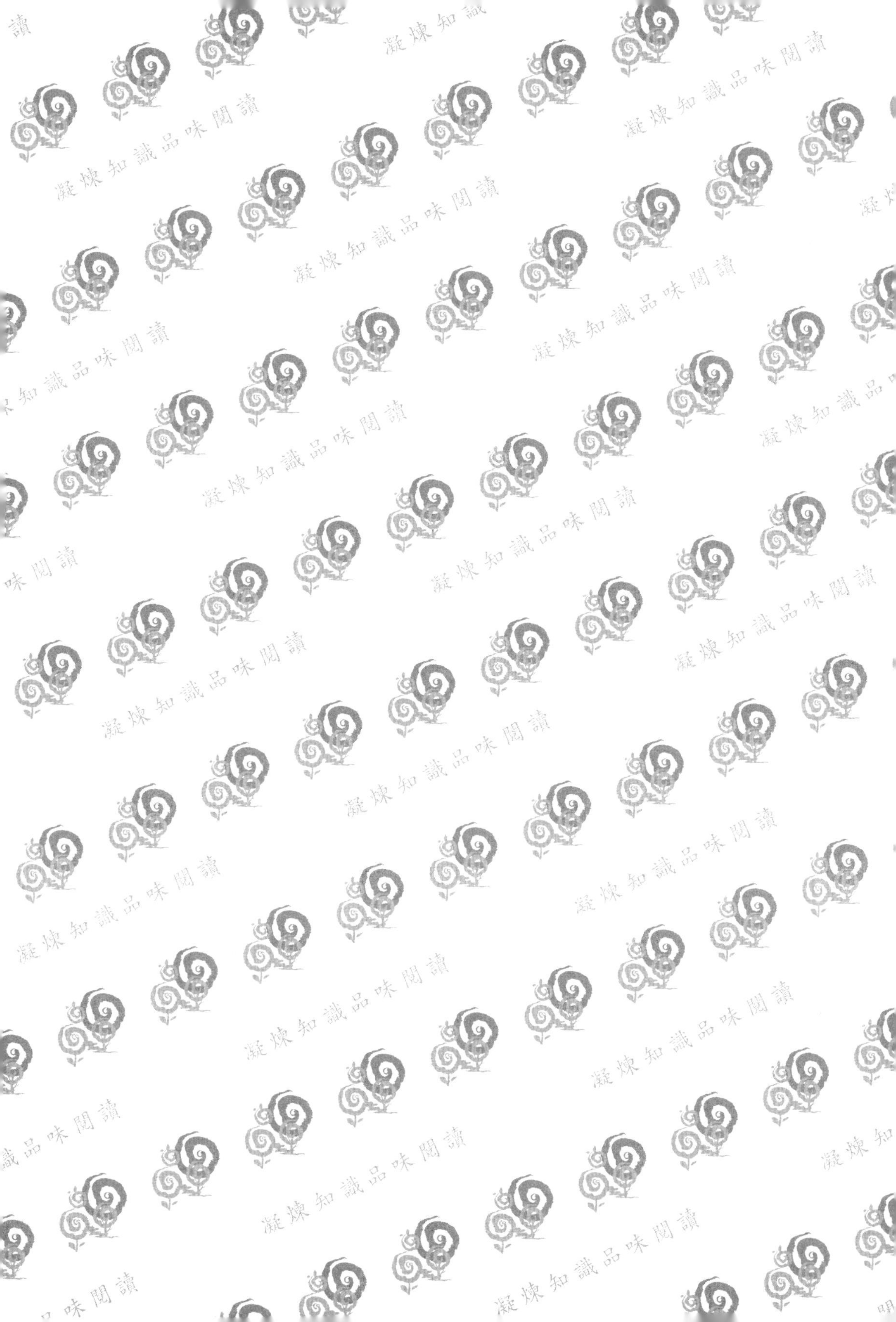

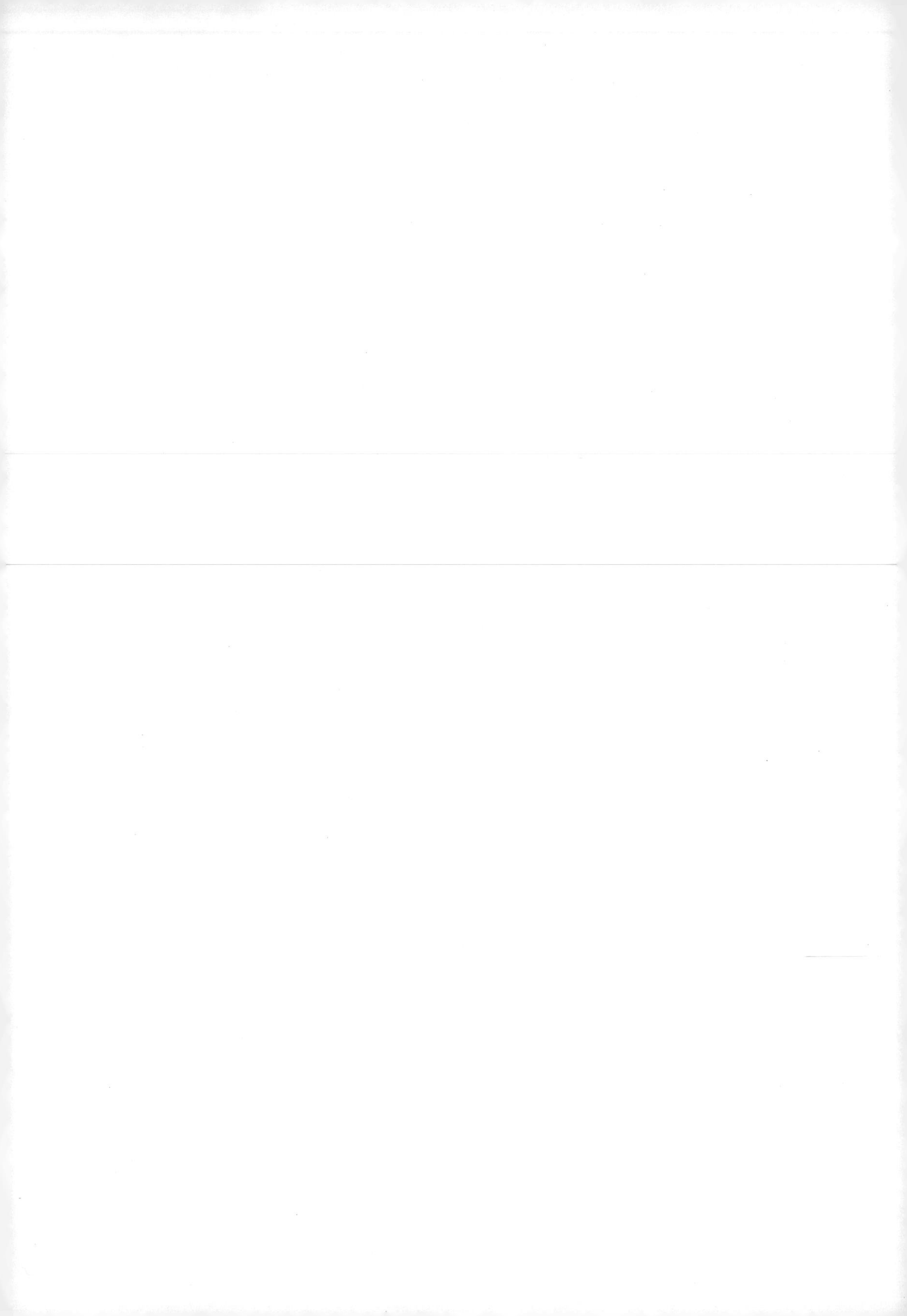

媒體與資訊素養
數位公民培力

陳炳宏
柯舜智 著

五南圖書出版公司 印行

作者序一

2008年我在臺灣師範大學開設「媒體素養教育與行動方案」通識課，2011年在臺灣大學開設「媒體素養」通識課。當初想投入媒體素養教育是基於自我反省的念頭：過去我常為推動臺灣媒體改造運動走上街頭，後來我體認到，作為一位大學教師，我該投入的場域不應只是街頭，而更應該是我熟悉的校園。另一個半開玩笑的想法是，過去我擔任新聞記者時，也許造過不少「孽」，現在只好以推動媒體素養教育來「贖罪」，希望透過教育大眾來督促媒體扮演好它在民主社會的角色。基於這些念頭，讓我決定在學校開設媒體素養課程，用行動落實媒體素養教育。

2014年我另在臺師大師資培育學程開設「教育議題專題：媒體素養教育」課程。當時教育部十二年國教新課綱將「科技資訊與媒體素養」列為九大核心能力之一，雖然國教領域推動媒體素養的決策很激勵我，但很遺憾，我發現多數人並不了解「科技資訊與媒體素養」是什麼？是一種、兩種，還是三種素養？同時我還發現，新課綱把媒體素養列為核心能力，但全國各大學師培學程並沒有開這門課，我擔心這會變成不教而殺為之虐的政策，因此我就決定自己先跳進來開課。

從2008年到現在約莫十三年。記得大約兩年前，一位教過我且我很敬重的老師問我，教媒體素養多久了？我回答十年，他接著直問我十年來臺灣媒體有變好嗎？我很誠實回答「沒有」，他就再問我「那為何要浪費時間在沒有成效的事情上」？我當時一時語塞，竟不知如何回答？後來我腦袋空白很久，最後才對老師吐出一句話作為回應，我說「我就是不甘心」！

當年決定一腳踏入媒體素養教育領域，真不是我學術生涯的原始規劃，但當2010年我以媒體素養通識課程榮獲教育部全國傑出通識教育教師獎後，這個榮耀讓我決定把媒體素養教育當成我的專業使命。在這段推動媒體素養旅程上，實在有許多應該感謝的人：包括當初一股腦拉我加入媒體素養推動行列的世新大學廣電系黃聿清教授、很鼓勵我投入這領域的台灣媒體觀察教育基金會前董事長鄭瑞城教授及臺師大前副校長林東泰教授，還有在擔任臺師大通識中心主任時很支持我媒體素養課程的劉美慧教務長及多方協助爭取學校資源的吳正己校長，以及讓我能持續推動媒體素養教育的產學合作單位中嘉數位公司。

最後更要感謝本書合著作者柯舜智教授，她讓我想透過文字傳承媒體素養教育的夢想可以成真，還要感謝五南圖書出版公司陳念祖副總編輯與本書責任編輯李敏華小姐的支持與協助，讓這本書的出版成為可能。

如果說我人生後半段學術生涯的努力有一點點成果的話，這些都是我的貴人。在貴人相助下，希望這本書的出版能對臺灣媒體素養教育有些許貢獻，但更重要的，衷心盼望媒體要變好，臺灣才能更好。

陳炳宏

2021年8月

作者序二

本書從孕育到出版長達五年，出書緣起可以追溯至十七年前。

2004年開設「媒介批評」課程，開始把媒體素養教育帶入課堂。由於曾修習教育專業課程，加上爸媽及妹妹都是學校老師，分別在高中、小學及大學任教，讓我深刻體認教育的重要性與影響力。當時就想，如果能讓媒體相關知識普遍進入各階段教育，一定會降低媒體的負向影響，減少社會許多不必要的誤解與衝突。

2008年有機會到臺北大學通識中心開設「媒體與社會」通識課程，也不忘置入媒體素養。真正開設「媒體素養」專業課程是2010年文化大學的院必修課程，可惜2012年因課程調整而取消；所幸通識中心同意讓我開設「數位時代媒體新素養」，該課程獲得教育部經費補助，也榮獲全國績優課程，從此定錨找到可以全心投入的場域。

這段時間除了教學也陪伴孩子成長。兩個孩子都是數位原住民，兒子沉迷於線上遊戲及各式電玩，女兒流連忘返於Instagram與YouTube等社群媒體。他們身上所發生的各種狀況，常成為課堂上的教學案例，讓我格外關注新媒體的影響。生活在線上線下與虛實整合的媒體環境，年輕世代無所遁逃於媒體與資訊所編織的綿密網絡，更加需要媒體與資訊素養。

面對科技演變與數位匯流現象，過去以大眾媒體為主的素養教育出現侷限性。現今的媒體不僅分眾、小眾，還可以客製化；自媒體時代，民眾不再只是單純的接收訊息者，也是創製媒體的訊息生產者。媒體素養的內涵需要擴充，增加媒體生產製作面向與資訊能力的素養，還有了解大眾媒體的數位化變革與影響。

上述這些歷程在2016年匯聚在一起。臺師大陳炳宏教授邀我一起撰寫媒體素養專書，由陳教授主筆媒體生態及大眾媒體等相關的素養，我則較側重新媒體。可惜才開始撰寫不到二個月，眼睛因黃斑部病變停筆近一年，嚴重拖延專書進度。之後我們又因種種因素，再延了二年，遲至2020年完成初稿。被笑稱從川普當選寫到川普下臺。

2021年改寫完成，五南圖書出版公司陳念祖副總編輯大力協助出版，敏華編輯專業耐心完成編排校對等事務，終於付梓成書。寫書過程漫長、出版歷程波折，格外珍惜與感恩。特別感謝陳炳宏教授，謝謝您的信任與包容，沒有您的啟動就沒有這本書；謝謝五南圖書出版公司的陳念祖副總編輯及敏華編輯，你們給了書籍生命；謝謝最親愛的家人Adam、Wilson及Eva，經常提供我最真切的觀點，還有各種支持。還要謝謝這五年來沒有放棄我的師長與好友們，謝謝你們永不斷電的鼓勵，我會繼續努力。

最終希望，這本書對大家有實質的幫助，讓使用者、媒體與社會共好。

柯舜智

2021年7月

目錄 Contents

媒體訊息解讀

主體動能

認識媒體

第 1 章 ▸▸▸

傳播媒體之本質、類型、角色與功能

學習目標

- 了解媒體與大眾媒體的定義
- 了解平面媒體與廣電媒體的本質差異
- 了解現代社會傳播媒體的角色與功能

前言

「一名網友在臉書上爆料」、「從監視器畫面中可以看到」、「驚悚行車記錄器畫面曝光」，這些話是否聽來熟悉？當你在看電視新聞或是網路電子報時，是否常聽到看到類似的話語？

當世界進入 24 小時電視新聞台、網路電子報興起的時代後，記者跑新聞的傳統模式已讓新聞顯得供不應求，於是演變成被網友戲稱的「網路抄新聞」模式，網路瀏覽器、行車記錄器、路邊監視器開始成爲新聞題材的重要來源，並且比例越來越高，甚至有的電視台占比還超過了七成，而新聞品質也越來越低落，各種未經查證的爆料訊息變成了新聞，街邊巷弄的芝麻小事都可以躍上新聞版面；新聞媒體大量刊播這類非傳統新聞，不但造成社會大眾日益的反感，近年來這現象也逐漸得到各界的重視。

新聞媒體自律協會於 2017 年 4 月 7 日舉辦「媒體三器新聞的反思座談會」，邀請學者專家及電視台主管代表，探討來自網路瀏覽器、行車記錄器、路邊監視器製播的「三器新聞」過於氾濫，造成閱聽大眾及社會反感的問題。[1]

問題是，三器新聞不好或不可以嗎？爲什麼會受到批評呢？你是否聽過不少人在批評現在的媒體，沒有新聞專業、沒有扮演好媒體的角色與功能？究竟媒體應該扮演什麼樣的角色？以及媒體必須擔負什麼樣的社會責任呢？當大眾只糾結在表面上看到的各種爛新聞而大肆抨擊時，其實是忽略了新聞媒體本身所存在的結構問題。

也就是說，即便民眾經常批評新聞媒體內容品質低落、記者只會找網路抄新聞，導致「無腦記者隨便報」、「小時候不讀書，長大當記者」等對新聞記者冷嘲熱諷的言論，經常充斥在各種社群軟體或 PTT 版面，但是如果各界不去了解媒體的功能與角色，以及其發展的結構與市場困境，就無法理解造成這些問題的根本原因，進而思考如何解決媒體面臨的問題，那麼再多的謾罵也可能無助於媒體問題的改善。

基於前面的論述脈絡，本章將幫助讀者了解什麼是大眾媒體及其類型與規範，並先介紹廣電媒體的無線電波本質、現代社會的大眾媒體應扮演什麼角色與功能，以及大眾媒體爲何需要高度的專業能力與自律精神等議題。本章共分四節，第一節說明媒體與大眾媒體的定義，以及分析傳播科技發展對媒體定義的改變及影響；接著第二節針對無線電波的公共特性，說明平面媒體與電子媒體的本質差異，同時解釋政府規管無線廣播與電視的立論基礎；第三節旨在分析傳播媒體的角色與功能，說明現代社會傳播媒體的四大功能，包括提供資訊、教育、娛樂及監督。

[1] 資料來源：李權哲（2017.4.11）。〈「三器新聞」充斥？新聞媒體自律協會邀業界人士省思〉，《ETtoday 新聞雲》（http://www.ettoday.net/news/20170411/902432.htm）。

第一節 媒體與大眾媒體的定義

一、媒介或媒體？

平常大家說媒介或媒體（medium），很容易就想到大眾媒體，但其實「medium」這字指涉的意涵相當廣泛，通常被解釋成「傳遞訊息（資訊）的載具」，它可以是炊煙（在荒島生火，將炊煙作爲向遠方船傳遞求救訊息的載具），也可以是鼓聲（在前線擊鼓，將鼓聲作爲傳遞敵軍來襲警告訊息的載具），甚至男女談情說愛時的一個動作、一個眼神，都可視爲是傳遞彼此愛意訊息的載具。因此只要是可以用來傳遞訊息的載具，都可稱做媒介。

至於到底應該稱爲媒介，還是媒體？各界未必有定論，似乎依個人習慣而定。有人說，年長世代習慣稱媒介，年輕世代則習慣稱媒體，但年長與年輕的界線爲何？好像也無法劃清。從學理上來說，媒介屬於較中性稱呼，純粹就是指訊息的載具，但如果稱做媒體，則較強調其工具取向，有其價值判斷意涵。不過話說回來，這些都不是嚴謹的劃分，還是因人而異。

簡而言之，不管稱做「媒介」或是「媒體」，基本上其所代表的意涵大致相同。平時個人可依使用習慣而稱之，但本書爲了方便讀者理解，將統一使用「媒體」作爲「medium」的中文譯稱。

二、大眾媒體的定義

在 80 年代前，所謂大眾媒體（mass media），不外就是報紙、雜誌、廣播、電視，其最大的特性就是一對多，也就是資訊可以從單一來源被傳送到多方，這就是大眾媒體的主要特性，即大眾媒體具有向大眾傳播訊息的功能。但是 80 年代以後，隨著網際網路的興起與普及，網路成爲大眾媒體的一員。由於網路具備與傳統大眾媒體不同的特性，更能吸引年輕族群的注意與喜好，因此網路已成爲年輕人最常使用的大眾媒體。因此在網路世代後出生的人被稱為「數位原住民」，而未曾經歷網路而成長的人們則被稱為「數位移民」，亦即指從原本熟悉的類比與線性的世界，開始學習與習慣數位世界的民眾。

隨著網路世代的來臨，媒體及大眾媒體的定義越來越複雜，彼此界線越來越模糊，當傳統媒體開始走進網路的數位空間後，因為數位空間的特性，也發展出了不同的傳播模式。例如：報紙不再只有紙本形式，目前不僅可以透過電腦網路瀏覽器進行線上閱讀，甚至設計成應用軟體（application, APP）在平版電腦或手機上閱讀。除此之外，還有部落格、線上影音平台如 YouTube 或直播頻道等等，都已不是傳統大眾媒體的形式，但能說這些不是大眾媒體嗎？有時候一個直播台的收視觀眾，可能比一個電視頻道還要多啊！

三、大眾媒體的類型

大眾媒體的類型簡單來說可以分為平面媒體與電子媒體兩類，報紙與雜誌屬於平面媒體，廣播與電視則是電子媒體，至於網路到底屬於哪一類媒體，一時好像很難被歸類，本節先就平面與電子兩類媒體的起源作介紹。

傳統的平面媒體指的就是報紙、雜誌。有關報紙的起源，有人說出現於西元前二世紀中國漢朝的邸報是世界上最早的報紙，但專家認為，由於邸報只提供公告性質的內容，與現代所說的報紙不同。而西方世界則認為十七世紀初在德國發行的報紙，才是正式的報紙起源，也可以說是平面媒體的起源。

電子媒體是利用無線電波傳輸訊號發展出的媒體，因此要談電子媒體的起源，就必須談到無線電波技術的發展。有關無線電波的「發現」，是在十九世紀後期由英國人法拉第（Michael Faraday）先發現電磁感應現象，後來 1887 年由德國人赫茲（Heinrich Hertz）以實驗證實無線電波的存在；至於無線電波的傳輸，是 1895 年當馬可尼（Guglielmo Marconi）與帕波夫（Alexander Stepanovich Popov）首次發射並接收到無線電訊號開始，到 1915 年第一次成功地在美國與歐洲間傳送無線電話訊號後，人類利用無線電波傳送訊號的技術發展才日益精進，才有後續的廣播、電視等電子媒體的出現。

至於網際網路的發展，根據教育部資訊及科技教育司的定義：[2] 網際網路（Internet）並不是眞正的網路，它是由各種不同網路連接起來的網路在其上提供網路服務。最初是美國國防部爲了能夠將各種不同網路連接起來，以利其研究發展計畫的進行，從 60 年代逐步發展而成的。網際網路的特性兼具文字與影音，不容易把它歸類爲平面或電子媒體，也正因爲不易歸類，且資訊跨國際流通的特性，迄今能不能管、該不該管、如何立法規範等，都是主政者的難題。

第二節 傳播媒體的本質差異

傳統上大眾媒體在民主社會被賦予的角色與功能，及其社會責任大致皆相同，主要就是成爲監督政府的第四權（下一節會討論），但平面媒體與電子媒體因有其本質上的差異，因此管制兩類媒體設立的規範則大大不同，而了解兩者的規範差異是認識現代社會傳播媒體的起點。

一、平面與電子媒體的規範差異

以設立媒體來說，不同政治環境有不同的規範機制，像在極權國家，個人是不得申請設立媒體事業的，因爲所有媒體都屬於政黨或政府所有，統統都是「官媒」。但在民主國家，只要有足夠的資金購買設備及聘請人力來產製內容，任何人都可以成爲媒體老闆。但是如果要成爲廣播電台或

2 教育部資訊及科技教育司（2021.4.1）。〈臺灣學術網路環境介紹〉（https://depart.moe.edu.tw/ed2700/News_Content.aspx?n=697CD84F427DE922&sms=954B3E2521E9F948&s=33FDC49817347991）。

電視台的老闆，那可要困難許多了！因爲成立廣播電台或電視台，不僅只是資金的問題，還須擁有無線電波頻率才行。而無線電波頻率是屬於全體大眾的公共資源，因此如何取得無線電波使用權，就必須受到政府的管制與規範。例如在臺灣，成立廣播電台或電視台，是屬於特許行爲，亦即都要先取得政府的許可，才可以成立廣播電台或電視台。

進一步說，要設立平面媒體或電子媒體的主要差異就在，平面媒體只要有足夠資金，可以馬上開店做生意，但電子媒體除必須有足夠資金外，還必須經過申請核准，在取得營運許可後才可以成立。簡單說，這差異主要在於，大眾媒體的成立是否使用到公共資源？

如果想成立平面媒體，基本上沒有特別的規範，就像成立一家公司一樣容易，例如辦報、辦雜誌，只要有資金，有內容，就可以成立報社或出版社，開始販賣報紙與雜誌。但是若要成立無線廣播電台及電視台，或是後來開放的有線電視系統及衛星電視頻道，這就不是想成立就可以成立，因爲他們屬於「特許行業」，必須經過申請並獲核准後，才得以營運。

由於電子媒體必須透過無線電頻率來傳輸訊號，才能公開播送廣電節目內容，但無線電波屬於全民所有，是公共資源，政府只是受全民委託來管理無線電頻率資源，因此當有人想使用無線電波時，政府爲善盡管理人之職責，就必須衡量諸多條件與設定諸多規範，以決定是否該開放無線電波以供申請，以及誰能使用無線電頻率。

也就是說，如果政府決定開放無線電頻率供申設電子媒體，有意成立廣電媒體的人或企業，就必須依照政府所公布的申請辦法遞送營運計畫申請書，俟審查通過取得無線電頻率使用執照後，才能開始經營廣電媒體。其過程要比平面媒體繁複許多，主要就是因爲廣電媒體傳輸訊號（節目）的載具，是屬於全民的無線電波資源，不像報社或雜誌社，只要找家印刷廠來印製，就可以開始販售報紙雜誌。

至於政府是否開放無線電頻率以供申設廣播電台或電視台，其考量因素很複雜，包括言論市場的多元化、產業結構的多元性、市場競爭的公平性、特殊族群的傳播需求，以及無線電頻率的使用效益，甚至政治因素與國家安全等等，並非說開放就開放。例如：在戒嚴時期的臺灣，因爲有報禁，根本就不准任何電子媒體的申設。

二、無線電波屬於全民的公共特質

前面提到電子媒體的設立受到政府許多規範的限制，其原因就是電子媒體需要使用到無線電頻率作爲傳輸訊息的載具，以傳播節目內容給閱聽眾。無線電波並不是人類所創造出來的，而是原本就存在於人類生活的自然界中，無聲無影且無所不在，與人類日常生活息息相關，大至廣播、電視，與行動通訊，小至汽車或電視的遙控器等，都與無線電波有關。

而無線電波到底屬於誰的？理論上來說，無所不在的無線電波是屬於全民的，政府只是受全民的委託而善加管理。當政府想要利用無線電頻率提供特定服務以增進人民福祉時，就要善盡管理的責任，訂好指配與使用規則，因爲無線電頻率不能隨意授權給無法善用的個人或團體。例如：當政府基於傳播技術等的發展，考量可以有多餘的電波頻率可供使用，且亦可滿足民眾的傳播需求時，就會開放某些頻率供各界申請。例如：1996 年前後政府開放無線電視頻率的申設，才有民視及公視的出現，使無線電視從三台變五台，以及後續幾波的無線廣播頻率的開放，使廣播電台從戒嚴時期的 33 家，到 2020 年底增加到約有 177 家。

過去政府在分配無線頻率時，大致都採用審美競賽制（beauty contest），也就是全面開放供各界申請，然後邀集專家學者審查各家的申設營運計畫書，最後再宣布獲得頻率指配的優勝者。可是當 1989 年紐西蘭通過《無線電傳播法案》（Radiocommunications Act）後，全球掀起一股頻率拍賣的風潮，因爲透過頻率的拍賣所得，可以增加國庫收益。以美國爲例，柯林頓政府在 1994 年開始採取拍賣頻率制度，六年間共爲國庫取得近 240 億美元的進帳。而 2002 年臺灣嘗試拍賣五張 3G 經營執照時，總共爲國庫取得約新台幣 488.99 億元的可觀進帳。國家通訊傳播委員會（National Communications Commission, NCC）在 2018 年宣布採審議加拍賣制，釋出 5 個無線電頻率供廣播業者競標，結果爲政府取得 7 億 4,050

萬元的標金收入，都是採頻率拍賣制以增加國庫收入的實例。

簡而言之，無線電頻率是屬於全民共有的有限資源，政府指配某頻率給誰，其他人就不能使用，而獲得無線頻率者，則可以利用頻率來獲利。例如：在 1997 年成立的臺灣大哥大公司，在取得無線電波頻率開台不到一年，年營業額即高達新台幣 124 億，稅前利益 41 億，立即成為全亞洲最大、全球第四大的民營電信業者，顯示免費指配無線電頻率政策，讓取得頻率的業者大賺其錢。但如果無線電頻率採取拍賣制，政府不僅可以透過拍賣所得厚實國庫，也可利用這筆收入去嘉惠全民，因為無線電頻率屬於全民所有。

因此頻率指配從審查制變成拍賣制的理由很簡單，就是無線電頻率屬於有限且有價的資源，政府應善盡管理職責，除設立指配規範外，更重要的是，政府也要建立監督頻率有效使用的機制，讓無線電頻率的使用能發揮最大的效益，使人民真正獲益。這也正突顯出，平面媒體不受什麼特定的法律來約束，但使用無線電頻率的廣播電台及無線電視台，卻有被認為多如牛毛的法規在規範著其行為的原因。

三、網際網路的本質與規範

網際網路是指二十世紀末期興起電腦網路與電腦網路之間所串連成的龐大網路系統，它的起源可以追溯到 1960 年代美國聯邦政府委託進行的一項研究開始。網際網路發展迄今，從地方到全球由幾百萬個私人、學術界、企業和政府的網路所構成，透過電子、無線和光纖網路等的種種技術聯繫在一起，它承載各式各樣的資訊資源和服務，例如相互關聯的超文字檔案，還有全球資訊網（WWW）的應用、電子郵件、通話，以及檔案分享等各種服務。[3]

當 90 年代網際網路成為人們日常訊息交流的傳播管道後，各界已公

3 維基百科（2021.2.25）。〈網際網路〉，《維基百科》（https://zh.wikipedia.org/wiki/%E4%BA%92%E8%81%94%E7%BD%91）。

認它是繼報紙、雜誌、廣播、電視後的第五大傳播媒體，甚至已經是年輕世代使用的第一大媒體。傳統上平面媒體並無專屬法規來規範，而廣電媒體因為使用公共的無線電波，因此政府為善盡管理之職責而訂定各種法規規範其行為，但當跨媒體特質的網際網路出現後，隨之而來的問題是，當不當訊息在其中大量流通時，基於它既平面（文字）且電子（影音）、更跨國界的特性，該如何規範與管制網際網路已成為各界關心的議題，也是亟待解決的問題，但各界迄今未必有定論，仍是持續待探究的重要議題。

第三節 傳播媒體的角色與功能

一、傳播媒體的角色

遠古時代，多數人處在孤立的環境裡面生活著，各種資訊的傳遞，甚至身體的移動都受到時間與空間的限制，可能多數人一輩子都沒離開過他的生活環境，大概就如同現代人所說的離群索居、終老一生吧。例如：在沒有電話的年代，許多人都得靠寫信來保持聯繫，當有緊急事件要聯繫離鄉的親友，那時只能透過電信機構所提供的電報服務（telegraph），才能達到緊急傳遞資訊的目的；更不用說在古老中國，皇帝都還要靠特使快馬加鞭，或者飛鴿傳書，才能將京城的訊息傳到全國各地。

但隨著傳播科技的進步，傳播媒體突破時間與空間的距離，成為人們日常生活中交換訊息、聯繫感情、趨吉避凶的工具；再加上社會組織的日益複雜化，以及人際關係的越來越疏離，現代社會的所有運作都必須連結在傳播媒體的網絡中，才得以進行，以致傳播媒體已經成為現在人對外接觸的耳朵與眼睛，成為每個現代人連結與理解外界人事物的主要管道。

二、傳播媒體的功能

除了作為訊息傳遞的管道外，隨著民主政治理念與公民社會思維的逐漸萌芽，傳播媒體協助建構民主政治體制的角色就越發受重視。也就是說，專業自主的傳播媒體扮演著催生及捍衛民主制度的角色，並有助於公民社會的建立。例如：世界上沒有一個威權國家，有著自由開放的媒體環境，也沒有一個民主國家，存在著封閉專制的媒體體制。因此媒體的角色與功能就與國家的民主政治發展息息相關。

學理上來看，傳播媒體在現代社會扮演著四大功能：

（一）提供資訊：所謂秀才不出門，能知天下事，正是因為傳播媒體把國內或國際的天下事傳送到秀才的眼前；就如同每年跨年夜，閱聽眾不用出門或出國，就可以在媒體前面欣賞世界主要國家的跨年夜活動，擴展民眾的生活視野與經驗。

（二）教育：不要狹義地去解讀媒體的教育功能。過去臺灣設立空中大學後，政府與當時的華視電視公司協議，能撥出時段，提供空中教學節目，讓空大學生只要透過客廳的電視機，即可在家受教育，拿學位，傳播媒體具有傳遞知識的教育功能。但其實傳播媒體的教育功能要強調的還有，現代人能從媒體學習及理解許多與他們生活息息相關的知識，幫助他們趨吉避凶，或增廣見聞。例如：透過每天的氣象報告，閱聽眾也許可以藉此了解氣候的變遷，或地球的暖化等知識，這都是媒體教育功能的展現，強調的是知識的傳遞與累積，而不只是狹義的受教育的功能。

（三）監督政府：專業的傳播媒體是國家民主制度發展的基石，也是西方民主國家發展出行政、立法、司法等三權分立的政治體制後，傳播媒體成為監督前三權的第四權，也是媒體被稱為第四權的起源。另外，媒體如何與政府維持適當的距離與互動關係，更是民主政治是否得以維繫，媒體是否得以謹守角色的重要影響因素，這也是當民主進步黨第一次執政時，在2003年堅決推動黨政軍退出廣電媒體的原因，因為如果政府控制或擁有媒體，那麼媒體又如何能扮演監督政府、捍衛民主政治的功能呢？

（四）休閒娛樂：以臺灣民眾為例，有多少人起床第一件事，是拿手機上網「閒晃」，或打開電視機看看新聞，或打開收音機聽聽音樂，打發閒適的時間？這些都是傳播媒體提供休閒娛樂的功能。不過以臺灣的媒體現況來說，過度的娛樂化，導致媒體忽略了提供資訊及教育，甚至監督的功能，是目前臺灣傳播媒體最被詬病的缺憾。

除前述傳播媒體的四大功能外，也有人從引領思考及塑造形象的角度去看媒體的功能，這些也都屬於媒體的議題設定（agenda-setting）或形象建構（image-building）的功能。例如：每天的報紙或電視新聞內容，會成爲民眾一整天的談話資料來源，甚至成爲他認知外界事物的標準，像影劇八卦、政治議題、食安議題，或醫藥新知等，民眾的看法或知識都會被傳播媒體所左右。這也就難怪，爲何影視明星都想透過傳播媒體的正面報導，去贏得更多粉絲的支持，甚至不惜製造假新聞，以維繫他們的正面形象；同理可知，所有主政者也都一心一意試圖想要透過控制媒體以爭取支持，進而去贏得或維繫政權。

第四節 本書架構

處於數位匯流時代，傳播科技的快速演變已改變傳統媒體的定義與範疇，媒體素養的內涵也增添資訊領域相關知能、情意與技能。本書除了介紹傳統媒體的素養，更加入網路媒體應理解的資訊素養，以因應數位時代所需。

本書分爲五大部分 14 章，第一部分是「認識媒體」，分別是第一章與第二章，先帶領大家認識媒體環境、本質、角色與功能，再說明什麼是媒體與資訊素養。第二部分是介紹「媒體生態」，共有 5 章，分別是第三章的臺灣媒體市場發展及現況、第四章的臺灣媒體產權類型與現況、第五章媒體產權的影響與爭議、第六章的廣告與置入性行銷，以及第七章的媒體收視率、點閱率與大數據分析。

本書的第三部分是「媒體訊息解讀」，包含第八章了解媒體與資訊內容產製，以及第九章解讀媒體多元訊息。第四部分「主體動能」，透過第十章媒體傳播與近用權、第十一章公共媒體，以及第十二章自媒體、社群媒體與公民記者，帶領大家了解媒體使用者所擁有的主體能動生。

本書的五部分是討論「媒體產製與監督」，包含第十三章媒體監督三律共管、第十四章數位時代的著作權與個人資料保護，以及第十五章媒體及網路社群平台的專業倫理與規範。希望透過資訊時代重要的社會議題，讓大家了解媒體產製應注意的倫理法規與監督的重要性。

結語

本章嘗試從媒體與大眾媒體的定義著手，然後分析傳播科技發展對媒體定義的影響。接著說明平面媒體與電子媒體的差異，這差異不僅關係著民眾該如何看待不同媒體，也關係著政府如何去規範不同媒體；而其間最大差異在於，印刷媒體通常屬於私有財產，但廣電媒體使用的無線電頻譜，屬於公共資產，屬於全民所有，政府受全民委託管理無線電頻譜，因爲政府不僅需負責規劃與指配頻率，善盡管理者的職責，還須負責「售後服務」，監督取得「全民資產」無線電頻率的業者，包括廣播電台、無線電視台及電信業者等，透過立法監督業者是否盡到善用公共資源，發揮最高效益的職責；如果是傳播媒體，政府則會透過法規管理其經營管理機制，以及其製播的內容等，包括現行的《廣播電視法》等廣電三法，即在監理廣電媒體業者，是否有善盡提供公共服務、滿足公共利益，以及建構公共論壇等義務。

至於現代社會傳播媒體的角色及功能，幾乎與民主國家及公民社會等的運作息息相關。也就是說，民主政治若要正常運作，必須仰賴專業、獨立、自主的傳播媒體，透過媒體的第四權去監督政府運作的三權，來確保民主政治的正常運作，因此傳播媒體被視爲是民主政治的基石。其次除前述的監督政府外，大眾媒體還扮演著提供資訊、教育學習，以及休閒娛樂的功能。另外，也有學者從媒體的影響力思考媒體的角色與功能，而提出媒體不僅可以影響民眾每天想些什麼，談些什麼，甚至影響民眾的決定，小至買什麼東西，大至把選票投給誰，因此不管廣告商，或演藝人員，甚至政治人物，無不亟思能否透過影響傳播媒體來贏取民眾的青睞，所以傳播媒體在民眾的生活，或國家的發展上，都有其不可忽視的影響力量。

第一章 思考問題

1. 你覺得在數位時代，大眾媒體的定義是否應該隨之改變？為什麼？
2. 數位時代的傳播媒體，其角色與功能跟過去會有何不同嗎？
3. 你會如何跟親朋好友解釋平面媒體沒有法規，但廣電媒體有諸多法規的原因呢？
4. 你覺得傳播媒體的四大功能會因網路媒體的出現而有所改變嗎？
5. 你對媒體監督功能的評價如何？覺得可以如何改進呢？

02

第 2 章▸▸▸

認識媒體與資訊素養

- 認識媒體與資訊素養的重要性
- 了解媒體與資訊素養的發展與意涵
- 落實媒體與資訊素養的實踐

前言

時間回到 2016 年美國第 58 屆總統選舉，當時由代表共和黨的候選人 Donald Trump 與民主黨候選人 Hillary Clinton 呼聲最高。選前的民調與主流媒體大多預測 Clinton 會勝出，但最終結果卻跌破大家眼鏡，反倒是 Trump 獲得較多的選舉人票，正式成爲美國總統。

Trump 當選之後，出現許多討論，包含社群媒體的力量、同溫層的聚集效應、美國選舉制度，以及「假新聞」的影響。

此時，美國媒體人 Paul Horner 在大選結束後跳出來說：「我想是我把 Trump 推上了總統的位置。」[1] 38 歲的 Horner 是

1 請參考 Dewey, C. (2016.11.17). Facebook fake-news writer: 'I think Donald Trump is in the White House because of me'. *Wash-*

惡名昭彰的假新聞作者，他因製造假新聞而登上主流也不是第一次，之前寫過多則假新聞，包含「一位名叫 Paul Horner 的男子歷經全世界首例頭部移植手術」，此外還有其他假新聞案件仍在訴訟中。

Horner 是個玩弄假新聞的高手，他啟動好幾個和主流媒體網址極為類似的網站，例如 cnn.com.de、nbc.com.co、abcnews.com.co、nbc.com.co 等模仿美國知名新聞網站，誘騙不知情的民眾點擊閱讀，增加流量。據估計，Horner 撰寫假新聞所獲得的流量，讓他每個月可以拿到約 1 萬美金的酬勞。[2]

Horner 在美國總統大選期間捏造一則假新聞「去抗議 Trump 的那些人是領3,500美金的走路工」，[3]讓 Trump的支持者非常開心，紛紛轉貼這則假新聞。如果你以為他是忠誠的共和黨員，那就錯了。他說自己很討厭 Trump，但寫過 Clinton 電郵事件，幫他賺了不少點擊率。Horner 萬萬想不到，許多人竟然相信他所杜撰的假新聞，不確認新聞的來源與眞實性，只是不停的轉貼、轉貼、轉貼。

假新聞事件不只美國鬧得沸沸揚揚，世界各國都面臨假新聞影響社會發展的案例，紛紛想盡辦法來打擊假新聞，提出加重罰則、建立眞實查核機制、成立檢舉窗口、鼓勵媒體自律等方式。不管提出多少抑制假新聞的方法，最後大家都不約而同的提出相同觀點：「媒體與資訊素養才是根本

---

ington Post. Retrieved from https://www.washingtonpost.com/news/the-intersect/wp/2016/11/17/facebook-fake-news-writer-i-think-donald-trump-is-in-the-white-house-because-of-me/?utm_term=.a9d25fb57288，上網日期：2017 年 2 月 28 日。

2 請參考 French, Sally (November 18, 2016). “This person makes $10,000 a month writing fake news”. *MarketWatch*. Retrieved from http://www.marketwatch.com/story/this-person-makes-10000-a-month-writing-fake-news-2016-11-17，上網日期：2017 年 2 月 28 日

3 原來的假新聞已被 Google 移除，請參考其他相關報導，上網日期：2017 年 3 月 12 日，取自 http://www.politifact.com/truth-o-meter/statements/2016/nov/17/blog-posting/no-someone-wasnt-paid-3500-protest-donald-trump-it/

解決之道」。

媒體與資訊素養是萬靈丹嗎？媒體與資訊素養眞的這麼關鍵、這麼有用，可以區辨假新聞嗎？那麼，媒體與資訊素養究竟是什麼呢？

「媒體素養」（media literacy）[4]在歐美國家起源甚早，英國教育學者謙稱他們系統性的學校媒體素養教育始於 1960 年代；事實上在 1927 年 BBC 開播之後，非正式的媒體社會教育即緊跟而來。特別是 1970 年代之後，許多國家體認到媒體不只是傳播訊息的中介工具，隨著大眾對媒體倚賴程度日深，媒體早已滲入日常生活的每個面向，成爲社會環境的一部分，媒體素養成爲許多國家的正式課程。

臺灣的媒體素養起步較晚，直到 2002 年教育部才頒布《媒體素養教育政策白皮書》，開始在學校體制內推動媒體素養。但是對許多人而言，媒體素養仍是模糊的概念；此外，傳播科技的演進日新月異，數位時代的媒體素養內涵是否需要調整？這些都是本章所要介紹的範圍。

第一節　媒體與資訊素養的重要性

一、為什麼需要媒體與資訊素養

媒體如空氣、陽光和水一樣，是人類生活不可或缺的環境要素。如果同意這個觀點，那麼請再想一想，我們是不是從小就開始學習空氣的成分、空氣的作用、空氣對人體的影響？所以我們知道地球大氣層中的空氣是由 78% 的氮氣、21% 的氧氣、1% 的其他氣體所組成的混合物；我們也了解空氣會隨著高度而改變，我們也知道空氣在自然狀態下是無味無臭、所有動物都需要呼吸氧氣、植物需要二氧化碳進行光合作用……。之後又學會空氣中有哪些有害物質對人體產生傷害，例如細懸浮微粒

4　或有人翻譯成媒體識讀或媒體教育。

（PM2.5），發展出空氣品質指標（ air quality index, AQI），也應用帶口罩或減少外出等方式來避免身體健康受到影響。

同樣的情形，我們對於水與陽光的教育課程也是從小開始，陽光和水對人體的功能及影響也瞭若指掌；我們也清楚已發展出來的水質與紫外線等監測系統，它們是把關人體健康與保障生活品質的操作機制。但是對於媒體呢？我們了解媒體的本質、媒體的組成、媒體的運作、媒體的呈現或媒體的影響嗎？我們是否已發展媒體的監測或把關機制，將媒體對個人及社會的負面影響降到最低？如果媒體已是環境的一部分，是不是應該讓媒體素養成為全民都應具備的基本知能？

曾問過同學最想移民的國家？哪個國家是心目中的生活天堂？答案很有趣。早些年 NOKIA 手機正流行的時候，「芬蘭」是最多人提出的理想移民國家；IKEA 家具量販店走紅，「瑞典」成了學生心目中的天堂。特別喜歡村上春樹的學生，「挪威」便成了首選。[5]

問題是，同學們為什麼會選擇北歐國家？是因為曾經去過而知道這幾個國家適合移民嗎？答案卻都是從來沒去過。那麼對北歐國家的好印象是來自哪裡呢？大部分的說法都是因為媒體報導。北歐國家在大多數媒體報導中，呈現了「良好社會福利、高度文明發展、重視民主人權、尊重個別差異、充滿設計創意……」等正面形象；但媒體的報導卻忽略了北歐的另一種面貌：高物價、高稅收、高憂鬱症發生率，氣候嚴寒、冬天日照時間極短、相較臺灣豐富多元的美食，北歐的飲食欠缺變化……。

面對難以親身經歷的遙遠北歐，我們不得不倚賴媒體的資訊，媒體的訊息內容形塑了腦海中對於外在世界的認知圖像，媒體如何再現外在世界、民眾如何接收訊息、解讀訊息，便成為非常重要的課題。

再以 2014 年 9 月全球注目的「香港占中」事件為例。因為不滿中國人大常委會提出的香港政治改革方案，大批香港學生發起一場爭取「真普選」的政治運動，以公民抗命為手段，占領香港金融區中環的交通要道，

5 日本作家村上春樹 1987 年出版《挪威的森林》長篇小說。

爭取香港擁有行政長官的投票權、參選權和提名權，以及立法會的全面普選。數以千計的支持者走上街頭，但抗議活動過程遭到警方的武力鎮壓，引發多起衝突。這個全世界關注的民主運動，因爲香港與臺灣地理位置的臨近性、經貿的高度互動性，以及關聯性的政治處境，讓占中事件獲得臺灣媒體的關注。

事件發生之後，臺灣四大報中的《自由時報》、《蘋果日報》與《聯合報》，連續多日以大篇幅的頭版頭條新聞來報導此事件，唯獨《中國時報》不提香港占中運動。思考一下，閱讀《自由時報》與《中國時報》的民眾，腦海中所建構的世界觀會有多麼不同？若只以《中國時報》爲主要訊息來源，對於外在環境的認知又會產生多麼嚴重的偏差？

我們無法目睹每件事情的發生、無法親臨每個事件的場景、無法洞悉每個社會現象的意涵，媒體便成爲大家倚重與仰賴的對象。媒體就像我們的第二層肌膚，帶領大家感知外在世界的瞬息萬變，進而形成知識並化爲行動。如何了解媒體與使用媒體的素養便顯得格外重要。

二、媒體與資訊素養的意義

讓我們先了解「媒體」與「素養」的關鍵意義。

（一）什麼是媒體（media）

一般中文辭典的解釋不外乎將媒體視爲「傳遞訊息的工具，例如報紙、電視等」。英文 medium 是指單一種媒體，media 是複數；如第一章所言，也有人將 media 翻爲「媒介」或「傳媒」。不管是使用哪一個名詞，我們都知道 media 指涉的不僅是作爲訊息傳送的中介管道，也包含訊息內容本身。

傳播學者 Marshall McLuhan 認爲媒體是人的延伸。[6]他在 1960 年代提出媒體的本質其實就是「人體的延伸」（the extensions of man），書籍報

---

6 McLuhan, M. (1994). *Understanding media: The Extensions of man*. New York: The MIT Press.

紙等印刷媒體是視覺的延伸、廣播是聽覺的延伸、電視是視覺與聽覺的延伸；每一種不同的媒體形式所帶給社會及個人的影響，可能比媒體所承載的內容來得更深遠。例如：電視可以帶來遙遠地方的眞實影像與聲音，甚至可以與相隔千里的陌生人一起觀看美國總統拜登的就職典禮，擁有同時間與同事件的共同記憶。這些溝通模式帶來不同的生活與人際關係，也帶來社會型態的轉變。

例如 McLuhan 生前，沒有 Wii 或 XBOX 等體感遊戲，智慧型手機、平板電腦或穿戴式裝置尚未發明，也沒有擴增實境（augmented reality, AR）或虛擬實境（virtual reality, VR）的技術，但是人類對於延伸感官去體驗世界的欲望卻是不變的。所以後來出現的觸控式媒體、體感遊戲，或者已被應用在廣告行銷中的嗅覺媒體等，[7]都是人體感官的延伸，透過這些媒體的訊息傳遞，讓我們對外界有更多的認識、取得更豐富的經驗、產生更多元的愉悅。

按照 McLuhan 的觀點來看，人類先是有了「簡單版視覺」（文字）延伸的印刷媒體，再來有聽覺與「進階版視覺」（影像）共同延伸的電子媒體，接著有觸覺延伸的觸控式媒體、穿戴式裝置、虛擬實境，以及快速發展的各種網路應用媒體等，而這些不同形式的媒體都只是人體的延伸。

所以媒體的形式隨著日新月異的科技而改變，只要是協助人體感知外界訊息的裝置，都可稱爲媒體。例如過去倚賴報紙、廣播、電視、雜誌、書籍、電影等媒體接收訊息，但是也將 CD、戶外看板，以及之後加入的網路、手機、平板、電腦等裝置稱爲媒體，因爲它們不僅是承載資訊、傳遞訊息的中介設備，同時是輔助人類接收資訊的裝置。傳播科技讓人類脫離單一的視覺與聽覺年代，快速進入觸覺時期，並朝全感官時代邁進。媒

[7] 例如美國的肉品專賣店 Oscar Mayer，在 2014 年設計一款手機的外接裝置，透過 APP 與手機的鬧鐘連動，只要設定的時間一到，手機啟動鬧鐘的鈴聲，同時也啟動這款外接裝置，噴出香氣誘人的培根氣味，「讓你在培根的香味中甦醒」。行銷活動名稱「Wake Up & Smell the Bacon」，YouTube 參考影片：https://www.youtube.com/watch?v=ciqwzvhB8LI

體全面延伸我們的中樞神經系統，不再受時間與空間的限制。

McLuhan 又說媒體就是訊息（the medium is the message），當媒體在傳送訊息的時候，傳播媒介的形式本身早已嵌入該訊息當中，人們在理解訊息的時候，必然會受到媒介形式的影響，訊息與媒介之間存在著緊密的共生關係。好比收到一封手寫情書與一封電腦打字的告白信，即使兩封信的內容一模一樣，但內心的感受是不是非常不同？又例如：朋友以 Line 傳送一張「我愛你」的貼圖，和錄一段影像親口說出「我愛你」，效果也必然不一樣。手寫的字體與電腦打字、「Line 貼圖」與「影像」的本身，蘊含不同的訊息，當我們在選擇媒體的時候，事實上也在傳達某種訊息。

因此，媒體不只是客觀的訊息傳輸管道或無意義的中介載體，媒體本身是人的延伸，媒體本身就是訊息。

（二）什麼是素養

「素養」（literacy）一詞在英文字典上的意義是「讀寫的能力」（the ability to read and write），所以過去談素養是指使用文字的閱讀與書寫的能力。隨著媒體形式的多元，素養的概念也從單純的文字書寫擴展至符號、圖片、影像、聲音、美學與資訊等廣泛的知能。

聯合國教科文組織（UNESCO）認爲「素養」是一組複雜且互動的概念，隨著社會情境與文明發展而有不同的定義。十九世紀時期，「素養」以掃除文盲爲目的，意味著民眾普遍受過教育，擁有簡單閱讀與寫作文本的技能過程；到了二十世紀以後，來自心理學、經濟學、語言學、政治學、社會學等領域的參與，讓「素養」一詞成爲廣泛的教育與知識概念的合成，不單單侷限於文字的使用技能，還包含其他知識工具的了解、批評與辯證過程。直至今日，已無法使用單一相對應的概念來說明「素養」的定義，聯合國教科文組織提出了解二十一世紀「素養」整體概念的四個面向：[8]

8 UNESCO (2006). Understandings of literacy. Retrived Feb. 20. 2017, from http://

1. 素養是一組自主性的技能（**as an autonomous set of skills**）

包含書寫、閱讀、口語表達、運算能力（numeracy）以及接近知識與資訊的能力。

2. 素養是應用、實踐與定位的能力（**as applied, practiced and situated**）

素養的意義因社會和文化背景而異，因此不能將素養視爲一種只存在於文本脈絡的讀寫技能，而是一種嵌入整體環境的社會實踐，每一種技能都可以找到社會定位。

3. 素養是學習的過程（**as a learning process**）

素養應被視爲主動積極且廣泛的學習過程，而不是教育介入之後被限制與強調的產物。

4. 素養是文本（**as text**）

此種取徑將素養視爲由具有素養的個體所生產與消費的「主題」（subject matter），文本是由複雜的語言與顯性或隱藏的意識形態內容所構成的多元主題。

總結來說，「素養」並不是單純的技能，也非教育訓練的產物，「素養」是動態的學習過程，學習的內涵包含知識技能、情意態度、批判思考與社會實踐；「素養」的定義雖然是隨社會文明的發展而變遷，但不管如何改變，「素養」的最終目的旨在促進社會大眾能公平地獲取訊息與知識，促進自由、獨立且多元客觀的社會實現。

（三）什麼是媒體與資訊素養

從傳播科技的發展來看，數位匯流之後，廣播、電視、報紙、圖片、書籍、影片、聲音等媒介，都被整合至網路數位媒體，成爲無遠弗屆的資訊洪流（information flow）。媒體的意涵擴充至接收及傳輸訊息的載體與訊息本身，媒體素養的意涵也就是培養一組完整技能的學習過程，這組技能包含製作、解讀、批評、監督不同媒體形式的多元訊息，同時可以在特

---

www.unesco.org/education/GMR2006/full/chapt6_eng.pdf

定的社會脈絡中具體實踐，以達到人人享有不受干涉發表意見的自由、不論任何國界可以通過任何媒體尋求、接收與傳遞訊息的自由。

因此媒體與資訊素養對個人來說，具有理解、分析、評估媒體訊息，以及產製媒體內容的能力，以成為耳聰目明、理性主動的傳播人。對社會來說，當人人都具備媒體與資訊素養時，劣質訊息與虛假資訊無所遁形、沒有生存空間，媒體是提供優質訊息的資料庫、是公共政策的最佳監督者，也是文化教育的良好素材，以及適宜大眾的娛樂來源。對媒體而言，一個具有媒體與資訊素養的大眾及社會，可以匡正媒體錯誤價值觀、淘汰扭曲偏見及造假的媒體，健全產業發展。

第二節 媒體素養的發展

進入媒體與資訊素養之前，讓我們先認識媒體素養的發展。媒體素養的發展與社會脈絡息息相關，面對傳播科技的演進與社會結構的變化，媒體素養也歷經不同的階段與教育哲學典範。雖然各國的媒體產業發展過程與教育政策皆有不同，但他山之石可以攻錯，特別是媒體素養發展較完善的英國。因此本節就以英國與我國的媒體素養發展為內容重點。

一、英國媒體素養的發展

（一）媒體素養教育發展階段

根據 David Buckingham[9] 與 Len Masterman[10] 的整理，英國的媒體素養

9 Buckingham, D. (2003). *Media education: Literacy, learning and contemporary culture*. London: Polity Press.
Buckingham, D. (2007). Digital media literacies: Rethinking media education in the age of the internet. *Research in comparative and international education*, *2*(1): 43-55.

10 Masterman, L. (2004). *Teaching the media*. London: Taylor & Francis.

約可分爲四個時期。

1. 媒體素養萌芽

1927 年 BBC 開播之後，學者感受大眾媒體對文學傳統及其語言文化的衝擊，認爲媒體提供膚淺的言論、思想與愉悅，所帶動的低俗流行文化將對學生的心智產生傷害，因此必須在教育體制內恢復傳統的文學素養。

2. 媒體區辨

1960 年代，大眾媒體已普及社會與各階層，民眾早已接受媒體的存在，也接受流行文化爲整體文化的一環，媒體素養教育的重點在教導學生分辨大眾文化與抗拒媒體意識形態的過程，也深思媒體對人類生活的影響。

3. 媒體去迷思化

1970 年代之後，大眾媒體蓬勃發展，電子媒體盛行，媒體素養教育更加重視影像的解析，以及媒體文本的建構本質。除了延續之前的文學批判理論及馬克思理論，還借用符號學、結構主義、心理分析等理論，解析媒體的再現及優勢團體如何透過媒體支配社會。

4. 重視媒體閱聽人

1980 年代之後，英國將媒體素養正式納入教學系統，同時將「媒體分析」與「媒體實作」作爲發展主軸，回應「閱聽人主體性」的發展趨勢。傳播科技賦予閱聽人越來越多的能動性，對媒體的參與性及掌控性也越來越高，媒體素養的目標在創造更主動積極的媒體「使用者」與「創製者」。

（二）媒體素養教育哲學的典範轉移

觀察英國媒體素養的發展歷程，早期在推動媒體素養是帶著濃厚的「保護主義」（protectionism）心態；認爲大眾媒體是低俗文化的傳布者，媒體素養的目的是提升識讀能力，鼓勵分辨與抗拒（discriminate and resist）粗糙的文化內容，擁有對抗大眾媒體商業化操控的能力，保護自己免於惡質媒體的侵害。這種保護主義的觀點，也被稱爲預防接種的「免疫典範」（inoculative paradigm）。

高舉保護主義的大旗下，在免疫典範之後的流行文化典範（popular

culture paradigm）及再現典範（representational paradigm），雖然是不同時空下的媒體素養取向，但在本質上都有程度不一的保護思維，認爲大眾媒體或可能帶來負面影響，閱聽人需要有所提防，充實媒體相關知能，提升自己閱讀觀影與分析批判的能力，避免淪爲被媒體宰制的消費者。

隨著傳播學者對閱聽人異質性與複雜性的研究，「主動訊息接收者」的觀點逐步取代「被動閱聽人」的論述，保護主義的教育取向也開始轉向；再加上傳播科技的無所不入，保護主義的觀點也面臨挑戰：現代人幾乎不可能不使用媒體，以及人人既是訊息接收者與產製者的雙重身分。媒體素養開始從教師爲中心的知識傳授，轉爲學生爲中心的實作參與；個人的能動性與主體性成爲核心，賦權（empowering）的觀點超越保護的觀點。媒體素養轉爲鼓勵學生運用資源自行產製訊息，在實際參與媒體製作的過程了解訊息的意義，同時學習反思媒體的功能與責任，朝向培養學生媒體近用與產製能力的目標。這種培養學生積極迎向媒體、擁有媒體產製能力的主體，即是「準備主義」（preparation approach）的哲學思維。[11]

媒體素養的教育哲學由保護主義轉向準備主義，並不表示完全揚棄保護主義思維下所發展的重點，例如解構媒體文本、揭示隱藏的意識形態等素養；而是增加培養媒體創製的相關能力，也回應數位匯流的傳播科技發展趨勢。

二、我國媒體素養的發展

雖然早期也有學者或教師進行實質的媒體素養培力，但是眞正有系統的鼓吹媒體素養教育，始於 1999 年成立的政大傳播學院媒體素養研究

[11] Frau-Meigs, D. (2006). Media education: A kit for teachers, students, parents and professionals. Retrived Feb. 21.2017, from http://www.unesco.org/new/en/communication-and-information/resources/publications-and-communication-materials/publications/full-list/media-education-a-kit-for-teachers-students-parents-and-professionals/

室。該研究室結合了學術領域的師生、各級學校的老師、媒體從業人員以及社會大眾，透過研究、教學、課程發展與教育推廣等途徑，實踐媒體素養教育，最終也成功協助政府公布我國第一部媒體素養教育政策白皮書。

根據吳翠珍與陳世敏的說法，[12]媒體素養雖然早就受到關注，但直到1990年代之後才逐漸成為熱門討論議題，與社會大環境的變動有很大的關係。2002年10月，教育部公布「媒體素養教育政策白皮書」，正式將媒體素養融合統整入九年一貫的學習領域，鼓勵各級學校開設媒體素養相關課程；同時將媒體素養視為終生教育，希望透過媒體素養讓個人及社會獲得「釋放」（liberating）與「賦權」（empowerment）的能力，最終達到「健康媒體社區」的願景。[13]

自2002年全面推廣媒體素養至今，綜合眾人的觀察與研究，媒體素養在臺灣這十幾年來的發展情形如下。[14]

（一）大專院校已有許多學校將媒體素養課程列為必修或選修課程。單是100學年度至102學年度的6個學期，所有大專院校開設媒體素養（或媒體識讀）的教師就有111位，共開設116門課程，[15]顯示媒體素養課程在高等教育已受到普遍性重視。

（二）高中職以下的各級學校，雖未正式開設媒體素養課程，但因媒體素養已正式進入中小學的課程綱要，所以可見到國中小學教科書納入

---

[12] 吳翠珍、陳世敏（2007）。《媒體素養教育》。臺北：巨流。

[13] 教育部（2002）。《媒體素養教育政策白皮書》。臺北：教育部。

[14] 李珮瑜（2014）。〈英國媒體素養教育對臺灣媒體素養教育之啟示〉。《教育傳播與科技研究》，107：11-27。

黃惠萍（2016）。〈從1999-2011教學案例檢視臺灣兒童媒體素養教育〉。《新聞學研究》，129：143-193。

王世英、王石番、蔣安國（2010）。〈國民小學學童媒體使用行為之研究——教師媒體素養教育反思〉。《教育資料與研究》，95：59-86。

[15] 陳炳宏、柯舜智、黃聿清編（2014）。《教學與學教——高等教育媒體素養教學手冊》。臺北：國立臺灣師範大學出版中心。

媒體素養概念，但高中職的教育現場則較缺乏相關課程。

（三）媒體素養教育在高中職以下學校的推展情形卻不如預期，一方面是教師對於媒體素養知能的不足，另一方面也受限於教學資源的缺乏，既無正式課程與授課時數，更無系統性教材的支援，容易造成第一線教師的壓力與挫折。

（四）不論是教師或學生的媒體素養知能，均存在嚴重的區域落差；東部與偏鄉的媒體素養普遍較都會區低落。此外，城鄉之間亦有數位資訊落差，媒體近用權不足，影響媒體素養知能的培育。

（五）媒體素養教育的內涵偏重媒體內容的文本分析，著重性別意識與社會價值觀的解讀，較缺乏全面性的媒體觀察與內容產製的實作課程。但整體取向已看到由保護主義邁向準備主義的趨勢。

配合國內教育政策的調整與因應數位匯流時代來臨，媒體素養與資訊素養的關係變得極爲密切，網路成爲傳統媒體與新媒體的匯聚平台，年輕族群都是網路原住民，媒體使用行爲與上一代大不相同；電腦、網路與手機取代電視、報紙、廣播與雜誌等傳統四大媒體。更甚至，社群媒體當道，自媒體盛行，人人都是資訊的產製者、傳播者與接收者，媒體素養的內涵也跟著調整。

攸關我國教育發展的「十二年國民基本教育課程綱要」，已將媒體素養與資訊素養列在「溝通互動」的面向，顯示媒體素養的重要性已受重視。

第三節　從「媒體素養」到「媒體與資訊素養」

如果大家還記得之前提過的概念：「媒體」所指涉的範疇，已隨著傳播科技的演進，擴展至電腦、網路、手機、電玩、穿戴式裝置等延伸人體中樞神經的載體；而「素養」則是主動學習的過程，是一組動態的自主性技能，可以作爲社會應用與實踐的能力。因此，「媒體素養」的涵義與具體知能，也將隨著媒體的變遷而有所不同，如同之前所提及的英國媒體素養的演變。

許多研究媒體素養的學者已指出，網路與數位匯流改變了傳統媒體的運作方式、顛覆使用者的主體位置、也改變訊息產製的機制，民眾在數位時代所要具備的素養遠較類比時代複雜與多元；媒體素養的名稱與內涵也開始有了轉變。「數位素養」（digital literacy）、「媒體素養 1.0」（media literacy 1.0）、「媒體素養 2.0」（medial literacy 2.0）、「新素養」（new literacy）、「媒體與數位素養」（media and digital literacy）、「媒體與資訊素養」（media and information literacy）、「多元媒體素養」（media literacies）等新詞彙，皆代表不同的素養指涉，也反映當下社會結構與媒體產業的變化。[16]

簡單來說，以網路媒體興起爲分水嶺；在這之前，媒體素養的內涵在經過多年的發展之後已有完整架構；之後，媒體素養開始有新的定義與詮釋，如前述的各種新語詞紛紛出現。我們整理眾人的解釋，[17]將媒體素養

---

[16] Hobbs, R. (2010). Digital and media literacy: A Plan of action. The Aspen Institute. Retrived Feb. 25.2017, from http://mediaeducationlab.com/digital-and-media-literacy-plan-action

Hoechsmann, M., & Poyntz, S. P. (2012). *Media literacies: A Critical introduction*. Wiley-Blackwell.

Potter, W. J. (2011). *Media literacy* (5th ed.). London: Sage.

[17] 本文參考了下列研究者的觀點，包含了 Hobbs, 2010（見註 16）；Hoechsmann & Poyntz, 2012（見註 16）；UNESCO, 2006（見註 8）、2013（見註 20）、2016a, 2016b（見註 21）；Buckingham, 2003, 2007（見註 9）；Silverblatt, Smith, Miller, Smith, & Brown, 2014；Wilson, Grizzle, Tuazon, Akyempong, & Cheung, 2011；Potter, 2011（見註 16）；教育部，2002（見註 13）；吳翠珍、陳世敏，2007（見註 12）等。

Silverblatt, A., Smith, A., Miller, D., Smith, J., & Brown, N. (2014). *Media literacy: Keys to interpreting media messages* (4th ed.). California: Praeger.

Wilson, C., Grizzle, A., Tuazon, R., Akyempong, K., & Cheung, C. K. (2011). Media and information literacy: Curriculum for teachers. UNESCO. Retrived Feb. 22.

分爲兩個時期來說明其內涵。

一、媒體素養的重要面向

不論是媒體素養發展已久的英國，或者是起步不久的臺灣，早期發展媒體素養的前提是以龐雜的媒體組織、單向傳播的印刷媒體與電子媒體爲主、視閱聽人爲訊息接收者，因此媒體素養的內涵不外乎五大面向：

（一）了解媒體訊息內容的製成——包含不同媒體的符號系統，如文字、語言、聲音、圖片與影像等符碼的意義；再進一步深入了解媒體文本的敘事類型與產製技巧，例如報紙新聞的寫作方式與電視新聞的報導角度並不相同，報紙以文字爲構成內容的主要元素，電視則倚賴畫面與聲音的呈現。

（二）思辨媒體的再現——理解媒介眞實與社會眞實的關係、辨識媒體內容所呈現的種族／性別／職業／年齡／階級／性傾向等各種議題的刻板印象或權力階級的關係；進一步解析媒體再現所鑲嵌的意識形態或價值觀。

（三）省思閱聽人的意義——反思個人的媒體使用行爲，體認個人在媒體文本及廣告之間的主體性位置，清楚個人對媒體內容的意義協商本質，不會輕易成爲廣告工業下的盲目消費者。

（四）分析媒體組織——首先要懂得區別公共媒體與商業媒體，其次是必須了解媒體組織中的守門機制及其對文本呈現的影響，接著要深刻體認媒體所有權如何介入訊息內容的呈現，以及商業力量與私有化對媒體運作的影響。

（五）實踐媒體近用——了解媒體公民權的意義，即世界人權宣言所揭示的「接近使用媒體以取得資訊、表達意見、進行傳播」。單純的了解難以產生強大的力量，必須實踐接近使用媒體，做個主動

2017, from http://www.unesco.org/new/fileadmin/MULTIMEDIA/HQ/CI/CI/pdf/media_and_information_literacy_curriculum_for_teachers_en.pdf

的媒體閱聽人。此外，主張個人肖像權與隱私權的保護，也不侵害他人隱私及肖像權，推動公共資訊開放。

上述五大面向包含了免疫典範、流行文化典範與再現典範對媒體素養的觀點；雖然以保護主義的哲學理念爲主，但兼具準備主義的色彩，賦予閱聽人主動積極的主體性，涵蓋層面廣泛多元。但是這些媒體素養在面對網路媒體時，仍有不足之處，遂有各種新興的媒體素養新語彙來補足。

二、「媒體與資訊素養」的重要內涵

網路媒體鋪天蓋地、來勢洶洶，既可匯整所有媒體，又有自己獨特的表達模式。由於網路媒體具有即時互動、去中心化、個人化、虛擬性、全球連結、多媒體、超文本、資料搜尋、行動接收、跨媒體跨平台等特質，與傳統媒體的內容呈現、組織運作、使用者位置等面向，皆有極大差異，民眾在數位時代所要具備的素養遠較類比時代複雜與多元。

當「媒體」的主體已經產生變化，所需具備的「素養」當然也必須有所改變。「媒體素養 1.0」與「媒體素養 2.0」即是以網路媒體的興起作爲區隔，「數位素養」、「新素養」、「媒體與數位素養」以及「多元媒體素養」（media literacies）等語詞，也都是特別針對網路媒體特質所提出的素養。

關鍵重點是，媒體素養與數位資訊素養被視爲現代公民的核心能力，媒體素養與資訊素養的融合是社會發展趨勢。綜整歐美等國家有關媒體素養的推動現況與政策（NCC, 2019），[18]歸納出三點共同的核心概念。(1)「媒體」的定義在科技匯流衝擊下，已擴展至各種新興資訊科技載具；(2) 因爲媒體範疇的擴大，民眾所必須具備的「素養」成爲多元複雜的「複數素養」，至少包含媒體、資訊、科技、電腦網路等基本能力；(3) 面對

[18] 國家通訊傳播委員會（NCC）委託臺灣經濟研究院執行「108 年度推動媒體素養之政策研析」。完整報告請參閱 https://www.ncc.gov.tw/chinese/files/20042/5138_43058_200428_1.pdf

新型態的社會情境，媒體素養的教育對象擴及全民，不再侷限於正規教育的兒童與青少年。

上述三個核心概念也是 UNESCO 提出「媒體與資訊素養」（Media and Information Literacy, MIL）的主要依據。各國對於當代媒體素養的名詞雖有不同，但內涵與能力項目才是重點。

UNESCO 說明媒體資訊素養的核心內涵，釐清傳統資訊素養與媒體素養的關鍵目標與內涵，如表 2-1 的說明。資訊素養與媒體素養的教育目標與內涵雖不相同，卻是互補互融，最終目的都是涵泳出具備數位時代所需能力的現代公民。[19]

表 2-1 UNESCO 對資訊素養與媒體素養的內涵說明

	資訊素養	媒體素養
素養目標	能清楚定義與闡明資訊需求	了解媒體在民主社會中的角色與功能
素養內涵	找到並使用資訊	了解媒體可以發揮功能的條件
	謹慎評估資訊	依據媒體功能謹慎批判式的評估媒體內容
	組織資訊	與媒體互動以實現自我表達和民主參與
	有倫理道德的使用資訊	具備使用者自我產製內容（UGC）所需要的審核技能（包括 ICT）
	傳播資訊	
	利用 ICT 技能進行資訊處理	

資料來源：UNESCO (2011:18)；作者整理繪製表格。

依據 UNESCO 的說明，「媒體與資訊素養」不只整合「媒體」與「資訊」素養，還有各自爲政卻又彼此互爲關聯的「圖書館素養」、「新聞素養」、「網際網路素養」、「數位媒體素養」、「電視素養」、「廣告素養」、「遊戲素養」、「敘事與表達素養」等。因此提出五大法則（five

[19] UNESCO (2011). Media and Information Literacy Curriculum for Teachers. Paris: UNESCO. Retrieved from https://unesdoc.unesco.org/ark:/48223/pf0000192971

laws of media and information literacy）來說明媒體與資訊素養的整合理念。[20]

法則一：訊息、圖書館、媒體、科技、網際網路及其他形式的資訊提供者，都是批判性公民參與和可持續發展的應用。它們享有平等的地位，每一項都與媒體素養息息相關。

法則二：人人都是訊息與知識的創造者，而且各自攜帶資訊。不分性別，每個人都有獲取新資訊、新知識與表達自我的權力，媒體與資訊素養是人權的樞紐。

法則三：訊息、知識和資訊並不總是價值中立或免於偏見的影響，媒體與資訊素養的概念化與應用，必須透明可信與易懂。

法則四：人人都想知道並理解新的訊息、知識或資訊，並與外界進行交流，即使當事人並沒有承認或表達出來；這些權益是不能受到侵害的。

法則五：媒體與資訊素養無法立即獲得，它是動態且具生命力的經歷及過程。只有當我們學習了接近、評估、使用、產製與傳播（access, evaluation/assessment, use, production and communication）的相關知識、技能與態度，所謂的「媒體與資訊素養」內容才算完整。

此外，爲了提供教育現場的老師們具體的教學指引，UNESCO 建立 7 個媒體與資訊素養的基本能力項目，作爲課程內容的教學核心與評量依據。[21]

---

[20] UNESCO (2013). Media and information literacy: Policy and strategy guidelines. Retrived Feb. 25. 2017, from http://unesdoc.unesco.org/images/0022/002256/225606e.pdf

[21] UNESCO (2016a). Media and information literacy: Reinforcing human rights, countering radicalization and extremism. Jagtar Singh; Paulette Kerr & Esther Hamburger (ed). Retrived March 2. 2017, from http://unesdoc.unesco.org/images/0024/002463/246371e.pdf#page=25

UNESCO (2016b). Five laws of media and information literacy. Retrived March 2. 2017, from http://www.unesco.org/new/en/communication-and-information/media-development/media-literacy/five-laws-of-mil/

（一）**了解媒體與訊息在民主生活中的角色**，以便理解媒體對於公民權以及公共事務的影響；包含公民權、言論自由、媒體倫理、媒體社會責任、終生學習以及對話溝通的能力。

（二）**理解媒體的內容及其使用**，釐清不同情境使用媒體的行為、人與內容的關係，以及媒體在不同目的的用途；包含訊息產製倫理，再現、廣告與訊息語言的使用與解析能力。

（三）**有效率的接近有影響力的資料**，應用網際網路檢索功能，快速地獲得高效能的訊息；包含網路搜尋、選擇資料、判斷訊息的能力。

（四）**精確的評估訊息與訊息來源**，並結合選擇的資訊解決問題、分析觀點；包含對比與評估資訊的可信度、眞實性、準確性、權威性、即時性與偏見、欺騙及操縱，同時可辨識訊息生成時的文化、社會及其他脈絡，了解情境對於訊息解讀的影響。

（五）**擁有應用新、舊媒體格式的能力**，能夠理解數位技術、電信工具與網際網路在資訊蒐集和決策的用途；包含理解數位技術、電信工具及網路的基本知識，且能廣泛使用多元形式的媒體表達自己的想法。

（六）**定位媒體內容的社會文化脈絡**，即理解媒體內容是在特定的社會與文化脈絡中產生的；包含解讀媒體如何被操縱來達到特定的效果、生產不同觀點、不同目標閱聽眾的媒體文本、理解視覺媒體如何透過後製（如剪輯、動畫……）來影響或塑造意義。

（七）**應用媒體與資訊素養的能力於日常生活**，理解媒體訊息與使用行為的異質性，精確評估訊息的來源，並能將相關的訊息納入知識庫；包含理解、使用、評估、批評與產製訊息的能力。

細心的讀者可能已發現，媒體與資訊素養的內涵和之前的媒體素養相較，同樣重視解讀、分析、批評、判斷媒體資訊等能力，但更強調對網際網路的應用、跨媒體文本的理解、多元訊息的評估，以及媒體訊息產製與倫理的素養。

結語

再回到假新聞的案例，我們可以從假新聞的來源是出自正式媒體組織、未曾聽聞的網站或是未具名的個人等資訊出處判斷其眞僞；也可以檢視訊息採用的呈現形式（文字、影像、符號、圖片……）、選擇的敘事手法、使用的傳播媒體，以及當時的社會文化脈絡等線索，評斷該則新聞的眞實性。甚至透過更進一步的資訊搜尋、比對與查證，假新聞就不容易遁藏了。

媒體與資訊素養是一門實際應用且充滿挑戰的課程。當我們對世界的認識與理解是來自媒體的建構，媒體素養當然成爲全民的基本知能，是現代人必須重視的終生學習歷程。

第二章

思考問題

1. 請回家進行自我觀察一週，平均一天花費在手機、電腦、電視等媒體上的時間有多少？
2. 思考個人使用媒體的理由是什麼？想從媒體獲得什麼滿足？
3. 歸納上述兩個問題，釐清媒體在生活中扮演的角色與功能。
4. 回想2018年的九合一選舉、2020年的總統與立委選舉，以及2021年的新冠肺炎，是否有各種不實資訊在媒體中流傳？你認為這些不實訊息是否影響社會與民眾？
5. 閱讀完本章，你知道媒體與資訊素養如何協助媒體使用者不被矇騙或誤導嗎？

媒體生態

03 第 3 章 臺灣媒體市場：發展與概況

學習目標

- 了解臺灣媒體發展源起
- 了解臺灣媒體市場現況
- 了解臺灣民眾使用媒體概況
- 了解媒體市場發展衍生之問題

前言

第 50 屆電視金鐘獎評審團召集人藍祖蔚在公布電視綜藝節目時說，因爲「品質低落、創意不足、娛樂不夠、知識沒有」，最後勉強「盡力」擠出三個節目入圍。此舉引發藝人吳宗憲的不滿，在頒獎典禮現場發表了回應感言，成爲網路狂傳的好文。引述吳宗憲主要發言內容：[1]

「1993 年，臺灣的電視台從四家無線電視台，突然間變成了一百多台！我們有公共電視，我們有各種

[1] 節錄自吳宗憲臉書（稍微更修內文字句及標點符號）。

宗教電視台，動物星球到旅遊頻道，Discovery 到 National Geographic，我們有客家電視，我們有原民台，購物台裡面什麼都有，什麼都賣，什麼都不奇怪！戲劇台，電影台，體育台，……最厲害的是：臺灣的新聞只有一個，但是新聞台卻有十幾台！每一台說的都不一樣！到了晚上睡不著覺，轉到一百多台，還有和尚念經給你聽……。

（略）

電視開放了一百多台，廣告沒有增加，海外收益銳減，巧婦難爲無米之炊，錢不是萬能，但是沒有錢卻萬萬不能……總不能開放了一百五十八個大學之後，才叫老百姓趕快生小孩吧？」

喬瑟芬評論吳宗憲發言時指出，不少傳播學者認爲電視產業的沒落，是因爲政府無限制開放，沒有管制，電視台林立下，彼此競爭製作經費、廣告收益、人才、觀眾所造成，節目品質也是在被迫削價競爭下逐漸下滑；很多電視產業從業人員，和厭倦再看電視的觀眾，也都持這個看法。然而如果深入臺灣有線電視產業的結構分布，恐怕會發現「過度競爭」只是表象，因爲被人詬病的一百多台，其實都壟斷在少數幾家頻道代理商手上，他們聯合了頻道所有人、經營者，自己又身兼代理商。而將不同區域的有線電視系統商整合起來的多系統業者 MSO，又與這些頻道代理商發展出可以密切合作的獲利模式。……因此，電視產業的大環境，根本不是過度競爭的問題，是垂直壟斷後，再由壟斷者橫向聯合拉高進入障礙的「沒有競爭」。[2]

吳宗憲的發言說出當前電視台的困境，而喬瑟芬的回應則點出電視台的困境在於媒體市場的過度競爭或說不競爭（市場壟斷），也就是關鍵在

---

[2] 節錄自喬瑟芬（2015.10.1）。〈電視產業的沒落，不是過度競爭，是「沒有競爭」：是政治問題，也是人性〉（https://opinion.udn.com/opinion/story/8703/1222259）。

於媒體市場出了問題。

由上述事件可以得知當前臺灣媒體市場正面臨嚴重困境，但要了解問題癥結，需先從臺灣媒體的發展脈絡與市場現況談起，而臺灣媒體問題錯綜複雜且互相影響，但是本章擬以電視市場爲討論核心，先從臺灣媒體發展源起，介紹臺灣四大媒體的概略發展及演變，以及臺灣各類型的媒體市場現況。

除了媒體市場的發展脈絡外，臺灣民眾的媒體使用行爲，也是影響媒體市場發展的重要因素，綜合了媒體發展脈絡及民眾的媒體使用行爲後，才能夠探討媒體市場發展衍生的各項問題，一方面提供讀者反思媒體市場問題，另方面也爲往後各章奠下問題討論之基礎。

第一節 臺灣媒體發展源起

前面章節介紹媒體類型時，提到大眾媒體可以區分爲平面媒體與電子媒體兩大類，並且略爲概述兩類型媒體的起源，爲了讓讀者更好的理解臺灣媒體發展的脈絡，本節將詳細介紹兩類媒體在臺灣的發展源起。

一、報紙

臺灣報紙的起源，是英國到臺灣傳教的湯姆士・巴克禮（Thomas Barclay）牧師於1885年7月12日正式在臺南創刊的《臺灣府城教會報》，爲遠東地區第一份教會報紙，這份刊物是今日《臺灣教會公報》的前身，也是臺灣民間最早出版的報紙。

《臺灣府城教會報》創刊之初，以臺語羅馬字出版印刷，每月發行一期，巴克禮在《臺灣府城教會報》發刊詞中點出，漢字難學，使用者有限，爲了方便傳達教會消息，並兼具教育信徒的使命，故採用本土化的廈門音白話字印製報刊。

該報刊隨著時代變遷，歷經數度更名，最後在1932年5月正式定名爲《臺灣教會公報》。自 1973 年 12 月起，《臺灣教會公報》改爲週刊發行。雖然《臺灣教會公報》的出版在華文世界的諸多教會報刊中不算太早，可是卻是臺灣地區發行的第一份報紙，也是臺灣報業發展史上最悠久的一份報紙，更是華文世界中，自清光緒年間發行迄今，仍然持續出報，前後綿延超過一百三十年唯一的報紙。

二、雜誌

研究指出，也許日本時代前的臺灣早已有雜誌型的媒體出現，但史料已較不可考。被視爲臺灣最早發行的雜誌是在日本時代，1896 年日本開始將大眾傳媒引進臺灣，該年 6 月 17 日創刊的《臺灣產業雜誌》月刊，該刊以報導臺灣產業活動爲主，後來改名《臺灣產業新報》，但受限於言論管制與經濟拮据，出版不久即告關閉。同年 11 月臺北再出現一家名爲《臺灣政報》的法政類雜誌，此爲臺灣首家政治性雜誌。隨後各種藝文、教育學術、財經、法政，及其他雜誌則相繼發行，但大多以文學、民俗，或文教類爲主，且多數是由日本官方或半官方單位以日文發行。

三、廣播

臺灣廣播服務的出現亦始於日本時代。臺灣總督府交通局遞信部爲發展臺灣的廣播事業，1930 年在臺北二二八紀念館現址成立臺北放送局，負責臺灣的廣播服務業務。1931 年臺灣放送協會成立，廣播業務即移交該協會經營。1945 年國民政府接收後，改爲臺灣廣播公司。1947 年二二八事件發生，當時的廣播電台扮演著黨政軍各界人士宣傳政令，和民眾代表報告事件處理近況的重要角色。1949 年國民政府撤退來台，改爲中國廣播公司。

四、無線電視

1950 年末期代臺灣開始無線電視的實驗播映，在 1962 年成立第一家無線電視台「臺灣電視公司」，接著是中視（1968 年），然後是華視

（1971 年），這三家寡占市場的無線電視台陪伴臺灣觀眾近三十年。但在 1970 年代末或 1980 年代初，無線電視即開始面臨非法第四台業者的挑戰，由於觀眾對於當時的無線三台的節目內容有諸多不滿（原因有很多，容後再詳述），非法的第四台成為許多觀眾尋求更多電視節目（頻道）的主要來源，不過當時的第四台充斥非法取得的節目內容。

五、有線電視系統

1960 年代開始無線電視成為強勢媒體，因其影音聲光效果，頗受民眾的歡迎，但東部民眾卻因無線訊號傳輸技術限制而苦無機會欣賞，因此東部販售電視機的店家為促進電視機的銷量，發展出在地轉播電視訊號的技術，亦即只要民眾購買電視機，就可以從電器行利用線纜傳輸電視訊號到每個家庭，成為臺灣最早開發出來的共同天線系統（community antenna television, CATV），被認為主要是為改善偏遠地區無線電視收視不良問題而存在的無線電視轉播系統。

另在 1970 年代末期的基隆則發展出與目前有線電視系統類似的電視服務型態。基隆的城市特色就是漁港，在漁船入港卸魚貨期間，當船員常聚集在港邊冰果室（類似當今的咖啡廳，冰果室販賣的是飲料、冰品及水果）無所事事時，腦筋動得快的店家便利用早期剛開發出來的錄影機作為提供節目的管道，透過傳輸技術利用無線電視的第四空頻，播放受歡迎的節目錄影帶，例如日本放送協會（NHK）播送的摔角、紅白大對抗等節目，甚至情色內容的節目等，形成現今有線電視系統（cable television system）的雛形，也是有線電視系統被稱做「第四台」的主因；因為當時前述諸類非法節目都是利用電視機的第四頻道來播出，但隨著傳播科技的發展，台視、中視、華視以外的「第四台」早已經變成上百台，但民眾還是習慣沿用早期的稱呼，把有線電視系統稱做第四台。

簡單區分，共同天線系統僅是傳輸轉播現有的電視訊號，而有線電視系統則提供更多頻道播送不同類型的節目內容。有線電視系統因需要大量的節目內容以滿足收視者的需求，因此衍生出許多盜版侵權的爭議，加上法律又無法確認這類新型態的傳播媒體應如何管制與規範，導致在 80 到 90 年代有線電視業者都是以非法經營型態存在著，直到 1993 年立法院通過《有線電視法》後，第四台才得以合法經營納入管理。

六、衛星電視

如前所述，早年有線電視系統爲爭取訂戶，大量提供國內外無合法版權的節目內容，導致影視內容提供者權益受損，甚至驚動美國八大電影公司派員來臺關切其電影版權遭侵權問題，使得政府不得不大力取締第四台。由於民眾對無線三台影視內容的不滿意，第四台有其生存空間，因此即便政府大力取締，也常常是春風吹又生，根本無法根絕。這樣的困境直到 90 年代有線電視系統合法化後，才慢慢得以解困。

1991 年 12 月，澳洲新聞集團（News Corporation）所屬「衛星電視台」（STAR TV）正式在臺灣落地，成爲臺灣有線電視市場上第一個由跨國集團經營的衛星電視頻道，透過第四台將衛星電視訊號傳送到每個訂戶家中，後來 1993 年「無線衛星電視台」（TVBS）正式成立，成爲臺灣第一家在地成立的衛星電視頻道。有趣的是，從 1980 到 1990 年代，這期間既沒有合法的有線電視系統，也沒有合法的衛星電視頻道，但是相關影音服務業照樣蓬勃發展，深受觀眾歡迎，直到 1993 年有線電視法及 1999 年衛星電視法立法以後，這些服務才算是合法營運，納入管理。

結語

簡單來說，自 1890 年代開始，臺灣傳播媒體先受制於日本時代的殖民控制思維，並未能蓬勃發展，接著國民黨政府退守臺灣後，宣稱爲維護臺灣免於中共的侵犯，遂在 1949 年宣告臺灣地區實施戒嚴，措施包括國人熟悉的黨禁與報禁等，直到 1987 年 7 月 15 日才宣告解除戒嚴令，讓各類媒體得以自由申設。

在戒嚴期間，臺灣媒體的發展受到嚴密管控，媒體市場長期缺乏正常的成長空間與自由競爭的壓力，產業可說是近乎一灘死水，全台在戒嚴期間就是維持 31 家報紙，33 家廣播，3 家無線電視台的媒體市場規模，大眾媒體算是「成熟且穩定」的產業。但在解嚴後，這景況一切就不同了。解嚴後諸多媒體政策與法律的解除管制，加上傳播科技的日新月異，以及外在的社會、經濟、文化等因素的交互影響，造成各類傳播媒體的出現或消長，創造出臺灣傳播媒體產業的新面貌。從此以後，快速且不斷的變遷與發展，已經成爲臺灣媒體產業不可遏止的潮流趨勢。

第二節　臺灣媒體市場現況

1987 年國民黨政府宣布解嚴，在媒體解管制方面，先是開放報禁，新成立的報社如雨後春筍般出現（但更多是曇花一現），接著是 1990 年代初期開始陸續開放無線廣播與電視台的申設，再來則是 1993 年的有線電視合法化，以及 1999 年《衛星廣播電視法》的通過，解嚴帶來媒體禁令的鬆綁，讓媒體數量大幅增加，且類型亦日趨多元，帶動媒體產業隨之蓬勃發展，市場競爭成爲媒體經營者的重點課題。

一、各類媒體市場概況

時序進入二十一世紀後，臺灣媒體市場競爭主要的壓力來自網際網路的日益發展，以及數位科技的日新月異。例如報紙、雜誌等印刷媒體因網路人口的增加，紙本讀者與訂戶陸續流失，被迫不得不加入網路戰場。1995 年 9 月 11 日中時報系創立中時電子報，提供新聞線上閱覽服務，隨後聯合報系的聯合新聞網也在 1999 年 9 月 14 日上線，都是臺灣兩大報紙回應網路媒體時代來臨的具體行動。

另外廣電媒體的挑戰也不遑多讓，數位訊號、寬頻網路、行動通訊等技術研發，新興媒體服務如數位廣播（Digital Audio Broadcasting, DAB）、直播衛星電視（Direct-to-Home, DTH）、電信電視（Multimedia-on-Demand, MOD）、寬頻電視（IPTV），以及 OTT 電視（over-the-top

TV）等新興媒體平台的陸續出現，廣電媒體內容服務平台逐步多樣化，相關市場競爭便愈趨激烈。

根據 2020 年國家通訊傳播委員會、文化部、財政部等單位的統計數據顯示，臺灣主要媒體的量如表 3-1 所示。

表 3-1 臺灣各類媒體數量統計

媒體類型	家數
實體報紙	195
實體雜誌	1,152
圖書出版	1,796
無線廣播	177
無線電視	5（含數位台共 22 台）
衛星電視	261
電視節目製作	674
流行音樂發行	386

資料來源：

1.〈財政統計資料庫〉，財政部，統計日期：2020 年 7 月，上網日期：2020 年 10 月 2 日，取自：http://web02.mof.gov.tw/njswww/WebMain.aspx?sys=100&funid=defjspf2
2.〈廣播電視事業許可家數統計〉，國家通訊傳播委員會，統計日期：2020 年 8 月，上網日期：2020 年 10 月 2 日，取自：https://www.ncc.gov.tw/chinese/files/20090/2028_44997_200909_1.pdf

二、各類媒體相關法規

前面提過媒體類型分為平面媒體與電子媒體兩大類，前者主要是報紙、雜誌與有聲出版品，後者主要是無線、有線及衛星三類廣播電視等。

（一）平面媒體

所有平面媒體的主管機關係新聞局（主管的新聞局在 2012 年裁撤後，平面媒體改由新成立的文化部管轄），自 1999 年政府廢止《出版法》後，平面出版品已不需事先取得主管機關的同意即可公開發行。

（二）電子媒體

廣播與電視等電子媒體由國家通訊傳播委員會（NCC）主管。電視媒體分成無線、有線與衛星等三種主要類型，各訂定有《廣播電視法》、《有線廣播電視法》及《衛星廣播電視法》（合稱廣電三法），以管理各類廣播及電視服務。

（三）網路媒體

如前所強調，網際網路出現後，其使用者眾，但管理者不詳，因此形成三不管地帶，問題層出不窮。雖然政府機關不斷透過會議討論，想確定網路之主管機關，但卻無共識，其間在 2012 年，行政院曾召集會議研商「網路媒體主管機關及其管理相關事宜」，最後確定交通部爲網際網路之主管機關，並強調等行政院組織再造時，成立電信資訊傳播委員會，主管資訊網路通信等相關業務。[3]

另外針對廣電事業所自行設立之新聞網站，因依法並不需向 NCC 申請執照，其所刊載的網路新聞如有違法情事，則回歸各相關目的事業主管機關依權責處理。[4]有關確立網際網路主管機關的政策，2021 年 3 月 25 日行政院院會決議通過《行政院組織法》修正草案後宣布，「數位發展部」是社會各界期盼已久，政府應優先成立的專責機關。未來該部將整合「電信、資訊、資安、網路與傳播」五大領域，統籌基礎建設、環境整備及資源運用等工作，並擴增些許前瞻型任務，期待利用此次組織調整，加速促進國家數位轉型，並做好相關資通安全維護工作。

---

3 行政院（2012.5.23）。〈資訊與服務〉，行政院，上網日期：2021 年 4 月 3 日，取自：https://www.ey.gov.tw/Page/5FD5AF69652FC4AA/9b9fff0a-eea8-42ac-a6c6-1e038290f783

4 國家通訊傳播委員會（2021.4.1）。〈QA〉，國家通訊傳播委員會，上網日期：2021 年 4 月 3 日，取自：https://www.ncc.gov.tw/chinese/content.aspx?site_content_sn=5245

三、臺灣各類媒體的發展狀況

從 1962 年臺灣成立第一家無線電視台臺灣電視公司以來，接著陸續出現：社區共同天線、有線播送系統、有線電視系統（第四台）、衛星電視頻道、直播電視台等電視相關服務，近五年來臺灣電視市場成長發展如表 3-2 所示。

表 3-2　臺灣電視市場發展歷程統計（2016-2020 年）　單位：家

電視（相關）事業	2016	2017	2018	2019	2020年6月
無線電視台	5	5	5	5	5
有線電視系統	63	65	65	64	64
有線播送系統*	2	0	0	0	0
直播衛星電視事業**	6	5	5	5	4
衛星廣播電視節目供應者	126家（304頻道）	122家（290頻道）	118家（285頻道）	115家（277頻道）	110家（261頻道）

備註：

* 有線播送系統的法定名稱為「有線電視節目播送系統」，主要源自當政府在 1993 年立法讓全國非法第四台都能申請成為合法的有線電視系統時，部分業者並無力籌得資本額 2 億元的申設最低門檻，加上部分偏遠地區的總戶數也無法吸引業者設立合法的有線電視系統，因此為鼓勵業者繼續為偏鄉民眾服務，乃制訂《有線電視節目播送系統管理辦法》，讓部分地區的第四台業者在無法成為正式有線電視系統前能繼續營運。2016 年 NCC 因審酌地區性因素，對於有線廣播電視系統經營者最低實收資本額，應予以不同規範，以保障當地消費者之收視權益，乃修正《有線廣播電視法施行細則》第四條，改變資本額計算方式，讓播送系統有機會得以成為正式的有線電視系統。當 2017 年臺東縣東台播送系統獲准成立有線電視系統後，目前全臺已無播送系統存在。

** 直播電視有如空中的第四台，亦即與有線電視系統相同，都是播送諸多頻道的電視平台，只是有線電視系統透過線纜傳送，直播電視台則是透過衛星訊號傳輸頻道，收視戶需要裝設有衛星接送器才能收看，其功能與有線電視相同，目前在美國是有線電視系統的主要競爭者。

資料來源：〈國家通訊傳播委員會廣播電視事業許可家數統計 2020 年 6 月〉，國家通訊傳播委員會，上網日期：2020 年 10 月 2 日，取自：http://www.ncc.gov.tw/

目前臺灣電視觀眾主要是透過有線電視系統來收看電視節目，截至2020年底的統計數字，臺灣共有4,867,591有線電視訂戶，約占全臺總戶數的54.49%。以2020年底為統計基準，臺灣有線電視市場概況列表如表3-3所示：

表3-3 臺灣有線電視市場統計

項目	數量*
有線電視系統經營者	64家
總訂戶數	4,867,591戶
普及率	54.49%
經營區	22區

* 截至2020年底統計資料

資料來源：取自NCC網頁，上網日期：2021年6月24日。

當1993年有線電視合法化後，持續十幾年，臺灣有線電視訂戶不斷成長，其間雖然1999年太電集團曾推出直播衛星電視服務，[5]想爭食電視服務市場的大餅，但最後只經營兩年便宣告收場，直到2003年中華電信推出MOD電信電視服務後，有線電視才有競爭對手。但是剛開始時，MOD受到廣電三法限制黨政軍產權條款的影響（中華電信有約40%股權

5 太電集團在1999年11月推出直播衛星電視服務「太平洋衛視」，是臺灣第一家直播衛星電視服務系統，有意搶食電視服務市場。直播衛星電視在美國通稱為直播到府（Direct-To-Home, DTH）電視服務，其訂戶不像有線電視訂戶必須拉一條線纜進入家中，而只需在家戶外裝上一個大約像大披薩（約12-18吋）大小的衛星接收器（俗稱衛星碟子）即可接收來自天空的衛星電視訊號，筆者把它比喻為「空中的第四台」，因為它像有線電視系統一樣，可以提供許多電視頻道。美國的直播衛星服務開始於1990年代中期，平均一家直播電視系統可以提供約150個以上的電視頻道，成為有線電視服務最大的競爭者，但「太平洋衛視」因市場競爭等諸多因素，只成立約兩年便宣布結束營業。

屬於政府），市場擴展受到限制，最後 NCC 透過法令解釋予以解套，正式成為有線電視系統的最大競爭者。不過好景不長，隨著傳播科技的發展，不僅是 MOD，隨後出現的 OTT，甚至透過電信網路（手機），都可以收看電視節目後，臺灣電視服務市場的彼消或此長還有待觀察。不過從近十餘年來有線電視與 MOD 的競爭來看，兩者的訂戶都是在家中，只能說電視服務的競爭為兩大電視服務提供者帶來的正面影響，從 2006 年到 2016 年，臺灣有線電視訂戶數增加超過 40 萬戶，而 MOD 訂戶則增加近 110 萬戶；但近五年來，有線電視訂戶總數持續下滑，MOD 訂戶則逐年成長，形成強烈對比。近十五年來兩項電視服務訂戶數消長比較詳見表 3-4 所示。

當時序進入二十一世紀後，源自於傳播新科技，例如數位訊號、寬頻網路、行動通訊等傳輸技術的研發，除 MOD 外，IPTV（寬頻電視）、行動電視（Mobile TV），到聯網電視（over-the-top、OTT TV）等寬頻電視的陸續出現，電視服務變得更多樣，看電視的行為也更多元，可以說無處不能看電視。簡單說，隨著無線網際網路及有線寬頻線纜服務的日益普及，收看影音服務已經變得非常多樣化，以致原本只能在客廳收看電視節目的限制，幾乎早已經消逝無蹤。當前取而代之的是，現代人人手一機（手機），收看電視的行為隨時在發生，收看電視已經變得無處不可。因此有人說，未來將沒有一個產業稱做電視產業，應該改為寬頻產業或影音產業。也就是說，不管未來電視產業如何變遷，先不用說 YouTube，現在連 LINE 等社群媒體都可以收看影音節目了，那以後究竟什麼才算是電視服務，已經到該重新定義的時候了。

表 3-4 臺灣有線電視與 MOD 訂戶數成長之比較表

年份	有線電視收視戶數	MOD收視戶數
2006年	4,688,774	25萬
2007年	4,887,254	39萬
2008年	4,805,172	67.6萬
2009年	4,940,181	66.7萬
2010年	5,050,741	81.4萬
2011年	5,088,761	106萬
2012年	5,010,966	119萬
2013年	4,979,893	124萬
2014年	4,993,445	128.5萬
2015年	5,043,726	129.8萬
2016年	5,205,562	133.2萬
2017年	5,248,554	160.2萬
2018年	5,117,231	201萬
2019年	5,014,687	208.1萬
2020年	4,867,591	206萬

資料來源：

1. NCC 網頁（http://www.ncc.gov.tw/），上網日期：2021 年 6 月 24 日。
2. 中華電信每月營運資訊（http://www.cht.com.tw/ir/stockit-moit.html），上網日期：2021 年 5 月 6 日。

第三節 臺灣民眾媒體使用行爲

隨著科技的演進，更多媒體工具的出現，也逐漸改變民眾的媒體使用行爲，以前報紙、電視作爲主要的大眾媒體，現在則慢慢被手機、平板電腦等各種行動裝置所取代。

一、紙媒與電視機使用的變化

根據行政院主計處等單位的統計資料顯示，2019 年臺灣地區每百戶家庭中，有訂閱報紙的戶數約 9.35 戶，這數字比起 1997 年的 52.23 戶，或是 2011 年的 19.16 戶都要低許多；也就是說，23 年前有超過一半的家庭會訂閱報紙，但現在只剩下不到十分之一，這也正顯示紙本報紙受到網路及其他媒體發展的實際影響景況。其次同樣是紙媒的雜誌市場也沒好到哪裡去，2019 年每百戶家庭有訂閱雜誌的有 3.7 戶，這比起 1997 年的 16.9 戶僅剩下當時的兩成多。[6]

不過有趣的是，雖然臺灣家裡的報紙與雜誌少了，但電視機架數卻呈現浮動狀態。例如每百戶家庭電視機數量從 2010 年的 154.31 架，到 2015 年微幅增加到 157.25 架，數量略有增加，但到 2019 年，家戶電視機數量卻跌到剩 98.74 架。從家戶電視機數量的起伏，可能正顯示出，當前臺灣家庭已並非每家每戶都需要電視機，可能是手機及電腦取而代之，成為民眾收看影音節目的重要平台。[7]

二、臺灣民眾媒體使用的變化

有關臺灣民眾使用媒體消長的比較，以下簡表可以略窺一二。在 2011 年，臺灣民眾使用的五大媒體依序排列是電視、報紙、網路、廣播及雜誌，電視使用率甚至達到 98.2%，可說是人人每天都會看電視。但到 2015 年，五大媒體排名變成電視、網路、報紙、廣播及雜誌，網路取代報紙成為民眾常接觸的媒體，但電視接觸率已經由原先的 98.2%，降為 92.1%；其次網路微幅上升，但報紙卻下降快速。到 2017 年時，網路躍升成為民眾最常使用的媒體，電視退居第二位；直到 2019 年，網路使

---

[6] 〈行政院主計處 108 年家庭收支調查報告之家庭住宅及主要設備概況按區域別分〉，中華民國統計資訊網，上網日期：2020 年 10 月 22 日，取自：https://win.dgbas.gov.tw/fies/all.asp?year=108

[7] Ibid.

表 3-5 臺灣民眾五大媒體使用排名變遷

媒體	2019 總使用率%（排名）	2018 總使用率%（排名）	2017 總使用率%（排名）	2016 總使用率%（排名）	2015 總使用率%（排名）	2014 總使用率%（排名）	2013 總使用率%（排名）	2012 總使用率%（排名）	2011 總使用率%（排名）
網路	93.5% (1)	91.5% (1)	88.3% (1)	85.3% (2)	79.1% (2)	68.5% (2)	61.6% (2)	57.1% (2)	52.7% (2)
電視	83.6% (2)	85.4% (2)	86.1% (2)	86.6% (1)	88.4% (1)	88.3% (1)	89.4% (1)	91.1% (1)	91.1% (1)
報紙	20.2% (3)	24.1% (3)	26.1% (3)	28.7% (3)	32.9% (3)	33.1% (3)	35.4% (3)	39.6% (3)	40.6% (3)
雜誌	19.6% (4)	20.8% (4)	22.9% (4)	24.9% (4)	26.5% (4)	26.1% (4)	28.4% (4)	30.5% (4)	30.5% (4)
廣播	17.8% (5)	20.3% (5)	21.0% (5)	22.8% (5)	23.4% (5)	22.1% (5)	21.5% (5)	19.4% (5)	21.1% (5)

註：雜誌為過去七天看過週刊／過去二週看過雙週刊／過去一個月看過月刊／過去兩個月看過雙月刊／過去三個月看過季刊。其餘均為昨日閱聽率。

資料來源：

1.〈2015 媒體風雲排行榜〉、〈2014 媒體風雲排行榜〉、〈2013 媒體風雲排行榜〉、〈2012 媒體風雲排行榜〉、〈2011 媒體風雲排行榜〉，《世新大學傳播資料庫》，上網日期：2015 年 9 月 4 日，取自：https://www.facebook.com/mcsd.shu/

2.《2020 臺灣媒體白皮書》（Nielsen 媒體大調查），臺北：臺北市媒體服務代理商協會。上網日期：2020 年 10 月 22 日。

用比率年年增加，電視卻年年減少，但其後的報紙、雜誌、廣播則排序不變。

至於若比較電視、網路與報紙等媒體的勢力消長，下表有近十五年來的使用比較。以 2005 年來說，當時每日看報者約有 50.5%，大約一半人口每天會看報，但上網者則約有三分之一，比看報者少些。但是到 2015 年，每日閱報人口只剩不到三分之一，但每日上網人口已近達八成。到 2019 年，上網率爲 93.5%，但閱報率則只剩 20.2%。另電視人口雖有減少，近十五年跌約一成，不算明顯減少，顯示看電視還是一般人的主要媒體使用行爲，只是這幾年的電視收看調查，都還要加問在哪類平台收看電視，是透過電視機、（平板）電腦，還是 ipad 或手機？

表 3-6 民眾近十五年使用報紙、電視、網路之比率與變化比較

	昨日閱報率%	昨日電視收看率%	昨日上網率%
2019	20.2	83.6	93.5
2018	24.1	85.4	91.5
2017	26.1	86.1	88.3
2016	28.7	86.6	85.3
2015	32.9	88.4	79.1
2014	33.1	88.3	68.5
2013	35.4	89.4	61.1
2012	39.6	91.1	57.1
2011	40.6	91.1	52.7
2010	43.0	93.4	51.8
2009	42.2	94.4	49.2
2008	43.9	95.5	48.1
2007	45.1	94.5	45.5
2006	45.8	94.5	39.1

資料來源：《2010 年臺灣媒體白皮書》、《2016 年臺灣媒體白皮書》、《2020 年臺灣媒體白皮書》，臺北：臺北市媒體服務代理商協會。上網日期：2020 年 10 月 19 日。

三、年輕世代使用媒體的現況

臺灣民眾使用媒體的消長與差異，也許可以從 NCC 補助設置的 iWIN 網路內容防護機構所公布的「2016 臺灣青少兒行動上網及社群參與調查報告」發現，年輕世代使用媒體的習慣已經大大改變我們對「媒體」的定義。iWIN 發現年輕世代（小三至大一）每週接觸媒體行爲以手機上網時間 19.8 小時最高，其次是電腦上網也達 15.86 小時，都勝過看電視的 14.53 小時。其中週間（週一到週五）每天使用手機的時間已達 2.5 小時，高於看電視（1.67 小時）及電腦上網（1.76 小時），週末使用手機時間更高達 3.65 小時。[8]至於可寬頻上網的手機亦已被定義爲媒體，主要是因爲民眾使用手機的目的，已經由原先用來打電話聯繫，轉變成接觸資訊的平台，包括社交活動、資訊搜尋，甚至影視觀賞等原屬於媒體使用行爲的領域範圍，這點亦使得新的媒體素養教育內涵不得不調整，從原來傳統的四大媒體（報紙、雜誌、廣播、電視），加上網路來理解民眾的媒體使用行爲。

至於大學生的媒體使用習慣與一般民眾及兒少有何差異呢？根據《世新大學傳播資料庫》調查發現，一般民眾還是以電視爲最主要使用的媒體，達 92.1%，網路則爲第二位（77.7%）；但大學生則以網路爲最主要的媒體接觸來源，比率高達 98.9%（很令人好奇那 1.1% 的大學生都在做些什麼），其次是電視（82.4%）。另外，報紙同爲一般民眾與大學生最常使用第三位的媒體，但分居四、五的雜誌與廣播，一般民眾聽廣播的多於閱讀雜誌，但大學生閱讀雜誌多於收聽廣播。

以上兩項調查雖未有更新的統計資料出現，但可以想見的是，從兒少、青少年到大學生等年輕世代使用手機及網路的時間只會越來越長，不會越來越短的。

---

8 陳炳宏（2016.8.11）。《自由時報》http://news.ltn.com.tw/news/life/breakingnews/1792138

表 3-7　大學生與一般民眾使用五大媒體之差異比較

名次	媒介	大學生%	一般民眾%
1	網路	98.9%	77.7%
2	電視	82.4%	92.1%
3	報紙	42.2%	46.4%
4	雜誌	25.8%	28.6%
5	廣播	19.8%	36.0%

註：網路包含行動裝置、桌上型電腦、筆記型電腦等。

資料來源：《世新大學傳播資料庫》，上網日期：2016 年 2 月 12 日，取自：http://ppt.cc/K1gHr

第四節　媒體市場發展衍生之問題

臺灣媒體市場從政治力控制的特許市場型態，轉型成爲經濟力主導的競爭市場型態，約莫花了四十年，但在這四十年間，不僅政治結構的改變影響媒體產業的發展，傳播科技的日新月異也主導著媒體市場的競爭模式。早年臺灣民眾只有三家電視台可看，但隨著民眾日趨對官控商營電視台節目內容的不滿意，可以提供更多頻道的第四台便悄悄進入民眾的家庭當中，成爲許多家庭節目收視的來源。從 80 年代到 90 年代，第四台從地下媒體的經營型態，越來越企業化，也終於在 1993 年從非法的第四台變成合法的有線電視系統。另外電視頻道的數量也隨著衛星科技的發展，不僅有國內的衛星電視台成立爭奪閱聽眾的眼球，更有跨國的衛星頻道急著在臺灣落地以占領市場，顯示臺灣傳播媒體市場的吸引力。當然接著出現的 MOD、IPTV、OTT 等新興影視媒體，早已讓臺灣電視觀眾看得眼花繚亂。

從民眾可以選擇的媒體數量來看，媒體是多樣了，也多元了，但伴隨媒體市場多樣及多元化發展的背後，可能就要預知可能引發的負面影響。

一、媒體市場趨於寡占或獨占的影響

市場競爭者一多，便有企業會思考如何減少競爭的壓力，而減緩競爭最快速的策略就是「通通買下來」，因此有些媒體市場就會從競爭型變回寡占型，例如剛開放時的有線系統市場，1993 年剛開放時全臺有超過 642 家，但現在只剩大約十分之一，有些經營區甚至是獨占市場（約有六成）；另外實體報紙雖然號稱有近 200 家，但目前算來算去，也只有蘋果、自由、聯合、中時等四家比較爲人熟知。

如果從一般企業的角度來看，競爭的減少，也許消費者還可以從企業降低營運成本，而獲得降價的好處（但也只是「也許」，未必會眞實發生），但是如果媒體市場競爭減少了，例如多數是獨占市場的有線電視產業，實際上會發生什麼事？這是第四章媒體產權想要說明的主要議題焦點，亦即當媒體集團化或媒體壟斷市場時，對影音市場的消費者來說，會有何影響，是有利還是有弊？値得探究，這些會在第四章討論。

二、媒體市場的競爭導致爭食廣告市場的影響

當媒體家數越來越多，但廣告總量未隨之增加時，各家媒體爭食廣告市場的結果就是，有些媒體搶不到廣告就會餓死。這些年來，媒體數量的起起落落與廣告市場規模有很大的關係。缺乏廣告資源的掖助，媒體業者就會被市場所淘汰。在傳統無線三台的年代，三家電視台分享大約 300 億的廣告收入，每台都吃撐了；但在 2020 年，電視觀眾可看得到的頻道約有 100 台，而目前無線加有線電視廣告市場大約只有 200 多億，每台平均只能分到 2 億多，跟三十年前眞不可同日而語，導致有些電視業者只好另謀生路！再來，如果廣告搶不到，有些電視台就把腦筋動到節目內容上，把廣告放在節目內容裡面，去換取另一種廣告收入，這就是目前節目製播越來越盛行的手法，叫做置入性行銷。

另外，廣告代理商要不要在某個節目刊播廣告，依循的標準很簡單，就是越多人看的節目，越是該下廣告的節目，因爲廣告才會被更多的人看

到。但是廣告廠商如何知道哪個節目有比較多的人在看，或者那個網頁有比較多人點閱？收視率或點閱率就是在提供這樣的資訊，也就是說，廣告業者是根據電視收視率或網路點閱率去下廣告。至於電視收視率如何計算？哪個單位來計算？如何製作節目以符合收視率的需要？如果節目製播純以收視率為標竿，會有何問題？這些本書後續都會有專章加以討論。

結語

在日本時代的臺灣，民間已有普及的大眾傳媒出現，當時日本政府根據治理的需要，管控著臺灣媒體的發展，臺灣媒體發展已有超過百餘年的歷史。之後再經過國民黨政府的治理，戒嚴令中有限縮媒體發展的報禁（限張、限證、限印）規定，[9]使臺灣民眾在數量有限且受黨政控制的媒體環境中，接受有限度的媒體服務。直到 1987 年解嚴後，各類媒體都開始蓬勃成長，但後來經過市場規模的限制，以及優勝劣敗的競爭淘汰，印刷媒體隨即逐漸沒落，網路逐漸打敗傳統四大媒體，成為年輕世代的首選媒體，新加入者頗有後來居上的味道，使得原居五大媒體之首的電視逐漸退居第二，網路後來居上，慢慢成為年輕世代的首選媒體。

網際網路繼報紙、雜誌、廣播、電視後，成為第五大傳播媒體，這是傳播科技日新月異發展的結果，它使人與人間的互動更為頻繁與密切。另外大眾媒體已與民眾生活息息相關，即便傳播科技的發展促動媒體的日新月異，媒體角色與功能的核心意涵還是不曾改變；亦即大眾媒體在民主國家與公民社會的角色與功能不會因網際網路的加入而改變。進一步來說，

[9] 所謂報禁的三限，首先，限張是指每家報紙每天只能出版三大張，不能再多，所以當時許多家報紙為刊登更多的新聞，只好不斷縮小字體，以容納更多的內容；其次，限證是指戒嚴法頒布後，政府不再發給同意報社設立的許可證，也就是不會再有新的報紙發行；最後，限印是指所有報紙都必須在報社登記的地點印行，不得異地印報，此舉被認為是怕報紙刊登政府不許可或不樂見的內容時，可以方便查扣。

當前大眾媒體已成爲個人身處疏離的現代社會網絡中，還是能與外界進行聯繫與溝通的重要管道，因此如果有人可以掌控大眾接觸世界、理解世界的媒體管道，誰就有權力來詮釋世界，甚至進而控制個人，顯見媒體的影響力。再說誇大些，越疏離的社會環境中，越見媒體影響力之大。

對在臺灣經歷戒嚴的民眾來說，媒體受控的景況應該不算陌生，但對絕大多數解嚴世代來說，實在有必要深入去理解這個現象，然後才能判斷與反思當前臺灣媒體是否依舊被某些力量所控制？當前人們所處的媒體環境是否是眞正自由的空間，而眞能讓人民透過媒體，自由地了解外在世界？這即是下一章要談的媒體產權的重要議題。透過臺灣媒體產權的探討與分析，我們會了解到底誰擁有與控制著臺灣的媒體？臺灣的媒體是不是人民可以信賴，可以用來了解外在世界的開放管道？

第三章 思考問題

1. 你現在每天平均接觸五大媒體的時間各是多少？
2. 你家裡訂過報紙或雜誌嗎？現在還有訂嗎？家裡訂與不訂這些媒體的理由是什麼？
3. 你知道現在臺灣的民眾，家裡如果要看電視，有幾種電視服務類型可供選擇嗎？
4. 你知道你住家所在的行政區有幾家有線電視系統呢？各是哪些家？叫什麼名字？
5. 你都利用網路來做什麼？你認為使用網路會影響你使用其他媒體嗎？

04

第 4 章▸▸▸

臺灣媒體產權：類型及現況

學習目標

- 了解媒體產權的重要性
- 了解臺灣媒體產權的發展脈絡
- 介紹臺灣主要媒體的產權類型
- 分析臺灣主要媒體的產權現況

前言

這幾年有些媒體的問題已經開始受到觀眾的注意，例如爲何某家電視台動不動就報導某個手機品牌研發出新功能，鼓勵大家選購？爲何某家電視台常常報導房地產市場逐漸回溫，鼓勵大家趕緊投入房市的新聞？還有當某家知名 KTV 發生大火，有兩家電視台說什麼都不報導？另外政治人物的八卦新聞，很多人都愛看，但有些電視台就是選擇不報？這些現象都值得觀眾關注。嚴格講，媒體的報與不報某些新聞，不會只是單純的新聞專業的決定而已，新聞的報與不報，其背後有些值得我們了解的問題存在，而這正是本章想要分享的媒體素養重要主題：媒體產權——誰擁有媒體，誰就擁有決定媒體內容的權力！

大家應該都會同意，古早雞犬相聞、老死不相往來的生活型態已經不存在於現代社會。不過雖然社會組織越來越複雜，但人跟人的關係卻越來越疏離，因此現代社會必須仰賴大眾傳播網絡將社會各部分連結在一起，整個人類的社會才得以順利運作。也就是說，大眾傳播媒體已經取代人與外界的親身接觸，成為人們連結與理解外界人事物的主要管道；簡單說，大眾媒體已成為現代人對外接觸的耳朵與眼睛。正因為媒體已成為現代人的眼睛跟耳朵，因此現代人不僅需要了解媒體的角色與功能，更需要了解我們對外聯繫的眼睛跟耳朵會不會被蒙蔽，讓我們看不到我們想看或該看的？會不會有人想透過控制媒體去控制我們接觸與理解外界的人事物，不讓我們看到或聽到我們該看見或聽到的？

由這個角度來延伸，就是指現代人都需要了解，我們每天接觸的媒體是由誰所擁有及控制？講白一點，就是在現代社會裡，到底是誰在控制著我們的媒體，進而影響我們的眼睛跟耳朵是否可以看到與聽到眞實的聲音，以理解眞實的社會？這件事情非常重要，因為身處現代社會，我們已經無法不透過大眾媒體去了解外界世界了。因此誰擁有媒體、會不會企圖想透過控制媒體進而影響我們對訊息的接觸與理解？這些就是本節要探討的議題，即誰擁有臺灣的媒體，誰是臺灣媒體的老闆，也控制臺灣人眼睛跟耳朵的那群人是誰？

第一節 臺灣媒體產權變遷

第三章提到第 50 屆金鐘獎頒獎典禮藝人吳宗憲的經典發言，除前章提到的那段內容外，他另外還說：「……觀眾可以依照你的心情選擇你要的顏色，要藍有藍，要綠有綠，要紅有紅，原來；臺灣有了彩色電視機之後……就再也沒有黑白了！」

先不論他這樣的評論是否正確，但卻引發三個可供思考的問題：一是，媒體應該有顏色嗎？二是，是誰給電視台抹上顏色？再來就是，彩色電視機發明前，臺灣的媒體有（是非）黑白嗎？

他說臺灣觀眾想看電視，可以挑符合他自己顏色的電視台來看，這就是當前民眾常批評的藍媒、綠媒，或紅媒，就是指媒體內容（特別是新聞報導或政論節目）所呈現出來的意識形態，而簡單用顏色來指涉，這三色正是目前臺灣媒體的主色彩。吳宗憲的說法不僅點出臺灣媒體的「三原色」，甚至精準地呈現出臺灣媒體色彩變換的歷程與現況。

臺灣媒體的產權變遷可以用戒嚴與解嚴兩階段來談。

一、戒嚴時期的媒體生態

臺灣在戒嚴時期，[1]媒體只有一種顏色，就是代表國民黨政府的藍色。雖然當時還是有像《自立晚報》[2]那種標榜無黨無派的獨立媒體，但還是只能在夾縫中求生存，非常不容易。其他如當時兩大報的《中國時報》及《聯合報》，兩家報社老闆都是國民黨中常委，更不用說，當時唯三的無線電視台，台視爲臺灣省政府所擁有，董事長是由臺灣省政府主席所指派；中視爲國民黨所有，董事長當然由黨主席指派；華視則屬於教育部與國防部共有，董事長則由行政院長任命，顏色皆不言可喻。臺灣戒嚴將近四十年，始終維持著 31 家報紙、33 家廣播、3 家無線電視台的媒體市場規模，數十年不變，而這段期間的媒體如果用顏色來形容，當然毫無疑問的是一片藍海。

---

1 中華民國臺灣省政府主席兼臺灣省警備總司令陳誠於 1949 年 5 月 19 日頒布《臺灣省戒嚴令》（正式名稱爲《臺灣省政府、臺灣省警備總司令部布告戒字第壹號》），宣告自同年 5 月 20 日零時起在臺灣省全境實施戒嚴。戒嚴時期從 1949 年起，直至 1987 年由總統蔣經國宣布同年 7 月 15 日解嚴爲止，共持續 38 年又 56 天。

2 《自立晚報》創刊於 1947 年 10 月 10 日，爲臺灣第一份正體中文晚報，以「無黨無派、獨立經營」爲經營理念。自此《自立晚報》經歷十次經營者轉換、五次搬遷，以及三次因政治因素而被停刊。2001 年 10 月 2 日，《自立晚報》最後一次出報後正式停刊。

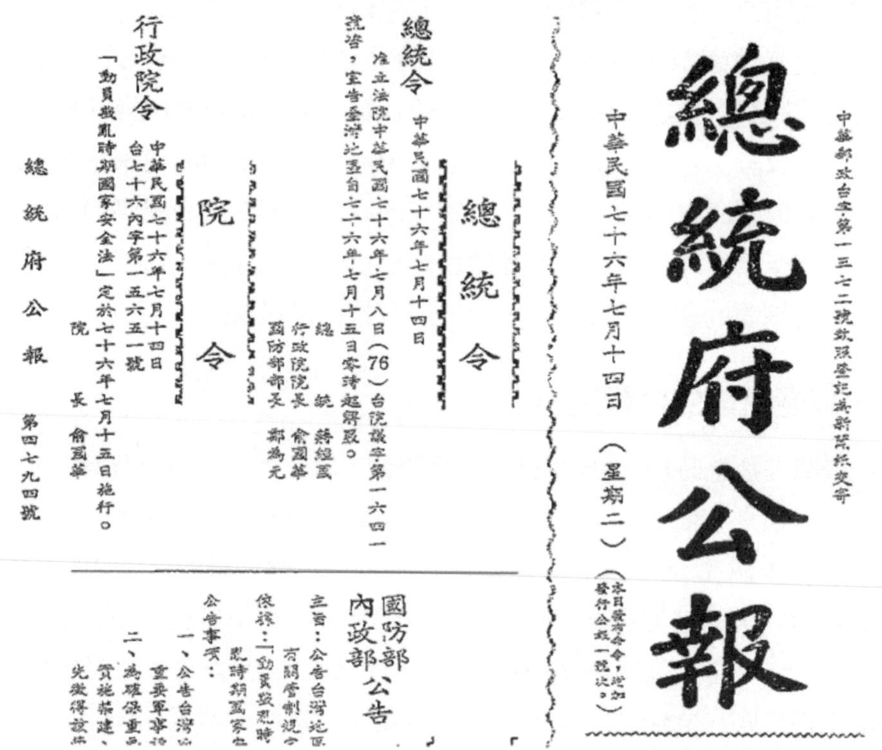
中華郵政台字第一三七二號執照登記為新聞紙交寄

總統府公報

中華民國七十六年七月十四日（星期二）（本日發布命令，增加發行公報一號次。）

總統令

總統令 中華民國七十六年七月十四日

准立法院中華民國七十六年七月八日（76）台院議字第一六四一號咨，宣告臺灣地區自七十六年七月十五日零時起解嚴。

總統 蔣經國
行政院院長 俞國華
國防部部長 鄭為元

院令

行政院令 中華民國七十六年七月十四日
台七十六內字第一五六五一號

「動員戡亂時期國家安全法」定於七十六年七月十五日施行。

院長 俞國華

總統府公報 第四七九四號

國防部
內政部公告

主旨：公告台灣地區

依據：「動員戡亂時

公告事項：

一、公告台灣

二、為確保重

圖 4-1　《總統府公報》臺灣於 1987 年 7 月 15 日零時起解除戒嚴，隨後於 1988 年 1 月 1 日解除報禁，是言論自由與媒體發展的里程碑。

資料來源：國家圖書館政府公報資訊網（http://gaz.ncl.edu.tw/detail.jsp?sysid=D8702956）

二、解嚴後的媒體生態

平靜的臺灣媒體市場開始掀起波瀾，要從解嚴那天說起。當臺灣解除戒嚴令後，對媒體產業最大的改變即是，政府不再禁止新的媒體的設立，因此分成幾個波段，政府開始接受新的報紙及廣播電台的申設，到 1990 年代初期開始接受第四家無線電視台的申請，並且推動公共電視台的設立，臺灣媒體產業至此進入蓬勃發展的階段。不過蓬勃的媒體市場馬上出現的問題是，媒體數量雖然增加，但媒體賴以維生的廣告總量卻沒有增加，結果便是優勝劣敗，媒體產業又從蓬勃的市場變成穩定的市場，終究廣告總量還是有限。

不過廣播與電視則另有一番景況，這樣說不是廣電媒體不需要廣告，而是解嚴後廣電媒體的申設不純然以經濟利益為依歸。例如，當解嚴前後，作為政治反對勢力的「黨外」（民主進步黨前身）不斷控訴，長期執政的國民黨祭出戒嚴大旗，不准廣電媒體的設立，且長期掌控所有廣電媒體，用以打擊反對勢力，以期透過控制媒體，繼續掌控政權。因此當解嚴後國民黨政府宣布開放媒體申設，擁有廣播電台以及無線電視台便成為反對勢力積極爭取的目標。也就是說，新的廣播電台與無線電視台的申請設立，不會只是營運獲利的經濟考量，其背後的政治影響力才是申設的考量重點。

第二節　臺灣媒體產權類型與問題

解嚴以後，臺灣媒體產權的色彩面貌便日趨多元化。這些年下來，以產權來區分，臺灣媒體大概可以分為以下的幾種經營型態：

一、政府營與國家營

這裡必須強調的是，「國家的」與「政府的」兩者是有差異的。在中文詞彙裡面，有時公營、國營不分，不管大家常聽到的國營企業或公營企業，其實都是「政府的」（government-owned），也就是說，政府是該企業的最大股東，因此可以直接任命其高層經營管理者，例如董監事及董事長，甚至總經理等。

其次是臺灣社會比較不熟悉的「國家的」（state-owned），或稱「公共的」。本章在解釋媒體產權時，需要特別提出「國家的」媒體的概念，主要是為要與「政府的」媒體做區隔。在此先利用孫中山三民主義的民權主義來解釋，民權主義主張政治權力可分為人民的政權和政府的治權，兩者是不同的。因此據此解釋，政府的媒體，就是指那些行政機關（即主管機關，例如行政院或文化部）可以自行任免其高階主管的媒體，也就是由治權（政府行政機關）決定主管的媒體；但如果是行政機關無法任免其高階主管，而必須由人民來共同決定的媒體，那麼這些媒體就是「國家的」，亦即這些媒體的高階領導者是由代表人民的機構（在臺灣即是立法院）來同意而決定，也就是需透過由政權（代表人民的立法機關）同意，政府才能任命其高階管理者的媒體。

所以簡單說，政府媒體的高層是由行政機關所任命，他會依執政權的改朝換代而更換（過去國營事業高層不也都是如此，因為是「政府的」）；但屬於國家的媒體，其管理高層是由立法院授權同意而任命的，不會也不應因政權的改變而隨時撤換其管理高層。

政府媒體的具體例子有幾個屬於政府的廣播電台，如教育部的教育廣播電台、國防部的漢聲及復興廣播電台、內政部的警察廣播電台、文化部的中央廣播電台，以及農委會的漁業廣播電台等，都可能會因為執政權（國民黨執政或民進黨執政）的轉換，或主管部部長的職務更替，進而更換其董監事的人選，甚至台內的高層人事。其他媒體如文化部所屬的中央通訊社也是由政府來任命其高層如董監事的政府媒體。

但是如果是國家媒體，例如公共電視台，其董監事除因受公共電視法規範而有任期保障外，董監事的任命也都是需由立法院組成審查委員會來審議同意後，政府才得以任命（其選任細節會在公共電視一章詳加討論），不是公視主管機關文化部長或行政院長就可以自行決定，也才會有當年龍應台擔任文化部長時，公視第五屆董監事總共經過七次提名，立法院數次召集審議否決或同意行政院提名的候選人後，最後才完成該屆董監事的提名與任命工作。

再簡單一點說，只要是行政機關就可以直接任命該媒體的董監事、董事長或（總）台長的，就是「政府的」媒體；但如果其董監事需經過立法院審查同意才能任命的，那這就是「國家的」媒體。除前所述的政府廣播電台外，目前屬於國家的廣電媒體包括有 1998 年成立的公共電視台，以及 2005 年成立的原住民族電視台（成立時隸屬於行政院原住民族委員會，屬政府媒體，但當 2007 年「原住民族文化事業基金會」仿「公共電視文化事業基金會」成立，目的在經營原住民族文化傳播媒體事業之後，原民台在 2014 年正式納爲原文會下轄的電視台，如同公共電視文化事業基金會下轄公共電視台一樣。此外原文會另於 2016 年向 NCC 申請成立原住民族廣播電台，經獲准後並已在 2017 年 8 月 9 日開播。這是目前臺灣唯三屬於國家的公共廣電媒體。

二、政黨營與商營

解釋完「國家的」與「政府的」兩者的差異後，也許有人會發現，2003 年廣電三法修法不是不准黨政軍擁有媒體了嗎？怎麼還會有一類的媒體產權是「政黨的」呢？這其實是一直以來媒體相關報導簡化說詞的誤解。因爲廣電三法是要求黨政軍等不當勢力退出廣電媒體，並非所有媒體，因此政黨還是可以擁有平面媒體。例如中國國民黨至今仍擁有《中華日報》，以及《中央日報》（目前改成網路版），所以政黨還是可以擁有廣電以外的其他類媒體。至於商營應該更不用解釋，多數的媒體都屬於商營媒體，亦即是企業所經營的媒體，例如《聯合報》、東森電視台、飛碟電台等。

三、混合一型與混合二型

另外還有些媒體的產權類型需要再多解釋，可以簡稱爲混合一型，及混合二型，兩者皆各有產權上的爭議。分述如下：

（一）混合一型（國家＋民營）

混合一型是指國家與民間合營，如中華電視公司；混合二型則指國家與政府合營，如客家電視台與已經消失的宏觀電視台。中華電視公司成立於 1971 年，由教育部與國防部合營，屬於政府電視台，但立法院在 2003 年通過修改《廣電法》，要求黨政軍退出廣電媒體，並在 2006 年通過《無線電視事業公股處理條例》，正式確定華視公共化的政策立場，於是同一年政府將其華視股權捐給公共電視，使華視正式成爲公廣集團的一員。雖然華視成爲公廣集團成員，理應是單純的公共媒體，但其實政府捐贈給公視的所有股權約只占華視產權 83.24%，其餘尚有 11.75% 股權屬於當年與政府共同出資成立華視的民間企業所有，例如中興紡織、聲寶、富帝投資、台塑、南亞、台化、大同等民營企業，因此在這些民營企業未出讓華視股權前，華視都只能算是國家加民間的混合產權型態。雖然黨政軍三退當時，民進黨政府有計畫要編列預算買回華視民股，但因諸多因素（如買回股權的價格）的影響，即便經過國民黨執政，再回到民進黨執政，買回華視民股股權這件事似乎已被兩黨政府遺忘，導致華視變成公不公、民不民的媒體組織，某種程度上已妨害華視的正常經營。

（二）混合二型（國家＋政府）

混合二型的媒體有客家電視台及宏觀電視台，屬於國家與政府合營。宏觀電視台（原名宏觀衛視）成立於 2000 年，隸屬於行政院僑務委員會，設立目的在提供海外僑胞與國內相關的資訊與節目，以及反制中國大陸的海外文宣攻勢，其訊號只在海外落地，臺灣本地是收看不到；另客家電視台於 2003 年 7 月 1 日開播，屬於行政院客家委員會管轄。但由於 2003 年底立法院通過廣電三法黨政軍退出條款，導致兩台的歸屬問題變得複雜且敏感，後來依《無線電視事業公股處理條例》規定，明訂政府編列預算招標採購或設置之客家電視台及臺灣宏觀電視等頻道節目之製播，於 2007 年 1 月 1 日起交由公視基金會辦理，客家電視台與宏觀電視台也因此成爲公廣集團的成員。

但這兩台雖然與華視一樣，都加入公廣集團，但也都有其產權的問題待解決。也就是說，當年依《公股處理條例》規定，兩台只是製播節目交由公視負責，但其電視台營運預算之編列，還是掌握在客委會及僑委會兩個政府機構手上。因此每年公視爲這兩台所規劃的節目企劃與預算，都需先由這兩個政府部門來審查，通過後才得以申請經費據以製播節目。那這樣問題來了，公共電視是國家電視台，屬於全民所有，政府是不應對其製播的節目企劃及內容說三道四的，這才符合國家媒體（公共媒體）獨立自主的經營精神，因此如果公視製播任何客台或宏觀的節目都要經由客委會及僑委會同意，那這兩台還能算是屬於國家的公共頻道嗎？還是依然只能算是政府的媒體呢？

這個問題從 2006 年延續迄今，其間的爭議與疑慮未減，但兩台的模糊身分在 2017 年似有轉機。2017 年 3 月 7 日僑務委員會委員長吳新興在立法院宣布，「臺灣宏觀電視」將功成身退、走入歷史，該會將和文化部商議業務移轉事宜，順利完成移轉工作。[3]

另外，根據 2018 年通過的《客家基本法》第十七條規定「政府應捐助設立財團法人客家公共傳播基金會，辦理全國性之客家公共廣播及電視等傳播事項；其設置及相關事項，另以法律定之」，單就條文文意來看，客傳會類似公共電視基金會機制，但很大的不同是，根據 2019 年通過的《財團法人客家公共傳播基金會設置條例》第九條規定基金會「董事、監察人人選，由主管機關就社會公正人士、學者、專家及本基金會員工推舉之代表，提請行政院院長遴聘之，並送立法院備查」；即客傳會董監事是由文化部長任命，立法院僅是備查，但公視基金會董監事是由立法院同意後任命，因此由前述國家媒體與政府媒體的區隔標準視之，客傳會即便將來擁有客家電視台，該台也不會是國家的，因爲文化部還是可以透過控制客基會董監事的任命，去控制客家電視台。目前客基會下轄的講客廣播電台就不應視爲國家的，而是政府的。

嚴格講，客傳會的設計有意確立客委會對客家廣電媒體的主導及監督機關，及擁有客家廣電媒體的人事聘任權，此法應該是背離黨政軍退出媒體的基本精神。[4]目前宏觀電視已經停止營運，但客家電視台後續將如何發

---

3 呂依萱（2017.3.8）。〈「宏觀電視」走入歷史　上億預算移至公視〉，《自由時報》（http://news.ltn.com.tw/news/politics/breakingnews/1997085）。

4 有關批評及爭議，可參考陳炳宏（2017.3.18）。〈中廣頻率　政府納爲己有？〉，《蘋果日報》（http://pxc24.blogspot.com/2017/03/blog-post.html）。或何醒邦（2017.4.12）。〈「行政法人化」讓黨政軍干預媒體借屍

展，是成立客家公廣集團，如原住民族媒體一樣，成爲國家的媒體，還是會繼續留在公廣集團，作爲公廣集團下轄的頻道，則都尚待觀察其發展。

平心而論，政府是否需要成立各式各樣的文化事業基金會，去下轄各種公共媒體，還是其實只需一個公共廣電媒體基金會，經營各類型公共廣電媒體（甚至平面媒體），這不僅可以事權統一，或許也可省下些公帑。不過整併族群媒體事涉臺灣敏感的族群議題，迄今沒有「一個公廣集團」的呼籲出現，或者說這樣的訴求聲音過於薄弱，是否成形，最後還是有待臺灣社會對於公共媒體組織形式達成共識。

各類型主要代表媒體如表 4-1 所示。

表 4-1　臺灣媒體產權型態類型[5]

產權型態	媒體組織
國家營	公共電視、原住民族電視台、原住民族廣播電台
政府營	警廣、教育、漢聲、復興、漁業、央廣、講客[6]等電台
政黨營	《中華日報》、（《中央日報》）
商營	《聯合報》、台視、東森、飛碟電台
混合一型（國家 + 民營）	華視
混合二型（國家 + 政府）	客家電視台、（宏觀電視台）

註：括弧的媒體表示已經不再營運或發行，《中央日報》目前僅存網路版。

還魂　客委會挨罵急刪〉，《上報》（http://www.upmedia.mg/news_info.php?SerialNo=15181）。

5 作者自行整理。

6 講客廣播電台於 2017 年 6 月 23 日開播，目前隸屬於行政院客家委員會。客委會設立講客廣播電台雖符合《廣播電視法》第五條之規定，但卻引發黨政軍介入廣電媒體的疑慮。相關討論可參考陳炳宏（2017.3.18）。〈中廣頻率　政府納爲己有？〉，《蘋果日報》（http://pxc24.blogspot.com/2017/03/blog-post.html）。另有關《廣電法》第五條的爭議請參考陳炳宏（2017.3.24）。〈政

第三節　重要媒體產權現況

在介紹完各種媒體產權的型態後，接著分析臺灣主流媒體的產權結構。

一、無線電視產權結構

首先要談的是無線電視台，在三台寡占的年代，無線電視是強勢媒體，廣告商都要看無線電視廣告業務的臉色，因爲怕買不到無線台的廣告時段，但曾何幾時，90 年代中期起有線電視服務蓬勃發展，衛星頻道百家爭鳴，無線電視台越來越不是國人最常收看的電視頻道了。不過由於無線電視不像有線電視必須付費才能收看，且無線電視普及率還是普遍高於有線（衛星）電視，因此其影響力還是不應輕忽。

前面說過，戒嚴時期，無線三台都是政府的，但是 2003 年《廣電法》修法要求黨政軍退出廣電媒體經營，因此其產權便有些許變化。其中影響較大的是陳水扁總統主政時期的「台視民營化、華視公共化」的公股釋出政策，把台視的政府股權賣給經營非凡衛星電視的黃崧，[7] 然後把教育部與國防部的股權捐贈給公共電視台，讓公視成爲華視最大的股東，使華視成爲公廣集團的一員。其他如中視則由中國國民黨賣給中時集團余建新（後來再轉手給旺中集團蔡衍明），而當時民視產權與黨政軍條款無關，股權並未變動。目前五家無線台主要負責人及股權結構等資料如表 4-2。

府要開辦電視台囉〉，《蘋果日報》（http://pxc24.blogspot.com/2017/03/blog-post.html）。

7 當時台視釋股參與投標者包括鴻邦集團（《自由時報》）、年代、非凡、大豐有線，及旺旺集團，最後由非凡國際科技以每股 24.1 元，共 17.4262 億元取得台視 25.77% 股權。目前非凡國際科技持股達 32.46%。

表 4-2 四家無線台負責人及股權結構表 *

	經營負責人	資本額、股權結構與各股東持股比例
台視	黃崧（董事長） 周法勛（總經理）	一、成立資本額：新台幣 3,000 萬元。 二、現有資本額：資本額 28 億 578 萬 1,150 元，實收資本額相同。 三、非凡國際科技持股 32.46%。 四、金融機構（永豐商銀）4.84%。 五、企業（飛凡傳播、臺灣水泥、亞哲投資、永佳樂投資、鉅寶投資等）占 21.9%。 五、董事長（黃崧）占 9.67%。 六、其他個人股份占 31.13%。
中視	胡雪珠（董事長） 胡雪珠（總經理）	一、成立資本額：新台幣 1 億元。 二、現有資本額：資本額 36 億 4,187 萬 9,010 元，實收資本額 15 億 724 萬 5,830 元。 三、神旺投資占 49.68%。 四、企業股份（德慶盛投資、茂達投資、泰昇投資、正聲廣播等）占 18.04%。 五、個人股份占 22.91%。
華視	陳郁秀（董事長） 莊豐嘉（總經理）	一、成立資本額：新台幣 1 億 9,500 萬元。 二、現有資本額：資本額 16 億 9,064 萬 6,280 元，實收資本額相同。 三、財團法人華視文化教育基金會占 4.42%。 四、財團法人公共電視文化事業基金會占 83.24%。 五、其他民營企業（聲寶）、一般個人與華視員工等股份共 12.34%
民視	王明玉（董事長） 廖季方（總經理）	一、成立資本額：新台幣 30 億元。 二、現有資本額：資本額 60 億元，實收資本額 40 億 2,433 萬 5,000 元。 三、法人持股：（鴻信、蕙園投資股份有限公司、瑞月農經科技股份有限公司）8.38%。 四、董事長（僑果實業股份有限公司）：4.8073%；王明玉：0.833%。

* 各台股權總和若未達百分之百，其餘部分主要是個人或員工持股。

資料來源：〈無線電視事業一覽表〉。取自 NCC 網頁（http://www.ncc.gov.tw/）、公開資訊觀測站、商工登記資料公示查詢系統，上網日期：2021 年 2 月 25 日。

二、有線電視產權結構

了解無線電視產權後，接著要討論的是有線電視系統業。目前臺灣雖然有超過 60 家有線電視系統，但其實擁有臺灣有線電視系統的老闆並不多，主要是兩大兩小。兩大包括：富邦集團（台固媒體及大富媒體）與中嘉網路（宏泰），兩小有亞太寬頻（鴻海）及臺灣數位光訊科技集團。其中台固媒體是富邦集團旗下企業，而大富媒體是富邦集團董事長蔡明忠為併購凱擘集團（美國）的有線電視系統而以個人名義投資的企業。雖然大富堅稱其與富邦集團完全無附屬關係，但市場普遍認為這兩大有線電視系統商應該都算是富邦集團的相關企業，不過大富否認這樣的聯想。[8]

至於擁有全臺最多有線電視訂戶的韓國 MBK 集團投資的中嘉網路，一直都有財團想併購，但歷經旺中集團、頂新集團、遠東集團出手後，都各因不同因素致鎩羽而歸；直到 2018 年 12 月 5 日 NCC 終於以附負擔條款共 35 項承諾予以核准，通過（宏泰集團）林堉璘公益信託轉投資企業併購中嘉案，目前已順利由韓國集團轉手在地集團來經營。[9] 至於兩小則包括：位於臺灣中部的台數科集團，以及 2017 年 2 月由亞太電信董事長呂芳銘及鴻海董事長郭台銘以個人名義買下的麥格里集團（澳洲）所擁有的臺灣寬頻通訊。但是在 2020 年初市場傳出，大豐有線電視大股東戴永輝有意以私人資金購買呂芳銘個人投資的（臺灣寬頻 TBC）上層股東「亞洲付費電視信託基金」（APTT）的信託基金管理人 Dynami Vision 65% 股權。[10] 但目前這筆交易案尚有諸多疑點待釐清，尚未能獲主管機關

---

8 大富不同意外界認定與富邦有關的原因，一來是因為不想造成有違黨政軍條款的疑慮，二來也因為兩家如果隸屬富邦集團，那可能有違《廣電法》單一系統商不得擁有超過全國三分之一訂戶數的規定，所以想極力撇清。

9 潘姿羽（2018.12.5）。〈中嘉第 4 度出售　NCC 有條件通過〉，《中央社》（https://www.cna.com.tw/topic/newstopic/1323.aspx）。

10 陳世昌（2020）。〈戴永輝收購呂芳銘 TBC 經營權　大豐有線集團衝 96 萬戶市占 19.49%〉，《ETtoday 新聞雲》（https://finance.ettoday.net/

同意。[11]

截至 2020 年底，總計兩大兩小有線電視集團共擁有全臺近六成的系統台、近八成的訂戶數，顯示有線電視系統產業不僅有集團化趨勢，產權也有集中化情形。全臺有線電視系統產權分布如表 4-3 所示。

表 4-3　全台有線電視系統產權分布（2020 年 12 月）

集團	系統數	百分比	訂戶數	占有率
凱擘（富邦）	12	18.75%	987,821	20.29%
台固（富邦）	5	7.78%	533,817	10.97%
中嘉 MBK（宏泰）	12	18.75%	1,090,324	22.40%
臺灣寬頻通訊（鴻海）	4	6.25%	657,189	13.50%
臺灣數位光訊（台數科）	6	9.38%	455,371	9.35%
獨立系統	25	39.06%	1,143,069	23.48%
總計	64	100%	4,867,591	100%

資料來源：各集團網站（上網日期：2021 年 2 月 24 日），〈109 年第 4 季有線廣播電視訂戶數〉。取自 NCC 網頁（http://www.ncc.gov.tw/），上網日期：2021 年 2 月 24 日。

三、衛星電視產權結構

再來則要介紹近二十年來在臺灣蓬勃發展的衛星電視頻道。首先，衛星電視業的蓬勃可從下表看出端倪。在 2006 年 12 月，全臺灣獲核准成立的衛星電視頻道有 161 個（由 77 家企業所經營），但到 2016 年 12 月，十年後已經增加到 304 個（由 126 家企業所經營），近十年來頻道成長率超過九成，衛星業者增家超過三分之二，算是臺灣衛星電視市場的成長

news/1642713）。

[11] 蘇思云（2021.3.10）。〈呂芳銘收購 TBC 資金牽涉蔡明忠？NCC：已完成調查〉，《經濟日報》（https://money.udn.com/money/story/5612/5308751）。

期，因爲從 2016 年開始，衛星頻道總數則持續下降，到 2021 年 2 月最新統計顯示，目前臺灣市場只剩 102 家衛星電視業者，共有 248 個頻道。

表 4-4 臺灣衛星電視市場結構

類別	2006/12	2012/12	2016/12	2018/12	2020/12
境內衛星電視	114 頻道（60家業者）	156 頻道（78 家業者）	180 頻道（93 家業者）	171 頻道（90 家業者）	148 頻道（75 家業者）
境外衛星電視	47 頻道（17家業者）	107 頻道（30 家業者）	124 頻道（33 家業者）	114 頻道（28 家業者）	100 頻道（27 家業者）
總頻道數	161 頻道（77家業者）	263 頻道（100家業者）	304 頻道（126家業者）	285 頻道（118家業者）	248 頻道（102家業者）

資料來源：〈國家通訊傳播委員會廣播電視事業許可家數統計 110 年 2 月〉，上網日期：2021 年 03 月 31 日，取自 NCC 網頁 http://www.ncc.gov.tw/

但由於衛星頻道在臺灣的有線電視系統上架是透過頻道代理商來安排的，也就是說，多數頻道業者是不直接跟有線系統業者接洽頻道上架事宜，而是透過頻道代理商行之，因此市場人士認爲，頻道代理商才是決定民眾可以看到什麼頻道的人。另外因爲頻道代理商大多代理許多頻道，在協商過程總希望有線系統能「統購」所有其所代理的頻道，因此訂有線電視系統的民眾家裡常看到許多根本都不會收看的頻道，這實在不足爲奇，因爲他們往往都是頻道代理商整包頻道群以超低價半買半送給有線系統業者的「贈品」。

由表 4-5 統計顯示，五家代理商總共代理 77 個頻道，其中富邦集團所屬代理公司的頻道即有 30 個頻道。其次屬於有線電視系統商的年代集團練台生的代理公司亦代理 19 個頻道，因爲兩大代理商共代理 49 個頻道，幾乎已占有線訂戶家中基本頻道的近一半，這顯示頻道代理業與系統業有高度重疊，也就是有線電視產業的水平與垂直整合壟斷市場的問題。如此一來，頻道代理商可以把自己代理的頻道全部在自己所擁有的系統上架，不必太在意這些頻道是否是訂戶所喜歡的，而這也導致臺灣有線電視系統有許多消費者不會看的頻道，但卻必須付錢買的怪現象。

另外，臺灣頻道代理商是全球獨一無二的制度，頻道代理制度的存在，除顯現前所述的上下市場整合壟斷外，另外有境外頻道曾不解的質疑，如果臺灣有線系統業者主要是兩大兩小，一個頻道只需賣給四家業者，那爲何還需要找人代理？爲何不能自己賣？加上系統業者與頻道代理業者高度重疊，總給人一頭牛被剝兩層皮的感覺，因此頻道代理制度也是臺灣有線電視產業的奇特現象。頻道代理商市場統計資料整理如表 4-5 所示。

表 4-5 頻道代理商市場分布表

頻道代理商	所屬集團	頻道數目	頻道
佳訊錄影視聽企業有限公司（2018TBC 回收代理）	練台生	12	好萊塢電影台、Discovery 旅遊生活、年代新聞、MUCH TV、東風衛視台、迪士尼頻道、非凡商業台、非凡新聞台、高點電視台、壹電視新聞台、壹電視綜合台、壹電視電影台
東昰	練台生	7	三立臺灣台、三立都會台、三立新聞台、彩虹、高點育樂台、NHK、MTV 綜合電視台
大享	富邦	14	東森電影台、東森綜合台、東森新聞台、東森財經新聞台、東森幼幼台、東森洋片台、東森戲劇台、緯來體育台、緯來日本台、緯來電影台、緯來綜合台、緯來戲劇台、緯來育樂台、MOMO 綜合台
允誠多媒體股份有限公司	富邦	5	超視、霹靂臺灣台、AXN、好消息、好消息二台
浩鳴	富邦	4	國興衛視、Z 頻道、LS TIME 電影台、JET 日本台
全球數位媒體股份有限公司	中嘉	11	八大劇劇台、八大綜合台、八大第一台、娛樂 K 台、TVBS、TVBS 新聞台、TVBS 歡樂台、中天新聞台、中天綜合台、中天娛樂台、Discovery

頻道代理商	所屬集團	頻道數目	頻道
永鑫多媒體股份有限公司	練成瑜	7	HBO、CINEMAX、FOX SPORTS、FOX SPORTS2、Cartoon Network、ANIMAX、CNN International
千諾國際整合行銷公司	趙鎮泰	10	Warner TV、Boomerang、Eleven Sports I、Eleven Sports2、Waku Waku Japan、tvN、HGTV 居佳樂活台、亞洲美食頻道、Food Network Asia HD 美食頻道、Travel channel
優視	富邦	7	MOMO 親子台、衛視中文台、衛視電影台、衛視西片台、衛視合家歡台、國家地理頻道、FOX 娛樂台

資料來源：市場資料蒐集（2020）

結語

臺灣媒體發展一路走來步履蹣跚，前有黨政軍的控制，後有企業集團的覬覦，好像從來沒有正常發展過，但這也造就臺灣媒體產業的多樣性面貌，除了民營外，還有政府營、國家營，甚至還有不知如何分類的國政混營，或國民合營，不一而足。因此學習者需要學會分辨臺灣各類媒體的屬性與產權，才能了解不同媒體爲何有不同的內容表現，或者理解其營運邏輯，也才能進而了解該如何看待它所呈現出來的內容，甚至言論立場。各種媒體經營產權導致不同言論光譜，進而影響民眾對公共事務的意見，這是臺灣社會多元的展現，還是臺灣民主發展的悲哀呢？也許見仁見智。

若要了解臺灣媒體的發展脈絡，就必須從戒嚴開始理解起，戒嚴後的報禁導致臺灣媒體成爲一言堂，只是執政者用來維繫政權的工具，因此黨政軍產權成爲常態，即便解嚴後都還能穩固地控制著臺灣媒體，直到反對黨的出現，開始挑戰執政者操控媒體以穩固政權的機制，後來才有民進黨成爲執政黨後，在 2003 年推動的黨政軍退出廣電媒體政策，眞正瓦解黨政軍媒體，轉型成爲企業型態的民營媒體。

但是媒體民營化就是長治久安的機制，可保障民主政治穩健前進嗎？

事實好像不然。資本主義企業經營邏輯是，在獲利的前提下，如果可以獨占市場，絕不放過競爭者，如果可以寡占市場，為何不聯合壟斷？導致企業集團不斷蠶食吞媒體企業，媒體日趨往企業集團化、產權集中化發展，越來越遵循資本主義社會的民營企業獲利邏輯，逐漸將媒體存在於民主國家與公民社會該有的角色與功能拋於腦後。當企業把媒體等同於企業體來經營時，企業集團錯了嗎？還是整個社會對媒體的期待錯了呢？這是很值得思考的議題。

另外，為何企業集團在黨政軍退出媒體產業後，前仆後繼想介入媒體市場呢？以商業邏輯思維來看這答案，當然是有利可圖才會介入啊！不能說這樣的答案不對，但也許這樣的答案的「利」需要有不同的定義，下一章即在分析為何媒體能受到企業集團的青睞？眞的只是利之所趨而已嗎？擁有媒體對企業集團有何好處及優勢呢？企業集團介入媒體經營，對其集團本身，及對臺灣整體社會發展有何影響呢？希望下一章的討論可以提供些思考這些問題的方向。

第四章 思考問題

1. 如果臺灣只能有一種勢力控制著全部媒體，你會在政黨、政府與財團三者間，選擇哪一個唯一可以控制全臺灣的媒體？
2. 過去是黨政軍控制媒體，現在主要是財團，你覺得人民還可以有什麼其他的選擇嗎？
3. 經濟學理論告訴我們，市場競爭會帶來價格降低，消費者將獲利。但是反觀電視市場，你覺得電視頻道增多，電視節目有變好看？節目品質有提升？消費者有終將獲利嗎？如果沒有，為何經濟學理論不適用於媒體市場呢？

4. 你知道你家有線電視系統的名稱嗎？你知道它是屬於哪個媒體集團所擁有嗎？你了解這集團或企業的股權組成嗎？
5. 如果你是媒體集團的老闆，除了想獲利外，你還會想利用媒體做些什麼事？

本章附錄

富邦集團企業一覽表

類別	項目	內容
有線電視系統台	台固媒體	永佳樂、觀天下、鳳信、聯禾、紅樹林（計 5 家，約 53 萬戶，占 10.23%）*
	大富媒體（凱擘寬頻）	金頻道、大安文山、陽明山、新臺北、全聯、新唐城、北桃園、新竹振道、豐盟、新頻道、南天、觀昇（計 12 家，約 110 萬戶，占 21.36%）
電視頻道	momo 親子台、momo 購物台 1 台、momo 購物台 2 台、momo 購物台 3 台及其他相關代理頻道	
娛樂	阿爾發音樂股份有限公司、SBL 富邦勇士球隊、CPBL 富邦悍將棒球隊、凱擘影城	
通訊網路	臺灣大哥大股份有限公司（3045） 臺灣固網股份有限公司 凱擘股份有限公司 優視傳播股份有限公司 富邦媒體科技股份有限公司（8454）	
網站	momo 購物網，目前為全臺第三大購物網站，另有 momo 摩天商城、富邦樂遊網等網站。	
百貨零售	momo 百貨、momo 藥妝店、微風南京	
金控	富邦金控（2881），旗下有證券、臺北富邦商業銀行、投信、創投、資產管理、人壽、產險等公司。	
不動產	富邦建設、富本營造、富邦建築經理公司等	

資料來源：(1) 富邦集團網站（http://www.twmbroadband.com/main/cable.htm）
(2) NCC 網站（http://www.ncc.gov.tw/）

* 永佳樂、觀天下、鳳信、聯禾為台固旗下有線台，紅樹林與台固媒體屬於合作關係。

旺旺中時媒體集團企業一覽表

分類	內容
平面媒體	《中國時報》、《工商時報》、《時報週刊》、《愛女生雜誌》《旺報》（2009 年創刊）、《英文旺報》（2010 年創刊）、《周刊王》
數位媒體	時報資訊、中時電子報、工商 e 報、旺 e 報、Styletc 樂時尚（2014 年成立）
出版媒體	商訊文化
電子媒體	中國電視公司（三台） 中天電視：新聞台、綜合台、娛樂台、北美台、亞洲台 美國旺中電視 *
旅遊	時報旅遊─中國時報旅行社、時報遊學中心、神旺大飯店
廣告及活動	時報國際廣告、時藝多媒體、寶立旺國際媒體廣告股份有限公司、旺旺中時文化傳媒北京有限公司、長天傳播製作股份有限公司、時報遊學中心、明星藝能、伊林模特兒經紀公司、黑劍製作
民調公司	艾普羅民意調查
基金會	財團法人中視愛心基金會、財團法人蔡衍明愛心基金會、仕招社會福利慈善基金會、財團法人旺旺文教基金會、財團法人旺台兩岸互信基金會、財團法人余紀忠文教基金會 **、中國旺基金會
其他	中視投資股份有限公司、榮麗投資股份有限公司

資料來源：旺旺中時媒體集團網站（http://www.chinatimes.com/customer/introduce）

* 美國旺中電視為中天國際台的姊妹台，主要在洛杉磯區及橙郡播放，2010 年開播。

** 時報文教基金會於 1998 年成立，2008 年正式更名為財團法人余紀忠文教基金會。

年代集團企業一覽表

媒體	名稱	備註
新聞台	年代新聞台	有線定頻 50 台
	壹電視新聞台 *	中華電信 MOD 56 頻道播出（付費），有線電視系統 49 台（大揚、新永安 98 台、世新、國聲未上架）
旗下頻道	年代 MUCH 台	有線定頻 38 台
	東風衛視	有線定頻 37 台
	JET 綜合台	有線定頻 46 台
	壹電視綜合台	中華電信 MOD 49 頻道播出（付費）
	壹電視電影台	部分有線電視系統（TBC78 台、洄瀾 108 台）
經濟娛樂	千禧年代 福隆經紀 天熹娛樂 天地合娛樂 年代全球文化 年代售票	

資料來源：年代集團網站

* 壹電視已於 2013 年 6 月 1 日正式由年代電視台以 14 億收購。

ELTA 愛爾達產權結構（2017）

ELTA 愛爾達電視	由台達電創辦人邱崇華轉投資愛爾達科技設立的電視台，2008 年在 MOD 開台，資本額 1.8 億元
媒體	旗下頻道
MOD	愛爾達體育台、愛爾達影劇台、愛爾達綜合台、愛爾達育樂台與愛爾達足球台
OTT	愛爾達體育台、愛爾達育樂台、愛爾達足球台、愛爾達影劇台、愛爾達綜合台、愛爾達娛樂台
代理頻道	BBC Earth、BBC Lifestyle、BBC Entertainment、BBC World News、Mezzo Live HD、TRACE Urban、TRACE Sport Stars、Motorvision TV、Travel Channel、Outdoor Channel、半島電視台
其他服務	ELTA 行動影音、hievent 影音直播、ABYSS 大型雲端影音倉儲系統

資料來源：愛爾達官方網站頻道列表（https://eltaott.tv/channel/program_detail#101）

代理頻道更新：原 Motorvision TV 頻道於 2016/11/5 下架。

臺灣壹傳媒企業一覽表

媒體	名稱	備註
報紙	蘋果日報、爽報	《爽報》為壹傳媒首份免費報刊
雜誌	壹週刊 *	
網路	動新聞、蘋果 LIVE、蘋果足球、飲食男女、APPLE FASHION、TomoNews	
其他	蘋果基金會、壹網樂（香港，已於 2012 年 10 月 31 日終止服務）	
壹電視	壹新聞、壹電影、壹綜合、壹體育	壹新聞取得衛廣執照，已上架 MOD。2013 年由年代收購，目前上架於有線電視系統 49 台。 壹電影取得衛廣執照，已上架MOD。2013年3月31日停播。2015 年 1 月 1 日起於部分有線電視系統復播。 壹綜合取得衛廣執照，目前能透過 MOD49 台及全國數位有線電視 129 台播出。 壹體育取得衛廣執照，但未開播。
	壹商號、壹財經、壹娛樂、壹美洲、壹美味	皆未取得衛廣執照，只能透過壹網樂播出，不得上架系統台與 MOD。 壹商號：2011/8/31 開播，一度停播，同年 12 月 30 日恢復播出，2012 年 10 月 31 日停播。原名：壹購物、壹級購。 壹財經：2011/8/22 開播，2012/3/2 停播。 壹娛樂：2009 年 12 月 2 日，NCC 以「資料不全」為由暫緩審議娛樂台，最終未取得衛廣執照。 壹美洲：2012/1/1 於洛杉磯開播，2012/10/6 停播。 壹美味：未開播（只在美食官網播節目預告，其餘在綜合台收看）。

資料來源：壹傳媒集團網站

* 壹週刊已於 2020 年 2 月 29 日停刊。

聯合報系媒體企業一覽表

媒體	公司名稱	
報紙	聯合報系	《聯合報》、《經濟日報》、《聯合晚報》、《Upaper》（臺北市捷運報）。 《星報》（2006 年停刊）、《民生報》（2006 年停刊）
		《紐約世界日報》、《洛杉磯世界日報》、《舊金山世界日報》、《泰國世界日報》。《歐洲世界日報》（2009 年停刊）《溫哥華世界日報》、《多倫多世界日報》（2016 年停刊）
網路	聯合線上	聯合新聞網、聯合知識庫、udn 讀書吧、udn 讀小說、udn 部落格、udn 買東西、udn 發燒車訊、udn STYLE 時尚名人、udn debate 相對論、oops! 新鮮事、NBA 臺灣、聯合影音網、聯合財經網、追星圖擊隊、聯合電子報、鳴人堂、元氣網、uDesign 有 . 設計
電視	udn tv	2013 年 8 月 1 日開始正式開播，但於 2016 年 7 月 1 日起自臺灣地區數位有線電視與中華電信 MOD 停播下架，改為網路播出。
資訊科技	聯經數位股份有限公司（前身為聯經資訊）	
出版	聯經出版事業、聯合文學出版社、寶瓶文化事業	
通訊社	中國經濟通訊社	
雜誌	《聯合文學》雜誌、《歷史月刊》（《聯合月刊》改名而來）2009 年 12 月停刊。	
售票	udn 售票網	

資料來源：聯合報系集團網站（http://www.udngroup.com/2c/index-5.jsp）

自由報系媒體企業一覽表

媒體	名稱	備註
報紙	自由報系	《自由時報》
		《Taipei Times》
電視	自由新聞台、自由電視台、自由 news 頻道	2006 年申請籌設三個電視頻道，並獲 NCC 核發執照，但因未在期限前開播，執照已失效。
網站	Yes123 求職網	創立於 2007/2/22
金融	聯邦商業銀行	屬於聯邦企業集團
其他	聯邦建設、聯邦租賃、聯邦保經、聯邦網通科技	屬於聯邦企業集團

資料來源：自由報系集團網站、聯邦企業集團網站

第 5 章

臺灣媒體產權：影響與爭議

學習目標

- 了解媒體產權發展的趨勢
- 了解媒體產權如何影響營運及產製
- 了解媒體產權集中引發的問題

前言

2013 年頂新集團發生混油案，遭到媒體及各界的撻伐後，讓頂新魏家面臨回臺後最大的經營風暴，但同時也讓頂新集團強烈感受到媒體「製造話題」的威力。頂新混油事件發生後不久，剛好 NCC 否決旺中集團併購全臺最大有線電視系統中嘉網路集團，市場便傳出有高人向頂新高層獻計，趕緊出資買下中嘉媒體，讓頂新擁有媒體話語權，一方面可反擊批評言論，另方面也可以讓其他媒體在相關報導上投鼠忌器，看頂新是否可以透過擁有媒體，壓下這場集團危機，以免繼續燃燒影響到整個集團的生存？果不其然，頂新在 2014 年旺中併中嘉破局後，馬上出價 670 億要併購中嘉集團，但最後並沒有成功。

頂新集團介入媒體經營在當時引發各界許多疑慮，例如有媒體評論就直白說，只要看看旺中集團的媒體如何報導旺旺食品染餿的新聞，就可以想像頂新一旦併購中嘉之後，電視台會怎麼報導頂新味全的食安醜聞？除此之外，當時更有人用鮭魚迴游來影射頂新及旺中集團回臺買媒體是真的為集團好？還是另有「紅色使命」？甚至用打臺灣不如買臺灣等強烈質疑的語言。因此，企業併購媒體的問題就更顯複雜了。企業集團擁有媒體是想賺錢還是想使壞？目的何在？似乎不像併購非媒體企業時，只是想擴展集團事業版圖或獲利那麼的單純考量？[1]

除了 2010-2014 年期間旺中與頂新兩集團併購中嘉網路集團的失敗案例外，2014 年台塑集團亦以 60 億買下 GTV 第 1 台、綜合台、戲劇台、娛樂 K 台等四個頻道，其中 GTV 第 1 台有製播新聞，然而台塑集團想進軍新聞頻道已久，特別是在飽受企業負面新聞事件困擾後，更希望取得媒體影響力與發聲管道。因此也在 2015 年向 NCC 提出設立新聞頻道的申請，當時在 NCC 面談時，甚至有委員直接詢問：「八大電視台申請新聞頻道，是否為了爭取環保話語權？」雖然申設代表人當場否認，不過此舉正反映出，企業集團經營媒體的動機不僅民間有疑慮，連政府機關都覺得案情不單純！最後 NCC 在 2017 年 7 月決議駁回台塑集團的八大新聞台的申設案。[2]

---

1 請參閱：(1) 彭慧明（2014.8.25）。〈670 億吃中嘉頂新 4G 大戰補足最後一哩〉，《聯合報》（http://udn.com/NEWS/FINANCE/FINS2/8891711.shtml）。(2) 黃雅琴（2013.11.20）。〈頂新魏家學旺旺　也要買媒體〉，《新新聞》（http://www.new7.com.tw/NewsView.aspx?t=04&i=TXT20131120141221EKK）。(3) 劉志聰（2014.10.13）。〈頂新轉戰媒體的「毒害」〉，《民報》（http://www.peoplenews.tw/news/d174cd7f-fc59-48e6-adc0-9cd0a63fb460）。(4) 吳學展（2015.11.26）。〈打臺灣不如買下臺灣：中國統戰臺灣媒體大事紀〉，《報橘》（https://buzzorange.com/2015/11/26/china-bought-taiwanese-media/）。

2 相關新聞請參閱：(1) 蘋果日報（2014.4.28）。〈台塑再跨媒體　砸 60 億元買八大〉，《蘋果日報》（http://www.appledaily.com.tw/realtimenews/article/

前一章介紹媒體的產權型態，以及媒體的產權現況，讓大家了解臺灣媒體的產權結構，那麼接下來本章將詳細說明媒體產權的變化及其背後的涵義與影響，這些變化爲媒體帶來了各種問題，究竟企業集團擁有媒體有何優勢或好處？爲何臺灣企業集團爭先恐後地想搶購媒體？這樣的趨勢會對臺灣社會產生什麼影響？

第一節 媒體產權的集中化

解嚴後，強調解除管制與自由競爭的市場經濟自由主義成爲臺灣媒體產業發展的主流思潮，如何獲取最大利潤即成爲媒體經營者的圭臬。再加上傳播科技的日新月異，各式各樣的媒體服務成爲各大企業集團所競逐的新興事業，媒體產權結構也隨之發生改變。

一、企業集團壟斷媒體產業無法擋

在 1993 年《有線電視法》通過後，部分關心媒體產權集中化議題的專家學者，爲防止有線電視產權集中化，即在 1999 年《有線廣播電視法》提出修正時，要求增訂「反壟斷」條款：系統經營者與其關係企業及直接、間接控制之系統經營者不得有下列情形之一：(1) 訂戶數合計超過全國總訂戶數三分之一；(2) 超過同一行政區域系統經營者總家數二分之

---

finance/20140428/387939/ 台塑再跨媒體　砸 60 億元買八大）。(2) 何醒邦（2016.11.4）。〈台塑王永在家族搶發聲　八大電視明年增設新聞台〉，《上報》（http://www.upmedia.mg/news_info.php?SerialNo=6739）。(3) 林睿康（2017.6.21）。〈八大申請新聞頻道　NCC 委員質疑台塑爲了爭取環保話語權〉，《ETtoday》（http://www.ettoday.net/news/20170621/949992.htm）。(4) 何醒邦（2017.7.14）。〈八大電視增設新聞台遭駁回　擬提訴願槓 NCC〉，《壹週刊》（http://www.appledaily.com.tw/realtimenews/article/new/20170714/1161198）。

一，但同一行政區域只有一系統經營者，不在此限；(3) 超過全國系統經營者總家數三分之一。雖然此條文修正通過算是回應有線電視產權日益集中的疑慮，不過由於當時主管機關對業者的眞正訂戶數始終無法充分掌握，並且對股權人頭問題無法有效解決，有線電視業者仍然遊走在法律邊緣而繼續推動其集團化經營策略。

不過好景不長，雖然《有線廣播電視法》增訂市場占有率限制，但有線系統股權分散規定卻又遭刪除。2001 年 5 月立法院決議刪除 1993 年第一版《有線電視法》第十九條的限制股權集中條款後，[3] 有線電視產業便成爲企業集團的禁臠，開始大肆併購各地區有線電視系統，造成有線電視產業日趨經營集團化與產權集中化，如前一章討論所呈現的現況。

二、企業集團水平與垂直整合媒體市場

在衛星電視頻道市場方面，當 1991 年行政院新聞局決定將「第四台」合法化時，和信集團與力霸集團兩大企業集團即開始積極介入有線電視衛星頻道市場。以和信集團爲例，發展初期以其旗下的飛梭傳播公司負責有線電視頻道經營與行銷業務，而由緯來傳播公司負責節目製作業務，成爲其經營有線電視頻道事業的主力。同年，力霸集團成立力霸友聯全線傳播公司，亦以經營有線電視頻道的方式，開始涉足臺灣有線電視市場。此外和信、東森、太平洋電線電纜等企業集團並透過垂直、水平，以及跨產業整合策略，逐漸收編各地的有線電視系統，形成有線電視集團逐步垂直整合與壟斷系統與頻道市場的開始，而這一切都發生在有線電視產業尚未合法化之前，顯見當時的電視集團業者多有「遠見」。

當時介入有線電視產業的企業集團不僅擁有有線系統平台，亦同時擁有衛星頻道，成爲垂直整合的經營型態，而集團這種既水平又垂直壟斷市

[3] 第十九條規定：有線電視之股權應予分散。同一股東擁有之股權不得超過 10%；股東與其相關企業或其配偶、直系血親、直系姻親、二親等以內血親持有者合計持有之股份，不得超過 20%。

場的經營策略，導致學者研究[4]都指出，這些年來有線電視產業的諸多市場亂象，包括系統斷訊、頻道聯賣，以及換約糾紛等爭議，都與產業集團化，以及市場遭集團上下游整合壟斷等產業特性有關。

雖然 1999 年版《有線廣播電視法》第四十二條規定「節目由系統經營者及其關係企業供應者，不得超過可利用頻道之四分之一」，甚至 2014 年 1 月立法院最新版的有線廣播電視法修正草案擬修改第二十五條爲「不得超過基本頻道總數之十分之一」，企圖讓有線集團不得採取整合壟斷的手段以妨害市場競爭，但直到 2016 年最新版的《有線廣播電視法》的第二十五條還是維持原四分之一的規定，規定不動如山。到底是什麼因素導致立法院不能完成切斷媒體集團透過垂直與水平整合壟斷市場的策略，是很值得玩味的。

三、企業集團跨媒體併購行動

除了市場水平與垂直整合，還有跨媒體併購的問題，1993 年版《有線電視法》第二十條明訂「新聞紙、無線電視或無線廣播事業或該事業之董事、監察人、經理人，不得爲有線電視之申請人、董事、監察人、經理人」，明文禁止媒體跨業經營。但這條文在 1999 年 1 月修法時遭刪除，此舉被認爲是爲平面媒體或廣電媒體跨業經營有線電視而鋪路。例如：2002 年 6 月，中天衛星電視頻道家族正式被包括《中國時報》發行人余建新在內的新經營團隊所接手，成爲中時報系進軍電子媒體的試金石，並使中國時報系從紙媒集團，成爲擁有報紙與電視的跨媒體集團。其次，在立法院通過黨政軍退出廣電媒體的條款後，2005 年年底，中國國民黨釋出華夏文化公司持有的中視、中廣與中影公司股權，買主則是以《中國時報》爲首的投資團隊所設立的「榮麗投資公司」，交易總價逾新台幣 90 億元，進而使中時集團成爲擁有平面（報紙及雜誌）、廣播、電視（無線

4 請參閱：(1) 陳炳宏（2001）。《傳播產業研究》。臺北：五南圖書。(2) 江耀國（2003）。《有線電視市場與法律》。臺北：元照。

加衛星）等多媒體事業的跨媒體集團。

2008 年，台商旺旺集團以 204 億元擊敗壹傳媒集團，拿下中時集團經營權，旺旺與中時並簽下合作備忘錄，將統包中時集團旗下的中天、中視、中時、工商、《時報周刊》及網路媒體，成為旺中媒體集團。[5]接著在 2010 年當中嘉網路集團（CNS）有意拋售旗下有線電視系統時，以旺旺集團為首，加上國泰金控、東森國際，以及三家獨立系統台所組成的團隊，以總金額超過 700 億元，相當每戶 6 萬元買價出手搶購，最後 2013 年 NCC 以旺中案「附加三項停止條件」並未被履行而駁回旺中併購中嘉案。[6]

雖然旺旺集團併購媒體的行動在此稍微受挫，但企業集團繼續併購媒體事業的決心，仍值得持續關注，因為臺灣企業集團併購媒體的行動顯然並未因旺中併購中嘉案受挫而稍有停歇。例如前面提到的頂新，及富邦、宏達電（HTC）、台塑，還有曾有意併購中嘉的鴻海、遠東、新光、潤泰，加上近年積極介入媒體的茂德、宏泰等，臺灣企業集團幾乎是精銳盡出，無一不曾對併購媒體及經營媒體表示過高度興趣，其背後原因實在值得推敲與探究。

四、企業集團前仆後繼入主媒體

如果從資本主義社會的角度來看，企業經營媒體將本求利，以追求利潤為準則，應該是天經地義。但當企業逐漸跨大經營媒體的規模，造成媒

5 相關新聞請參閱：(1) 李祖舜（2005.12.27）。〈國民黨三中 90 餘億賣榮麗　中視、中廣、中影股權移轉中時主導的投資團隊　交易總額包括華夏 53 億負債〉，《聯合報》，A1 版。(2) 謝柏宏、余麗姿、黃晶琳（2008.11.4）。〈204 億元　旺旺買下中時集團〉，《經濟日報》。

6 相關新聞請參閱：張家豪、陳懋蔚、徐毓莉（2010.10.26）。〈旺旺　東森　蔡鎮宇　合資 700 億買中嘉　每收視戶逾 6 萬元創新天價　旺旺將持股 51%〉，《苦勞網》（coolloud.org.tw/node/64615）。

體企業的集團化，且產權日趨集中，那媒體集團可能產成的影響力，就不是一般企業集團所能比擬的。接著，本節將舉幾個較大的媒體併購案例，來說明媒體集團化與產權集中化的發展概況。

從 2003 年廣電三法修法，要求黨政軍退出廣電媒體後，臺灣企業集團即爭先恐後地介入媒體產業，或併購，或投資，或自己成立媒體，十多年來不見停歇。例如：鴻海集團董事長郭台銘，這些年他的企業進軍全球各地，但未曾稍減他想投資臺灣媒體的意念，早在 2007 年台視的釋官股，鴻海即曾傳出有意爭取入股，但後來似未出手；2010 年全台第一大有線電視集團中嘉網路集團有意出售，鴻海曾出手介入，但未能得手；直到 2017 年郭董以個人名義併購全台第四大有線電視系統集團「臺灣寬頻通訊」，終於達成他成為媒體人的想望。[7] 業界人士玩笑話說，鴻海在這波臺灣媒體併購潮中，可說是無役不與，有些也許只是市場傳聞，但卻也顯示出鴻海集團對經營媒體的高度興趣。

另有一例，2010 年當臺灣第一大有線電視集團中嘉網路傳出求售時，就有旺中集團、國泰集團、東森集團有意結盟進行併購，但其他意者也在背後摩拳擦掌觀望，後來旺中併中嘉案遭 NCC 否決後，頂新集團立即出價 670 億展現併購的決心，市場傳聞頂新此舉是經高人指點，有意藉由擁有媒體讓其混油弊案順利解套，因為擁有媒體後的頂新會讓其他媒體在報導頂新弊案時投鼠忌器。雖然此種說法是否屬實無法證實，但業界普遍相信企業集團透過擁有媒體，可以產生恐怖平衡或嚇阻對手的效用。後來頂新併中嘉案隨著頂新弊案擴大而無疾而終，接著試圖接手的有遠東、新光、潤泰，及鴻海，結果雖由遠東集團以 745 億搶得先機，但 2017 年遠東終究因黨政軍股權等因素，還是未能併入中嘉，以致市場笑說「中嘉命硬，三嫁不成」。最後臺灣最大有線電視集團在四度求售後，2018 年

---

7 林韋伶、朱正庭（2017.2.23）。〈附 22 條款　呂芳銘郭台銘買 TBC 過關　泛鴻海集團插旗有線電視　NCC 防壟斷有條件點頭〉，《蘋果日報》（http://www.appledaily.com.tw/appledaily/article/finance/20170223/37561427/）。

被宏泰集團以 515 億買下。

除有線電視系統外，有些企業集團鍾情同具影響力的衛星電視頻道。例如 2014 年台塑集團投資 60 億買下擁有四個衛星頻道的八大電視，2016 年甚至向 NCC 提出新聞頻道的申設，NCC 委員曾質疑台塑爲了爭取環保話語權，最後被否決。另外 2015 年宏達電王雪紅先後在 2011 年及 2015 年分別入股 TVBS，最後在 2016 年拿下 100% 的 TVBS 股權。其他既擁有系統又控制頻道以進行產業水平及垂直整合的集團如富邦、年代、台數科、中嘉就更不用說了！

第二節 媒體集團與產權集中的優勢

所謂媒體產權集中趨勢，簡單說就是指有越來越多的媒體掌控在越來越少的人手上，這是目前討論媒體產權時最應該受到關注的趨勢與議題。

在戒嚴時期，臺灣媒體是特許行業，不用說個人不能經營媒體，即便是企業，也無法隨意投入媒體市場，頂多只能依附在特定勢力（例如黨政軍）作爲共同投資者，像早期無線三台股東裡的民營企業，這時憑藉的是政治實力。但是隨著解嚴開放報禁及黨政軍退出廣電媒體等政策開放，各種勢力積極介入媒體經營，這時憑藉的就是經濟實力，也就是說比誰財大氣粗，因此企業集團成爲媒體的主要經營者，還是不是一般人可以介入的。而當企業集團成爲媒體經營的主力後，其最大的影響就是，導致臺灣媒體產業日趨經營集團化與產權集中化。

從當前臺灣媒體產業發展趨勢來看，媒體產業已走向企業集團化與產權集中化。面對這樣的發展趨勢，企業集團介入媒體經營到底在打什麼如意算盤呢？只是爲獲利入袋？還是有不足爲外人道的好處？或者應該這樣問，在臺灣擁有媒體會有何好處或優勢呢？本節將分成顯性優勢與隱性優勢兩類來分別說明。

一、媒體集團的顯性優勢

過去二十多年來，臺灣企業集團爲何前仆後繼地購買媒體或成立媒體呢？簡單說，企業集團擁有媒體的顯性優勢包括：

（一）掌控言論話語權

當企業集團擁有媒體後，就可以隨心所欲的透過自身媒體表達意見，甚至利用自有媒體影響言論市場，達成企業目標，甚至左右國家政策，這就是媒體話語論述權。有些媒體老闆會親自召集編輯會議，掌控言論方向，有些老闆親自寫文章，確立言論立場，不一而足。當然這種作法容易被批評爲公器私用，但是目前媒體是公器的論點已日漸式微，媒體老闆更不在意，批評媒體老闆公器私用，只會像狗吠火車，誰也奈何不了他們。

（二）操作集團綜效策略

對企業集團而言，擁有許多媒體平台，對企業在推動商業活動或商品銷售等宣傳及行銷策略上，是有許多的便利性與優勢。例如集團辦個銷售活動，那麼一方面可以利用電視節目邀商品代言人受訪，報紙可以專訪代言人，甚至可以報導置入商品及刊播廣告，發行的雜誌可以邀代言人當封面人物，再來個封面人物專題聊商品代言，甚至網路平台還可以成立粉絲頁，還可以直接賣商品，擁有諸多媒體平台，操作綜效策略，一舉數得，達成 1 + 1 > 2 的效果，眞是好處多多。

（三）建構特定意識形態

另外也許有些人經營媒體未必有其政治或經濟的外顯目的，只是想爭取話語權，就是希望有表達意見的管道，主要目的是爲了分享某種意識形態，再明白點說，就是希望透過媒體建構某些符合他期待的意識形態。這其中有可能是消費的意識形態，鼓勵民眾多消費，將消費意識內化成爲生活習慣，除刺激經濟成長外，當然也會讓自己的企業獲利，許多購物台、股票台皆可算是此類；另外也可能是政治的意識形態，也就是說，媒體老闆希望能透過媒體的言論內容，不斷地傳散與強化他個人的政治理念，甚至進行意識形態的鬥爭，最後達成建構與他相同的意識形態的目標，臺灣統獨意識形態不斷在媒體間對抗即屬此類。

二、媒體集團的隱性優勢

理論上，在商言商的企業家應該不會平白無故去投資一個可能不賺錢的媒體，因此即便不是所有企業投資媒體都有著陰謀論動機，但也不能不了解隱藏在企業投資媒體背後的隱性目的。

前面談到企業經營媒體有其顯性優勢，接著要談的是其隱性優勢；也就是說，雖然經營媒體未必都那麼充滿算計，但也不可能毫無算計。綜合而論，企業集團經營媒體的隱性優勢至少會有三點：

（一）爭取企業權益

常有人說，在臺灣經營媒體又不賺錢，何苦前仆後繼？但這種說法其實是不理解個中奧妙。如果企業集團可以透過擁有媒體，以媒體來形塑有利的言論市場，進而影響政府制訂對其企業有利的政策，那只要企業集團能利用自有媒體來影響與企業相關的政策制訂而獲利，那媒體本身賺不賺錢就其次了，不是嗎？因此以為企業經營媒體會考量是否賺錢，這樣的思維就太過簡化當前企業經營媒體的思維與謀略了！

（二）捍衛企業利益

也許不是所有媒體老闆都充滿野心，都想利用媒體來謀私利，但在臺灣擁有媒體的確會有個好處，那就是當政府政策有違媒體老闆的企業利益時，媒體即可以透過其內容影響言論市場，讓不利的政策被消滅，或往有利的方向修正，或者也可以透過自己的媒體積極支持有利自己的政策，雙重效益。有個有趣的形容就是，企業集團擁有媒體就好像養隻老虎在家，平常可以擁虎嚇人，必要時可以放虎咬人，把媒體當成捍衛利益的工具，至少可以備而不用。

（三）擴展政治影響力

擁有媒體就能擁有言論市場的主導權，更可以透過媒體影響政府決策，因此行政機關向來對媒體老闆敬畏三分，不僅多數媒體老闆常成為政治人物的座上賓，有時媒體老闆心血來潮，除了想要經濟影響力外，還會自己上陣爭取政治權位，例如參選民意代表，以擴增自己的政治影響力，並透過媒體將企業利益與政治利益合而爲一，產生政媒同謀的優勢爭取各樣利益，那可眞是無人能敵！過去有不少企業人士在擁有媒體後，又去爭取政治權位，然後透過政治權力再去增強其媒體競爭優勢，獲取更大的經濟利益，即不斷操作政經媒合一的策略。只是這些年當黨政軍條款通過後，已較爲少見企業集團操作政經媒合一的經營策略，直接謀取政治權力，但企業集團利用媒體擴展其政治影響力則是從未終止過！

第三節 媒體產權集中的問題與爭議

從企業成長理論的角度來看，企業透過投資併購或多角化經營而成爲企業集團，一來可以降低成本，二來可以增加獲利，算是企業發展可行的成長策略，因此對企業集團來說，經營媒體可以如同經營其他企業一般，是在追求企業成長或經營績效。但是如果我們從民主發展的角度來思考，假設企業不斷透過併購媒體而成爲擁有媒體的企業集團，導致自由而開放的言論市場日漸被極少數人（媒體老闆）所控制及壟斷，而逐漸擁有如前所述的顯性與隱性優勢的結果，言論內容逐步單一化及片面化，此時即便媒體集團化可以降低企業經營的成本、增加企業的獲利，但這對整體國家社會的民主發展是有利的嗎？這是我們在思考企業集團併購媒體，或發展其他商業服務，兩者間有何不同時，所該要區辨的問題。

如前所述，爲何近年來企業集團想搶占媒體市場，特別是電視媒體？因爲擁有媒體對企業集團來說，眞是有許多好處，而且如果究其極，除經營媒體還是有可能賺錢外，其餘即便賠錢也未必就眞的沒有其他「附加效益」（隱性優勢），因此企業集團經營媒體還是萬利而無一害。雖然從媒體在民主國家及公民社會的角色與功能來說，企業集團擁有媒體未必是民眾與社會之福，不過這趨勢不僅已是資本主義社會的常態，也可說是勢不可擋。因此可以簡單說，如果企業集團經營媒體是爲了獲利，那這想法在資本主義社會是天經地義，大家至少可以樂觀其成；但如果企業集團經營媒體不是爲了賺錢，或是不想賺錢，那整個社會及國家恐怕只好「剉勒等」，因爲如果經營企業（媒體）不是爲了賺錢，就其心可議了。本節即是要探討媒體產權集中會有何問題？會有哪些爭議？這主要可從控制媒體內容以影響言論市場，以及妨害市場競爭以壟斷產業發展等兩個面向來討論與呈現這個議題。

一、控制媒體內容以影響言論市場

首先是控制言論市場、爭取話語權的案例。學者以 1999 年 4 月民間電視台報導公投新聞爲例，比較臺灣電視公司等四家無線電視台在報導公投新聞的差異。[8] 這個研究主要是想了解，力推公投的前立法委員並同時擔任民視董事長的蔡同榮，其所代表的媒體產權角色（董事長）是否會影響其所經營之媒體（民視）的相關新聞報導數量及取向？分析結果發現，就公投新聞的數量來比較，四台公投新聞總報導則數是 51 則，其中以民視播報 33 則爲最多，占四台總報導量的 64.7%，約占三分之二，其餘依序視中視 8 則（15.7%）、華視 6 則（11.8%），最後是台視 4 則（7.8%），以報導總則數來看，民視的總報導量約是其他三台總和的 1.8 倍，比三台總和還要多很多。

其次，若以報導長度來比較，四台公投新聞總長度是 101 分 32 秒，其中民視報導總長度是 83 分 3 秒，占四台公投新聞總長度的 81.8%，居四台之冠；其餘依序是中視的 7 分 34 秒（7.5%）、華視的 5 分 47 秒（5.6%），以及台視的 5 分 8 秒（5.1%）。以公投新聞爲例，雖然研究結果無法證明蔡同榮把手伸進新聞部，但是研究結果不言可喻，民視因爲主張公投的蔡同榮擔任董事長，其新聞報導對公投新聞的選擇與重視程度，不是其他三台能比的，這即證明媒體產權對媒體內容的影響，亦印證媒體產權可以透過對媒體內容的控制，掌控話語權，影響言論市場。

---

8 陳炳宏（2001）。《傳播產業研究》。臺北：五南圖書。

二、操作綜效策略達最大經濟效益

新聞傳播學者進行研究想了解，當 2002 年中時集團併購中天電視台，兩家媒體成爲同集團的一家人後，《中國時報》對中天電視台相關節目的報導數量及內容是否有所改變？以便了解媒體產權是否對媒體內容有所影響，並印證媒體集團操作綜效策略的優勢。[9]研究設計上，以中時併購中天（2002 年 6 月 1 日）前後各一年，作爲檢視《中國時報》在報導中天電視台新聞時，是否有變化的比較時間區間，即抽樣期間爲併購前的 2001 年 6 月 1 日至 2002 年 5 月 31 日，以及併購後的 2002 年 6 月 1 日至 2003 年 5 月 31 日，其中週一至週五抽取三天，週末抽取一天，前後一年各抽取 208 天，兩年總共抽取 416 天的《中國時報》影視版新聞作爲研究分析的樣本。經統計結果發現，併購前一年《中國時報》有 38 天報導中天相關的新聞，共計 45 則，併購後一年則有 78 天出現與中天相關的新聞，共計 92 則，即併購後的報導天數與新聞報導量比併購前增加超過一倍。

從細部研究結果來看，中時併中天前後一年間，中時影視版出現有關中天的新聞總則數與新聞平均面積都增加一倍以上；其次報導總面積雖沒有加倍成長，但標題大小卻增加一倍半以上；另外在照片方面，照片總張數大幅增加爲五倍之多，照片面積則增大超過三倍；此外在版位處理上，中天電視相關報導成爲《中國時報》影視新聞落頭版新聞的機會也相對增多，不僅出現在《中國時報》影視新聞落頭版的新聞大量增加，而成爲各影視新聞版的頭條新聞的數量也同樣大幅增加。至於標題中出現中天字眼的量亦有小幅提升，且在黑白或彩色版面的變化差異亦非常明顯。因此整體來說，中國時報併購中天電視台後，在內容上除「量」的增加外，在相關新聞處理上也藉由版面與版位等呈現方式「質」的改變看得出其差異。

9 陳炳宏（2010/07）。〈媒體集團化與其內容多元化之關聯性研究〉。《新聞學研究》第 104 期，頁 1-30。

這項研究在探討中國時報併購中天電視成爲其中時集團旗下成員，相關報導的量與質的變化後發現，中時版面都很顯著地處理中天相關新聞，這些都是中天電視產權轉移後，《中國時報》相關報導非常顯著的變化。也就是說，當中時併購中天，兩媒體透過集團化操作綜效策略，藉由中時大量增加報導中天節目而爲中天爭取更多的關注以提高其節目收視率，相對以及提高整體集團的收益。

不過值得注意的是，雖然當媒體併購行爲發生而使其成爲同一媒體集團旗下的成員後，確實對該媒體的報導量與內容質都有顯著的影響。另外應該思考的問題是，當《中國時報》對中天電視相關的報導大幅增加後，相對地亦代表中時對其他媒體（例如東森、三立等與中天競爭收視率的電視台）節目相關的報導量同時大幅減少，此舉即與民主國家言論市場理應自由開放的理想相違背。因此本研究結果除顯示媒體集團化可操作綜效策略外，媒體集團化亦會影響媒體內容與媒體市場的言論多元性。

三、綜效策略造成的綜效偏差

最後是探討媒體集團透過操作綜效策略，以增加集團利益，但卻會因此造成綜效偏差的研究。新聞傳播學者認爲，如果企業集團利用其所屬的新聞媒體操作綜效策略，進而影響其新聞報導內容時，這就如同新聞報導內容遭到政治和經濟勢力的介入，新聞傳播學者稱之爲「綜效偏差」（synergy bias）。[10]這樣的說法即在凸顯，從集團獲利角度，利用旗下新聞媒體產製對集團有利的新聞，這是集團經營的綜效策略；但從民眾權益及媒體角色的角度來看，卻是一種綜效偏差，指的是影響媒體正常角色扮演的偏差行爲。

據此概念，新聞傳播學者針對臺灣企業集團運用綜效策略，企圖透過旗下新聞媒體之報導內容，進而促進集團利益，但卻產生綜效偏差的情形

[10] Williams, D. (2002). Synergy bias: Conglomerate and promotion in the news. *Journal of Broadcasting & Electronic Media*, *46*(3): 453-472.

來進行探討。[11]此研究對象選定屬於電視頻道集團（擁有三個以上無線或衛星電視頻道）的新聞頻道，包括中天新聞台、東森新聞台、年代新聞以及三立新聞台等四個新聞頻道作爲分析對象，針對四家新聞台從 2007 年 8 月 1 日至 9 月 30 日，總共 61 天，分析其晨間新聞、午間新聞、晚間新聞，以及夜間新聞等四個時段的新聞內容，共計 1,753 小時 31 分 15 秒，以統計這四台的四節新聞時段中，凡是報導其集團相關企業之活動或商品等內容，可歸於綜效偏差的新聞數量，即分析各台所屬集團操作綜效策略以致產生綜效偏差的影響結果。

統計結果顯示，在 61 天新聞報導中，年代新聞台、東森新聞台、中天新聞台、三立新聞台等四台涉及綜效偏差的相關報導共有 592 則，其中新聞報導（558 則），以及非新聞報導（34 則），[12]時間總長度爲 14 時 40 分 34 秒，占總播出時數的 0.84%，平均每小時新聞報導中約播出 30 秒的綜效偏差新聞，每則綜效偏差新聞報導平均的長度約爲 94 秒，比一般新聞報導長度要稍長，其中又以夜間新聞的綜效偏差新聞爲最多，每則平均報導時間亦最長，達 104 秒。由於這項結果並未做時間序的比較，因此無法看出各新聞台綜效偏差報導是否有越來越嚴重的趨勢，但是不可否認的，集團會透過自有媒體來進行綜效策略達成集團利益，已經是前述研究所證實了。

總結來說，企業集團透過其擁有媒體的顯性與隱性優勢，去達成企業包括經濟與政治，甚至意識形態的各式利益，但對社會整體而言，這樣的集團利益到底對國家的民主化有何負面影響，值得各界繼續觀察與監督。

---

[11] 陳炳宏（2009/12）。〈媒體集團綜效偏差之研究〉。《中華傳播學刊》第 16 期，頁 177-213。

[12] 這項研究將電視新聞報導中慣用的 Tease、ad-libbed 界定爲非新聞報導。Tease 是指吸引觀眾繼續收看下節新聞的預告；ad-libbed 是新聞預告的一種，但僅出現畫面而無主播口播內容。

四、防止媒體壟斷的法規

企業集團除透過其擁有媒體的顯性與隱性優勢，以掌控話語權去影響言論市場外，媒體集團化亦可以透過市場壟斷的優勢來妨害市場正常競爭，輕則可以削弱同行的競爭力，重則達成殲滅競爭者的目標。如果集團大到可以左右市場競爭，那對市場正常營運是有極大的影響力，因此不管是媒體或企業體，多數事業主管機關還是會出手干預市場壟斷的行爲，以確保市場正常運作。

（一）主管法規：《公平交易法》、廣電三法

目前在管制企業壟斷市場的法定機制有《公平交易法》，主管機關是公平交易委員會。但針對防制媒體壟斷之法律，僅在《有線廣播電視法》中規定，有線廣播電視系統收視戶不得逾全國總收視戶三分之一上限，以及系統經營者持有之頻道不得超過其可利用頻道四分之一等規定；另外有線及衛星廣播電視法亦針對媒體不公平競爭行爲訂有相關規範。此外對於廣播電視事業涉及結合、聯合行爲或濫用獨占地位之行爲，則依《公平交易法》以確保市場公平競爭。

（二）相關法規：《媒體多元維護與壟斷防制法》草案[13]

這些年來爲因應媒體產業快速變遷，雖然廣電三法已歷經多次修正，但當前媒體產業類型多元、平台趨多、影響越大，媒體業者不斷透過併購與整合策略，逐步形成大媒體集團，再加上大型企業集團積極介入媒體產業，更形成所謂的「媒體巨獸」，因此爲兼顧媒體產業的永續發展與確保意見自由市場的多元性，這些年社會各界不斷呼籲 NCC 儘早制訂反媒體壟斷法規，甚至走上街頭，希望在媒體集團眞正變成媒體怪獸前，可以防制媒體市場遭到壟斷，避免民主社會賴以存在的言論自由市場的基礎被破

13 原本NCC在2017年7月提出的稱做「媒體壟斷防制與多元維護法」（簡稱「反壟法」），但到2019年9月報院核定的稱做「媒體多元維護與壟斷防制法」（簡稱「媒多法」），其間訂名的折衝也許頗值得玩味。

壞殆盡。最後在各界殷切期盼與立法院的要求下，NCC 終於在 2019 年 9 月 11 日提出報行政院版《媒體多元維護與壟斷防制法》草案（以下簡稱「媒多法」）。

雖然 NCC 已依立法院要求提出，但各界對於臺灣是否需要《媒多法》，似乎有不同的見解與主張。雖然有人簡化反對《媒多法》就是財團的代言人，或支持媒多法就是反商，但這議題似乎不是兩極化這麼簡單，如何讓反媒體壟斷是在維護言論自由市場，維繫民主的根基這樣的思維能具體落實在法條上，會是各界需要有的共識，也是一同努力的目標。就如同 NCC 在提出《媒多法》時強調的：本法草案之核心在於保障社會言論之多元性，並期在兼顧媒體產業發展及其特殊的社會監督責任與文化傳播功能之基礎下，達成維護資訊及意見自由、保障新聞事業自主，以及促進多元文化均衡發展之目的。

以下以《媒多法》草案第十一條、第十二條及第十六條爲例，讓大家了解《媒多法》避免壟斷媒體產業等行爲的相關規範：

第十一條　下列媒體之整合，參與之事業應向主管機關申請許可：

一、全區性或區域性廣播事業。

二、無線電視事業。

三、經營新聞及財經頻道或製播新聞節目之頻道之衛星頻道節目供應事業、境外衛星廣播電視事業及他類頻道節目供應事業。

四、訂戶數占全國總訂戶數百分之二以上之有線廣播電視系統經營者，或合併計算其關係企業及直接、間接控制之有線廣播電視系統經營者之訂戶數占全國總訂戶數百分之十以上，或於經營區內具有獨占地位者。

五、訂戶數占全國總訂戶數百分之二以上之經營多媒體內容傳輸平臺服務之電信事業，或合併計算其關係企業及直接、間接控制之經營多媒體內容傳輸平臺服務之電信事業訂戶數占全國總訂戶數百分之十以上者。

六、經營全國性日報之事業與第一款至第五款所稱之事業整合者。

第十二條　依前條申請整合，有下列情形之一者，主管機關應不予許可：

一、訂戶數占全國總訂戶數百分之二十以上之有線廣播電視系統經營者與無線電視事業、經營新聞及財經頻道、頻道代理商、全國性廣播或全國性日報之事業整合。

二、無線電視事業與無線電視事業之整合。

三、因整合而使整合後之媒體市占率達三分之一以上者。

四、同一事業及其關係人，整合有線廣播電視系統、多媒體內容傳輸平臺、無線電視、全國性廣播、新聞及財經頻道、全國性日報及頻道代理商，超過三項者。

第十六條　金融控股公司、銀行、保險公司及其負責人、其捐助成立之財團法人或其受託人，不得持有下列媒體已發行有表決權股份總數或資本總額百分之十以上，或以直接、間接持有股份或其他方式控制媒體之人事、財務或業務：

一、無線電視事業。

二、經營新聞及財經節目頻道或製播新聞節目之頻道之衛星頻道節目供應事業、境外衛星廣播電視事業及他類頻道節目供應事業。

三、訂戶數占全國總訂戶數百分之五以上之有線廣播電視系統經營者。

四、訂戶數占全國總訂戶數百分之五以上之經營多媒體內容傳輸平臺服務之電信事業。

五、媒多法立法之爭議

1. 整理兩位專家學者反對反壟法立法的意見如下。

(1)法學教授高逸民認爲，

NCC 的立法動機——「限制經營者的規模」，是一個錯誤的決定，「防止壟斷」說穿了僅是要將媒體經營者的規模盡量縮小，以便政府能分而治之，各個擊破。其次媒體經營的小規模與小市場占有率，也削弱競爭與研發實力，讓媒體永遠是小媒體，無法具備製作高品質節目及競爭國內外市場之能力，使媒體走上資金見肘、研發前瞻力弱化現象，我國影視產業更形同任人宰割的綿羊。另外草案以「避免影響媒體專業經營，而禁止金控業者入股媒體」爲由，更是背離科技潮流，今日手機依靠網路已經結合媒體、通訊、財務管理、娛樂等功能，甚至將取代信用卡及各式證件功能，媒體與通訊業應該歡迎資金充沛的金控公司入股，互相提攜，因爲媒體發展永遠是金錢、市場與規模。[14]

(2) 臺灣經濟研究院所長劉柏立在2017年針對NCC制訂反壟法草案召開的公聽會發言表示，

反媒體壟斷的概念主要有二，其一爲反對黨政軍對媒體的壟斷操作；其二則聚焦無線廣電媒體兼營報社的持股比例，確保言論自由與多元資訊來源，捍衛民主主義的基本價值。但從反媒體壟斷立法與數位匯流方面來看，2000 年以後，數位匯流帶動網路新興媒體發展，不僅有效稀釋傳統媒體的影響力，更爲言論自由與多元資訊發展帶來革命性的變化。另外從數位匯流新世代監理思維的觀點，在開放的網路媒體環境下，閱聽人已從傳統大眾媒體時代的被動式受眾角色，轉變成自主近用網路媒體的主動式閱聽人，有許多媒體來源可自由選擇、接取近用。因此在反媒體壟斷法的正當性與必要性方面，目前似乎無制定

[14] 內容主要引用自高逸民（2017.7.8）的媒體投書：〈NCC 的霸道　法治國的黃昏〉，《世界日報》（https://hi-in.facebook.com/udnip/posts/1580354082031087:0）

反媒體壟斷立法的急迫性，政府在政策上不如優先提供更具彈性的發展空間，讓媒體事業有轉型發展機會，因應數位匯流趨勢，追求永續發展。[15]

2. 另外整理一位專家學者及公民團體贊成訂定反壟法的意見如下。

(1) 新聞傳播學者胡元輝認爲，

NCC 提出反壟法草案後，常聽到的反對説法是：現在都已經是數位時代了，哪有媒體壟斷的問題？此一看法的主要論點認爲，由於網路等數位新科技的發達，傳統媒體的影響力已經式微，如今人人都可以在網路或自媒體發表意見，何須擔憂傳統媒體的併購與整合？但此種反媒體壟斷的「過時論」不僅與傳播現實不符，亦爲不折不扣的網路迷思。

胡元輝指出，

當前科技決定論思維下的兩個迷思。第一個迷思可以稱爲「網路主導迷思」，誤以爲網路已經是一般民眾最主要的訊息來源。國外近來已有諸多研究指出，儘管大眾使用網路與社群媒體獲取新聞訊息的比率有所升高，但傳統媒體仍然在人類的資訊生態系統中扮演重要角色。美國皮優研究中心 2016 年的調查即發現，儘管多達 62% 的美國成人會從社群媒體獲取新聞訊息，但常常以此管道獲取新聞的只有 18%。第二個迷思則是「網路開放迷思」。反媒體壟斷的「過時論」一方面否定傳統媒體的影響力，另方面則高揚新興媒體的理想性。他們將網路等新媒體描

[15] 蘇元和（2017.8.2）。〈反媒體壟斷立法公聽會　產學界檢討、反對聲浪大〉，《匯流新聞網》（https://cnews.com.tw/119170802-01/）。

繪成開放而平等的世界，任何人都可以在此新世界大力發聲、平起平坐，因而多元觀點可期、民主參與可成。但事實眞是如此？大眾媒體時代，媒體確實掌握在老闆或專業人士手中，個人發聲若未獲青睞將難以登上媒體、傳諸社會，但人們同樣可以在大眾媒體之外發聲，只是不易被聽到而已。數位時代的今天，誠然，每個人都可以在網路與社群媒體發聲，而且發聲成本低廉，問題是發聲之後就可以被聽到嗎？顯然，傳統媒體與新媒體時代都存在公民發聲能否進入政治議程並產生決策影響的問題，公民發聲的效力問題並未出現本質上的改變。何況，諸多研究均證實，網路與社群媒體的能見度與影響力仍以大企業及政治人物占有高度優勢，而且網路與社群媒體上的主導內容仍屬娛樂與軟性資訊，至於政治討論與深度對話不是比例偏低，就是付之闕如。更令人擔憂的是，新興媒體的商業生態與傳統媒體的運行法則並無本質性的差異，網路與社群媒體同樣是由大公司依商業邏輯操作，同樣會形成強凌弱、大吃小的壟斷局面。Google、Facebook、Yahoo、Twitter 等全球性網路與社群媒體巨頭的出現即是明證。

因此胡元輝呼籲，

資訊生態雖已進入數位時代，反媒體壟斷的數位使命仍然艱鉅而迫切！爲健全傳播生態、促進多元社會而進行的反媒體壟斷不只沒有過時，反而有其與時俱進的必要性。反媒體壟斷法草案既已出爐，政府與朝野應讓此法儘快進入立法討論與審查，莫再拖延而致臺灣弊病叢生的傳播生態積重難返。[16]

[16] 胡元輝（2017.9.1）。〈正視反媒體壟斷的數位使命〉，《媒體改造學社》（http://twmedia.org/archives/1886）。

(2) 公民團體：長期推動反對媒體壟斷、維護媒體多元的公民團體，包括臺灣媒體觀察教育基金會、媒體改造學社，以及公民參與媒體改造聯盟在NCC提出反壟法草案後，也發表共同聲明重點如下：[17]

第一，主管機關實應維持市場秩序，特別是責成業者負起社會責任，促進多元內容之供給，維護公民傳播權，健全本國傳播產業。

第二，本草案主要的目的應在於推動臺灣邁向成熟的多元社會，而管理媒體壟斷只是手段。草案應將促進多元文化與社會列爲優先目標，並將名稱修訂爲「媒體多元文化促進法」。

第三，在媒體壟斷的管制上。草案雖已列出各類併購的紅線，但應著重限制有線電視系統業者與不得兼營頻道代理商。臺灣五大系統業者掌握了全台超過八成訂户，同時也經營頻道代理商，構成垂直整合，也掌握頻道上下架的生殺大權，排擠新進頻道的競爭機會。我們建議應要求切割系統與頻道代理，也應另加入平台中立原則。

第四，草案宜加入多元維護的具體政策。草案僅提到政府應編列預算，主管機關應設立媒體多元發展之特種基金，但並未説明基金的來源及金額。因此，我們建議，NCC 主管傳播事務包括數位及電信）也應師法他國的作法，向平台業者（包括有線電視系統、數位平台以及電信業者）徵

[17] 臺灣媒體觀察教育基金會、媒體改造學社、公民參與媒體改造聯盟共同聲明（2017.8.31）。〈促進多元爲先，管理壟斷爲輔　我們對 NCC「媒體壟斷防制與多元維護法」的共同聲明〉，《臺灣媒體觀察教育基金會》（http://mediawatch.org.tw/news/9024）。

稅，以回饋到內容生產。

第五，網路與社群媒體已成爲當前傳播生態的重要部分，草案應參考歐美國家立法趨勢與規管經驗，就網路等新興媒體的壟斷問題提出前瞻性的規範，其重點包括網路中立原則、網路與社群媒體問責機制與公共責任之確立，以符合數位時代促進多元以及管制壟斷之需求。

第六，應納入補助媒體素養的條文。與 2013 年版的反壟法比較，本次（2017）的草案刪除補助公民團體辦理媒體識讀教育的相關條文。我們認爲，當今假新聞充斥、網路霸凌持續壟罩與社群媒體影響加深，我國應如何強化公民的媒體與資訊素養教育。這不但是公民社會發展的問題，更是國安問題。然而此次草案條文中卻將此部分刪除，豈非開時代潮流之倒車。

結語

前章提到臺灣媒體產權的發展脈絡，從黨政軍的特許到企業集團的搶購，到底有沒有對臺灣整體發展帶來更正面的助益，一直都是關心媒體產權議題者所關注的。雖然大家對媒體產權從黨政軍的退出，到企業集團的搶進，都懷著正面影響的想像，不過當企業集團將媒體變成集團企業後，不僅加速媒體產業的集團化，也間接造成媒體產權的集中化。本章談到企業搶進媒體市場的顯性優勢及隱性優勢，讓各界了解企業集團爲何如此偏愛經營媒體，實在不是單純爲獲利即能解釋的。

這些年來，即便企業集團搶占媒體市場對其企業經營有所助益，但大眾關心的依然是，媒體產業的集中發展趨勢，對臺灣民主化發展所需要的自由開放的言論市場，到底有何助益？這也許不是企業集團所關心的，但卻是關心臺灣民主發展者不能不關注的議題。因此本章引用幾個與媒體企業集團化與產權集中化趨勢，所造成影響的研究成果，讓大家能具體理解，這樣的產業趨勢究竟會引發什麼影響？從這幾個研究結果可發現，企業集團透過掌控媒體內容，進而控制言論市場，以引導言論或政策往對其企業發展有利的方向前進，或者至少滿足老闆的意識形態主張。

其次，企業集團介入媒體經營後，除組織內的控制外，市場的控制也毫不手軟。例如這幾年由於媒體集團過度操控旗下媒體內容以遂行老闆的理念意志，導致各界明顯感受到言論市場被不當操弄，因此引發公民團體提出反媒體巨獸的呼籲與行動，反旺中行動即是具體實例。而這樣的訴求並引發各界要求 NCC 制訂反媒體壟斷法，以規制企業集團（及老闆）的不當介入媒體經營，進而影響言論市場的正常運作。

由於媒體市場是否因企業集團介入而產生言論市場的失衡，各界或有不同見解，但 NCC 在公民團體及立法院的要求下，終於在 2019 年 9 月提出政院核定的《媒體多元維護與壟斷防制法》草案，未來送進立法院後，勢必又會有一番攻防戰，主其事者（包括主管機關及執政黨）是否有心推動《媒多法》，還是只是作爲面對各界主張的回應而已，實不得而知，而最終《媒多法》是否可以通過，亦在未知之天，只能拭目以待。

第五章 思考問題

1. 有人說媒體企業走向集團化與產權走向集中化已是全球趨勢，也是資本主義社會發展之必然，所以不必擋，也無法擋，你同意這樣的說法嗎？為什麼？
2. 除了前述的顯性與隱性優勢外，你覺得臺灣的企業集團如果擁有媒體，它還會有哪些的優勢呢？
3. 有人說現在媒體這麼多元與多樣，加上無所不在的網路媒體，人人都是自媒體，不可能有人可以透過操控媒體而控制民眾的眼睛跟耳朵。

你同意這種說法嗎？你同意或不同意的理由是什麼？

4. 從言論市場開放的角度來看，有人說現在臺灣媒體集團已成媒體巨獸，透過併購壟斷市場，進而控制言論、影響政策，所以應該制訂《媒體多元維護與壟斷防制法》；但也有人說臺灣媒體各種言論立場，各種色彩都有，已經相當多元，根本不需要《媒體多元維護與壟斷防制法》，你同意哪一種說法？你的理由何在？
5. 你會擔心臺灣出現紅色媒體嗎？為什麼？另如果這是臺灣媒體市場可能的發展，那你覺得這個趨勢可以擋嗎？以及你有想過可以如何擋嗎？

第 6 章▸▸▸

廣告與置入性行銷

學習目標

- 了解廣告與媒體間的關係
- 了解置入性行銷的定義、發展，與類型
- 了解置入性行銷的相關法規內容
- 分析置入性行銷的影響

前言

有人說臺灣電視業者操作置入性行銷已經到爐火純青的地步，且手法眞的是無奇不有。例如 NCC 公布違反廣電法規的置入節目內容，其中民視八點檔《嫁妝》陳昭榮曾用 1 分 49 秒介紹 SONY Z3，透過問答方式，完整置入手機型號、規格及功能，毫無包裝及掩飾，還強調電池最久可以撐兩天，宛如購物台專家在介紹商品，網友虧根本是手機廣告，且重點在於，置入手法強硬粗糙，內容根本和劇情毫無關係。另外民視《風水世家》至少有洗髮精、臍帶血、鐘表、飲料等產品置入，民視說，廠商以戲劇方式呈現，置入商品效益大，能讓觀眾有強烈的購買慾，與一般廣告效益不同。

此外，民視八點檔的競爭對手三立八點檔的置入性行銷手法也不遑多讓。三立《世間情》播出韓瑜在客廳示範洗衣機手洗功能便是一絕，只見她按個鈕，沒接水管的洗衣機居然自動給水，網友直問「是什麼牌子的這麼神奇？我也要買一台」，針對這些置入，三立公關以「商業機密」為由，不公開置入費用。另外陳子玄與「假懷孕」的吳婉君被謝承均撞見吃麻辣火鍋、喝薏仁水，而薏仁水產品在《世間情》的廣告時間高頻率露出，廣告、內容相呼應，相乘效果。

《中國時報》報導說，民視八點檔從《風水世家》到《嫁妝》，置入產品超過上百種，至少吸金超過 8,000 萬，但兩年僅被 NCC 罰款 45 萬元。如果你是電視台經營者，你會如何打這算盤呢？

至於置入成果如何呢？《嫁妝》劇中張家瑋到燦坤買冷氣撒野，店員卻不斷親切道歉，還安排陳昭榮為燦坤設計 App，並以此哏當作搶答題目，在廣告中不斷放送，燦坤公關說，民視《嫁妝》播出冷氣機置入後，冷氣機銷量至少多出七成。[1]

簡單來說，廣告是多數媒體的主要收入來源，可說是媒體生存的命脈，但是通常為爭取廣告就必須用收視率來換取，且廣告播出總秒數受廣電法規的限制，不是得以無限量播出的，因此當廣告量受到主客觀條件限制時，媒體業者就會想到置入性行銷，也就是把廣告訊息放到節目裡面，成為節目的一部分，這叫做置入性行銷，也是近年來電視業者爭取更多廣告收益的方法。但是當廣告訊息成為媒體內容的一部分時，閱聽眾是否能分辨何者是媒體內容，何者是廣告訊息？節目內容與廣告訊息到底該有怎樣的區隔？到底怎樣做算是置入性行銷？而置入性行銷盛行會產生什麼樣的問題？置入性行銷又該受到什麼法規所規範？本章將帶讀者逐一探討。

1 資料來源：洪秀瑛、周紘立（2015.7.2）。〈民視戲置入　撈 8000 萬只罰 45 萬〉，《中國時報》（http://www.chinatimes.com/newspapers/20150702000807-260112）。洪秀瑛、許容榕、林淑娟（2013.5.12）。〈《風水》置入 SONY 手機落水嘛ㄟ通〉，《中國時報》（http://www.chinatimes.com/newspapers/20130512000668-260112）。

第一節　媒體與廣告的關係

大眾媒體的營運主要是靠廣告收入，但廣告占總收入的比例會因媒體類型的不同而有所差異。例如廣播電台的廣告可能占其總收入的九成，另無線電視有八成的收入是來自廣告，其餘收入如販售節目版權等；[2]至於衛星電視頻道主要有兩種收入，一是廣告，一是頻道授權費，前者約占八成，原本有種說法是各占四到五成，但近年衛星頻道授權費收入在萎縮中，且得依頻道節目收視率而定。因此當衛星頻道變成也是主要仰賴廣告收入時，就造成無線電視很大的威脅，因爲無線與衛星都需要搶同樣的電視廣告市場。此外有線電視系統的收入則幾乎都來自訂戶的收視費，廣告收入微乎其微，與無線電視有極大的不同。

其次平面媒體的報紙與雜誌，其主要收入有兩種：一是廣告，二是發行，兩者占比差別不大，通常廣告收入略高於發行，但這也會因不同定位或類型而有變動，美國甚至有只靠發行、不刊廣告的雜誌。至於網路媒體除非另有收取訂閱費，否則主要還是仰賴廣告收入。

簡單總結，媒體的主要收入有兩項，一是來自廣告主及廣告商提供廣告的收入，另外就是來自閱聽眾支付的訂閱費或收視費。但不管有哪些收入，除有線電視系統外，所有媒體還是仰賴廣告爲主要收入，電視台幾乎占達八成。

既然廣告對媒體營運這麼重要，那麼如何爭取更多的廣告收入，便成爲每位媒體經營者念茲在茲的職責。但很無奈的事是，在解嚴後迄今，各類媒體如雨後春筍般出現，但這些年來臺灣總廣告量並未有明顯增加，特別是以廣告爲收入大宗的電視媒體更是慘澹。例如當 1993 年《有線電

2　根據無線業者在 2017 年底提供的資料顯示，台視與中視廣告收入仍維持總收入的八成，但華視與民視已低於八成，甚至只剩五到六成，其餘除版權收入外，還有來自政府標案或經營購物，顯見無線台已無法僅仰賴廣告收入，必須另謀「生路」。

視法》通過後，衛星電視頻道廣告計入總量統計，全台電視廣告總量約爲260億元，而四大媒體（報紙、雜誌、廣播、電視）廣告總量約585億元；到1999年當《衛星電視法》通過後，衛星頻道市場早已蓬勃發展，電視廣告總量增加到322億，但四大媒體總廣告量卻跌成572億元。時序進入二十一世紀後，計算廣告總量除四大媒體外，還陸續加入戶外及網路廣告，但媒體市場廣告總量似乎愈趨萎縮。例如整理2005年到2019年十五年間，臺灣媒體的總廣告量，最高是2016年的625億，最低是2008年的483億元，高低相差142億。

其次是電視總廣告量占年度廣告量的比例也逐年在降低中，例如在2001年前，電視廣告大約都占廣告總量的五到六成左右，但近幾年僅能勉強約占四成左右，其中主要還是衛星電視的廣告收入。例如在2005年到2016年十二年間，電視廣告總量最高是2011年的261億，最低爲2008年的180億元，相差達81億，收入都不算穩定。另外値得一提的是，雖然說2011年電視廣告總收入261億是近十二年來最高，但這數量只是剛好等於1993年的廣告量而已！也就是說近二十年來，電視廣告總量不僅沒有增加，且這五年來眞是每下愈況，到2016年只剩225億，這已成爲臺灣電視業者最大的困境與挑戰。從2005年到2019年七大媒體廣告量統計如表6-1。[3]

話說電視廣告量從1993年的260億掉到2016年的225億，再掉到2019年的194億，表面上看27年來減少66億元還好，但如果對照這些年電視台數量的增加，那就令人頗爲驚心了。例如若以只計算無線電視台的廣告收入的1994年來看，當年台、中、華視等無線三台的廣告總量是290億元，平均每家約有近百億元的廣告收入。但到2019年，NCC核發的電視執照已有277張，亦即臺灣市場包括無線數位台等，已有超過280個以上電視頻道，而如果僅以在有線電視系統基本頻道上架的約100個頻

[3] 本段1993-2001年廣告量資料引用自陳炳宏、鄭麗琪（2003）。〈臺灣電視產業市場結構與經營績效關係之研究〉。《新聞學研究》第75期，頁37-71。

表 6-1 2005-2019 年臺灣各媒體廣告總量統計 單位：千元

	總量*	無線電視	有線電視	報紙	雜誌	廣播	戶外	網路
2005	52,091	4,353	16,678	15,547	6,545	3,076	2,844	3,048
2006	51,476	4,125	14,906	14,771	6,359	3,966	3,651	3,698
2007	50,327	4,094	14,048	13,668	6,445	3,771	3,351	4,950
2008	48,341	4,445	13,582	11,079	6,050	3,839	3,370	5,976
2009	48,843	4,344	15,819	10,009	5,059	3,761	2,862	6,989
2010	58,752	5,061	19,862	11,956	5,550	4,483	3,289	8,551
2011	60,462	4,900	21,175	10,674	5,678	4,140	3,680	10,215
2012	57,670	4,000	20,059	9,522	5,341	3,555	3,592	11,601
2013	59,751	3,817	20,992	8,679	5,294	3,121	4,168	13,680
2014	60,924	3,681	20,906	7,906	4,844	3,122	4,288	16,177
2015	61,043	3,611	20,554	6,427	4,123	2,731	4,245	19,352
2016	62,552	3,371	19,163	5,080	3,115	2,081	3,871	25,871
2017	66,343	3,060	18,300	4,188	2,318	1,740	3,640	33,097
2018	71,407	2,976	17,692	3,664	1,984	1,874	4,251	38,966
2019	76,184	2,822	16,543	3,065	1,681	1,854	4,378	45,841

* 單位：百萬

資料來源：1. 1993-2001 年廣告量資料引用自陳炳宏、鄭麗琪（2003）。〈臺灣電視產業市場結構與經營績效關係之研究〉。《新聞學研究》第 75 期，頁 37-71。
2. 臺北市媒體代理商協會（2009；2015；2017）、《2020 年臺灣媒體白皮書》。上網日期：2020 年 10 月 8 日。

道來計算，2019年廣告總量為194億元，那麼平均每家電視頻道大約只能分到1億多元的廣告收入，四分之一世紀過去了，平均每家電視台的廣告收入竟然相差超過100倍。雖然這幾年廣告總量略有增加，但都是增加在網路媒體，其餘大概都還是下跌，電視則特別慘，因此這樣的廣告量看在電視業者眼裡，不僅有苦難言，更是情何以堪啊？

第二節　置入性行銷的定義、發展，與類型

身在僧多粥少的電視媒體市場，業者無不使出渾身解數，以製作高收視率節目以搶奪廣告收入爲職志。雖然高收視率節目的廣告費可以訂比較高，但節目的總廣告時間卻不能隨意增加，因爲《廣播電視法》及《衛星廣播電視法》皆有明文規定，每小時節目可插播廣告的時間長度。[4]雖然高收視率節目可以提高廣告價格，但如果想再增加廣告收入的話，只能另謀出路，導致有電視業者就想到，如果想增加廣告收入卻不能從增加廣告時間下手的話，那就從節目下手，也就是把廣告訊息放進節目內容裡，這樣一來不僅可規避廣告時間的限制，二來觀眾也不會因看到廣告而轉台，也許廣告的效果更好。

這樣的想像正是電視節目置入性行銷創意發想的開始，後來廣告置入節目蔚爲風潮，廣告訊息常在節目中神出鬼沒。

一、置入性行銷的源起

有關置入性行銷的出現可追溯至二次大戰期間，當時大型消費性商品公司如寶鹼（Procter & Gamble）喜歡贊助經費給肥皂劇，並要求安排加入他們商品的劇情。但後來廠商發現消費者不喜歡節目內容與商品訊息混淆的設計，因此這種手法慢慢消逝。直到 1960 年代末期，當一些電影導演開始強調寫實電影時，產品置入才又慢慢恢復，並且開始在電影中置入商品品牌標籤和廣告形象，從此電影置入商品比電視的置入更成爲風潮。[5]

4 《廣電法》第三十一條規定，電臺播送廣告不得超過播送總時間百分之十五，即每小時節目約可播出 9 分鐘廣告；《衛星廣播電視法》第三十六條則規定廣告時間不得超過每一節目播送總時間六分之一，即每小時節目約可播出 10 分鐘廣告。

5 王毓莉（2005/12）。〈政府運用「置入性行銷」從事菸害防制工作之初探性研究〉。《中華傳播學刊》第 8 期，頁 115-159。

至於臺灣電視節目出現置入性行銷手法的開始，大概要追溯到 1965 年台視推出的歌唱競賽節目《田邊俱樂部》，[6]這個名稱是因爲該節目是由臺灣田邊製藥獨家贊助播出，由於當時並無置入性行銷策略的觀念，也沒有節目廣告化的禁止規定，這節目意外成爲臺灣電視節目操作置入性行銷的始祖。

另外在平面媒體的置入方面，1997 年《洛杉磯時報》（*Los Angeles Times*）新任發行人馬克・威里斯（Mark Willes）在就任時曾公開宣稱，他要突破廣告與新聞的界線，挑戰廣告商不能參與新聞內容產製的禁忌；不僅如此，他甚至安排來自業務部的成員擔任新聞編輯部的共同編輯，直接參與新聞報導素材的篩選工作。雖然馬克・威里斯的大膽突破並沒有使《洛杉磯時報》因此而成爲廣告報，但卻開始帶動新聞廣告化的風潮，並使廣告商介入新聞內容產製的手法公開化，後來有美國地區性報紙甚至宣布，只要廣告主買一吋廣告版面，他們就奉送一吋的新聞版面。[7]據廣告界透露，目前臺灣亦有報紙效法此策略用奉送新聞版面在銷售他們的廣告版面，特別是平面媒體並沒有置入法規可管，業者更可以毫無忌憚地全面置入，因此現在報紙上登的到底是廣告，或是新聞已經很難分辨了，因爲廣告訊息都已經隱藏在新聞報導裡了，有多少讀者可以分辨？

二、置入性行銷的定義

「置入性行銷」概念源自行銷學的「產品置入」（product placement）策略，又稱「品牌置入」（brand placement），係以付費方式將產品、品牌、商標、識別或服務內容等資訊，以聲音、視覺等方式置入在廣播、電視、電影，甚至電玩等各類形式的媒體內容中，希望消費者可以在

6 該節目在 1978 年改名《五燈獎》，到 1998 年停播，是當時臺灣電視觀眾喜愛的節目之一。

7 Bagdikian, B. H. (2000). *The Media Monopoly* (6th ed.). Boston, MA: Beacon Press.

不知不覺中對產品產生印象。[8]在現行法規方面，《廣電法》第二條與《衛廣法》第二條定義置入性行銷為：指為事業、機關（構）、團體或個人行銷或宣傳，基於有償或對價關係，於節目中呈現特定觀念、商品、商標、服務或其相關資訊、特徵等之行為。

三、置入性行銷在臺灣的發展

雖說《田邊俱樂部》是臺灣電視業操作節目置入性行銷的始祖，但置入性行銷這個名詞開始為臺灣民眾所熟知大概開始於 2000 年民進黨首次執政以後。當時民進黨政府決定統籌政府宣傳預算，往好的方向想是統購降價省公帑，往壞的方向想就是透過廣告集中購買控制媒體。結果當時的行政院新聞局硬要政府各部門擠出原有的宣傳廣告經費，開始進行政府廣告的集中採購。

當時批評者認為，政府廣告集中採購會造成另類寒蟬效應，讓媒體不敢批評政府，否則就拿不到任何政府宣傳廣告預算，甚至可以圖利支持政府的媒體，實在要不得。但執行這政策的前新聞局長葉國興則反駁，置入性行銷不是民進黨政府發明的，早已行之有年，只是沒公開使用這名詞而已，中央宣導廣告集中採購除可以修正各部會各吹各的調的作法，且統購廣告也可以促成價格降低，更可節省政府預算，是值得採行的策略。

這筆中央集中採購媒體廣告的經費，總共約有十幾億元（回頭看看前面的討論，就可以了解十幾億對電視媒體來說是多大一筆的收入啊）。例如：2004 年政府曾編列兩億六千萬的置入採購案，分別由民視、台視、華視、八大、三立等媒體，及一家廣告公司（東方廣告）等六家廠商得標，平均每家媒體或廣告商可分得政府置入性行銷預算約四千萬。[9]前新聞局長姚文智曾受邀在中華傳播學會 2005 年年會討論置入性行銷議題時透

---

[8] 羅文輝、劉蕙苓（2006/10）。〈置入性行銷對新聞記者的影響〉。《新聞學研究》第 89 期，頁 81-125。

[9] 林照真（2005）。〈誰在收買媒體〉。《天下雜誌》，316：120-132。

露，2003-2004 年兩年中央統籌的置入性行銷廣告總預算約有 22 億。

理論上來說，政府統籌廣告採購會降低廣告單位價格，就像買一籃蘋果，跟買一顆蘋果相比，其單位價格會比較低的原理是一樣的。其實早在 1995 年臺灣廣告市場即已出現專門的廣告購買公司，目的就是希望透過集中採購，可以降低廣告主購買媒體廣告價格。但在臺灣這問題難解的是，政府理應受媒體監督，但現在反過頭來，利用政府集中採購廣告的預算去吸引媒體來競逐，這樣會不會是在利用金錢控制媒體，不僅讓媒體不敢批評政府施政，進而甚至幫政府擦脂抹粉呢？這問題的答案恐怕就要看政府與媒體兩端如何看待這樣的金錢互動關係了！

四、置入的媒體與節目類型

如前面所介紹的置入性行銷的定義，置入就是在媒體提供的節目內容或新聞資訊中加入廣告的訊息，以達成提高產品知名度或銷售商品的目的。置入性行銷與廣告最大的差別是，廣告會明確告知閱聽眾這訊息的出資者或贊助者是誰，但置入則會隱匿來源，就是不想讓閱聽眾知道這是廣告主出錢要求節目內容加入這產品訊息的，而他們相同之處則是不管廣告或置入都是由廣告主出錢、媒體收錢而進行的交易行爲。

簡單來說，可置入的媒體類型包括電視、廣播、報紙、雜誌、網路、電影、電玩，甚至影音 MV 等，幾乎是「只要廣告商喜歡，沒有不可以」的所有媒體皆可置入。例如在電視方面，商品置入的對象包括電視節目與新聞節目兩類，任何電視節目舉凡綜藝、戲劇、談話型、行腳、體育，甚至兒童節目，還有各節新聞時段、新聞專題節目，以及政論節目等都可置入，任君選擇。

五、置入的訊息類型

置入的訊息則包括商品、商標、服務，標誌、標語或口號，及與商品連結的特性或特徵等資訊，大致可分爲三類：(1) 商品訊息，就是由廣告主或廣告商出資在節目（包括新聞）中出現商品訊息，這是最普遍置入的訊息，例如前言所舉個案那些置入在民視或三立八點檔的產品皆屬這類；但是過去也曾發生有趣的案例，就是某著名媽祖廟出資購買新聞頻道報導九天八夜的媽祖出巡活動，因此在臺灣置入的商品眞的是無奇不有，更不用說現在許多娛樂新聞都是傳播公司出資讓媒體來報導的，因爲演藝人員或表演活動也是一種商品啊；(2) 政令宣導，也是前述討論的政府引發爭議的置入標的，至於政府是否應該或可以用欺騙的置入方式來對民眾進行政令宣導，這點頗受爭議；(3) 很難被發現的意識形態，包括理念宣導或意識形態建構等訊息，例如候選人在新聞或節目中置入其競選活動或競選政見，甚至中國政府出資在臺製播廣播電視節目來討論如兩岸關係等議題，閱聽眾在不知其爲中國政府出資的前提下，是否會誤認節目的客觀公正而接受節目所傳達的訊息，而達成出資者建構意識形態的目的呢？不無爭議。

六、置入訊息的方式

媒體如何呈現置入的訊息也會有不同展現手法。例如媒體普遍會樂意配合置入者的要求，盡力不讓閱聽眾了解哪些內容是置入，然後盡力掩藏置入的事實，讓閱聽眾很難識破；例如有些平面媒體明明是廣告主買下整版刊登像新聞的置入訊息，業者還會刻意標上「專題報導」、「專題論壇」來魚目混珠。不過也有負責任的平面業者認爲置入歸置入，還是希望能跟新聞內容有所區隔，因此置入版面會加上「廣編特稿」或「廣編特輯」等版面名稱，用以區隔新聞版面，媒體業者作法不一而足。不過由於目前沒有平面媒體的法規，平面媒體的置入沒有觸法問題，因此在手法上更多元，也更大膽，可以做到讓讀者完全無法區分是新聞還是置入，報紙的娛樂新聞及生活新聞可說已經達到爐火純青的地步了，因爲如果媒體不透露，讀者完全無法了解哪些是新聞，哪些是收錢的置入！

七、置入型行銷的類型

最後，用最簡單的關係來解釋置入性行銷與大眾媒體的關係連結，就是：把商品或政策放進節目或新聞裡，就是置入；亦即媒體置入類型可分為四種：一是將商品放入新聞，二是將商品放入節目，三是將政策放進節目，四是將政策放進新聞。他們間的關聯結構可以簡單圖示如下：

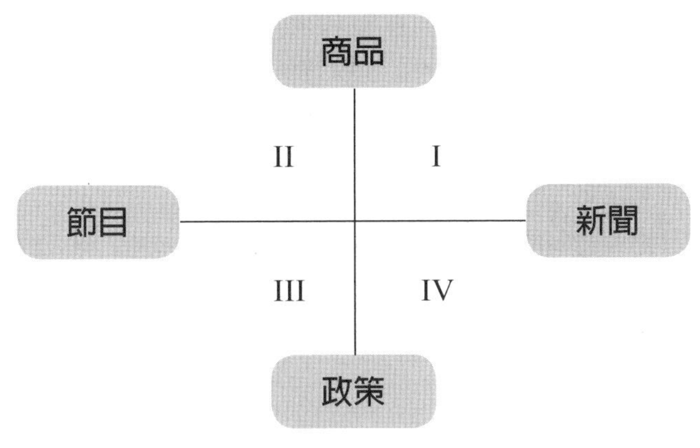

圖 6-1　置入性行銷類型圖

在以上四大象限中，第一、三及四象限（商品及政策置入新聞，以及政策置入節目）已被立法禁止，第二象限（即商品置入節目）雖然已開放，但也僅是有限度的開放，有關現行法規對置入性行銷的規範將在下一節中討論。

第三節　置入性行銷相關法規

在討論媒體操作置入性行銷時的相關法規前，要先說明的是，在1999 年政府廢止《出版法》後，平面媒體已無傳播相關法律可規範（但如果媒體有違反社會善良風俗或妨害兒少身心健康等行為時，還是有《刑法》或《兒少法》等法律可加以處罰），即便目前報紙與雜誌的置入已氾濫成災，但因無法可管，另當別論。因此本節在討論置入性行銷相關法規適用的對象時，將不納入平面媒體如報紙或雜誌，即置入法律規範的主體是廣播與電視兩大媒體，接下來將逐一探討各年份的相關法規。置入性行銷相關法規異動年份，如表 6-2。

表 6-2 置入性行銷相關法規異動年份表

1999	廢止出版法
2001	通過《節目廣告化或廣告節目化認定原則》
2011	增訂《預算法》第六十二條之一
2012	修訂的《國家通訊傳播委員會節目與廣告區分認定原則》、「國家通訊傳播委員會電視節目從事商業置入性行銷暫行規範」及「國家通訊傳播委員會電視節目贊助暫行規範」
2016	《電視節目廣告區隔與置入性行銷及贊助管理辦法》

一、2001年訂定《節目廣告化或廣告節目化認定原則》

當 2001 年電視總廣告量跌破 300 億時，不知是巧合，還是主管機關已有所準備，行政院新聞局[10]在面對越來越嚴重的廣告客戶介入電視節目內容的問題，亦在 2001 年通過《節目廣告化或廣告節目化認定原則》，[11]

[10] 當時廣電媒體主管機關，成立於 1947 年，在 2012 年行政院組織調整後裁併，改在行政院本部設置發言人辦公室，其餘業務分別歸屬外交部、文化部，與 NCC，目前廣電媒體監理單位是 NCC，平面媒體則屬文化部規管。

[11] 基本上《節目廣告化或廣告節目化認定原則》這樣的法規名稱其實是很奇怪的，因為前者是置入性行銷的規範範圍，但後者則屬於廣告創意，前者是節目，後者是廣告，完全不同。所謂「節目廣告化」是指將商品廣告訊息放進節目裡面，白話點說就是，把節目作得像廣告一樣，就是標準的置入性行銷；但「廣告節目化」在手法上剛好相反，是指把一則廣告製作得像一個節目一樣，希望吸引觀眾觀賞，沒有為不違反置入的問題，因為基本上那就是一則廣告。廣告節目化最常用的手法就是把一則廣告拍得像一則播報新聞，讓觀眾誤以為在報新聞而繼續觀賞。另外要補充的是，傳播法規中使用節目一詞是泛指一般節目與新聞報導兩種的，所以不管是節目置入或新聞置入，在官方法規上都統

以規範日趨嚴重的節目（包括新聞）廣告化的趨勢。根據行政院新聞局後來公布的 2001 年行政處分統計資料顯示，有線與無線電視台因違反節目廣告化規定而受罰的案件共有 50 件，約占所有違規處分件數的三成，共計罰款 1,580 萬，約占總罰款數的三分之一；但到 2004 年，電視台違反節目廣告化規範而受罰的件數達 259 件，共占所有處分件數的六成，罰款更高達 5,633 萬，約占總罰款數的七成七。整體分析，從 2001 至 2004 這三年間，節目廣告化違規件數共增加五倍以上，罰款亦增加近四倍，[12] 廣告化已成爲電視媒體違規的「主流」，顯示臺灣媒體新聞與節目內容的產製，遭廣告商介入的情形已日趨普遍，而這亦突顯出，現行規範並無法嚇阻置入性行銷的趨勢。

2001 年制訂的《節目廣告化或廣告節目化認定原則》從此成爲主管機關規範廣電媒體操作置入的認定依據，後來亦經幾次的小幅修正，但還是媒體操作置入的主要依據與規範來源。

二、2011年增訂《預算法》第六十二條之一

如前所述，置入可分爲四類，但目前只有一類合法，即商品置入節目這類是廣電媒體唯一屬合法置入行爲。原先因爲政策不是商品，因此行政機關的置入行爲不屬於 NCC 的規管對象，所以無法可管。但自從 2000 年以來，行政院新聞局開始執行政府廣告集中採購後，政府過度操作政策置入，引發政府控制媒體的疑慮，學者亦投書反對，認爲政策置入就是政府在花民眾的錢，洗民眾的腦，[13] 因此在歷經十年後，立法院認爲政府執行政策宣傳預算以置入性行銷方式進行，或是進行含有政治性目的的置入

稱「節目廣告化」。

行政院新聞局（2005）。〈行政院新聞局廣播電視事業行政處分統計〉。

[12] 行政院新聞局（2005）。〈行政院新聞局廣播電視事業行政處分統計〉。

[13] 陳炳宏（2010.8.17）。〈政客用我們的錢　洗我們的腦〉，《蘋果日報》（http://pxc24.blogspot.com/2010/08/blog-post_16.html）。

性行銷，嚴重違反行政中立、侵害新聞自由，並危害人民權益，是隱性的管制新聞手段，應該明文禁止，因此在 2011 年 1 月通過增訂《預算法》第六十二條之一，規定基於行政中立、維護新聞自由及人民權益，政府各機關暨公營事業、政府捐助基金 50% 以上成立的財團法人，以及政府轉投資資本 50% 以上的轉投資事業，編列預算辦理政策宣導時，應明確標示爲廣告，且揭示辦理或贊助機關、單位名稱，並不得以置入性行銷方式進行。

三、2016年《電視節目廣告區隔與置入性行銷及贊助管理辦法》

直到 2016 年當 NCC 再次修正廣電三法後，基於考量爲挹注電視節目製作資源、提升節目品質及多樣性、活絡我國電視產業之發展，同時爲維護節目完整性及內容編輯之獨立性，並兼顧視聽眾之權益，決定以「鬆綁管制」及「齊一管制」爲目標，著手整併媒體置入的相關規範，依法將 2012 年修訂的《國家通訊傳播委員會節目與廣告區分認定原則》、「國家通訊傳播委員會電視節目從事商業置入性行銷暫行規範」及「國家通訊傳播委員會電視節目贊助暫行規範」等 3 項行政規則合而爲一，在 2016 年 11 月 11 日提出《電視節目廣告區隔與置入性行銷及贊助管理辦法》，總共五章 18 條，希望透過逐步鬆綁置入性行銷的新規範，爲廣電業者挹注更多的資源，以提升節目品質，最終希望觀眾也能獲益。

因爲 2016 年新修廣電三法禁止新聞與兒童節目不得被置入，將新聞及兒童節目排除在可置入的節目類型之外，因此以下討論就僅聚焦在第二象限，即商品該如何被置入在節目中，但這裡指的節目是狹義的節目定義，即不包括新聞（節目）在內。接著介紹目前最新的置入相關規定，主要是根據 2016 年底訂定的《電視節目廣告區隔與置入性行銷及贊助管理辦法》（以下簡稱「管理辦法」）來說明。

（一）第五條——針對新聞報導的規範。《管理辦法》第五條規定，新聞報導內容之呈現，除前（第四）條規定者外，以下列方式之一，明顯促銷、宣傳商品或服務，或鼓勵消費，或利用視聽眾輕信或比較心理影響消費者，爲節目未能明顯辨認，並與其所插播之廣告未區隔：一、對特定商品或服務呈現單一觀點，或爲正面且深入報導者。二、呈現特定廠商品牌、商品、服務、標識、標語、效用、使用方式之播送時間，明顯不符比例原則者。三、畫面呈現廠商提供之宣傳或廣告內容者。亦即當新聞報導出現以上三種情況時，就可能會被認定是置入。

（二）第七條——不得進行置入性行銷的電視節目。第七條明訂，電視事業播送之節目，除下列節目類型外，得爲置入性行銷：一、新聞節目；二、兒童節目；亦即這條文規定業者不得針對新聞及兒童等兩類節目進行置入性行銷。

（三）第八條——不得進行置入性行銷的商品。第八條規定，有六類商品是不得進行置入的，包括一、菸品；二、酒類；三、跨國境婚姻媒合；四、須由醫師處方或經中央衛生主管機關公告指定之藥物；五、法令禁止販賣或交易之商品或服務；六、其他法令禁止爲廣告者。

（四）第九條——業者進行置入時應謹守的「四不原則」。這是NCC用以判定業者是否有違反置入規定的基本準則。這條文規定電視事業於節目爲置入性行銷時，其節目內容之製播，應依節目內容所需，融入節目情節，自然呈現，不得有下列之行爲：一、刻意影響節目內容編輯。二、直接鼓勵購買商品或服務。三、誇大商品或服務之效果。四、過度呈現商品、商標或服務。[14]例如如果業者在節目中有加入強調產品好處或療效，或鼓勵購買商品的內容時，就很容易觸及紅線而被罰。

除了上述的「四不原則」外，2012年10月NCC認爲四不原則應有具體判準，好讓業者很遵循，因此另加上第五不：「置入商標、商品或商業服務之時間不得超過每一節目播送總時間百分之五、置入

[14] 2019 年 3 月 8 日新修版第九條已刪除第四項。

畫面不得超過螢幕四分之一」，說是要讓第一不與第四不能更具體，結果反而引發爭議。例如學者批評，過去民眾只要認爲商品訊息過度干擾節目內容，就可以向NCC檢舉節目違反置入規範，嚴重者會被裁罰，但加入第五不後觀眾看到商品訊息已達干擾程度還不能檢舉，要等到這項商品出現超過節目總長度的百分之五，或置入畫面超過螢幕的四分之一時才可以檢舉。此舉無疑增加了民眾檢舉的難度，因此增列第五不只會讓消費者監督成爲不可能。[15]

（五）第十一條── 不視爲置入性行銷的情形。第十一條規定電視事業有下列情形之一，且未因節目置入之商品、商標或服務而獲得利益者，得不視爲置入性行銷：一、該商品、商標或服務在節目上之呈現，屬節目編輯上合理之素材。二、該節目係他國業者產製，且未經電視事業後製者。前者算是放寬置入的限制範圍，例如運動場景的主角可能手上拿著某知名運動飲料在喝，只要沒有近距離畫面，也沒有商品相關台詞，就可算是合理素材。不過如何認定何謂合理素材可能有討論空間，例如哪天轉播運動賽事的攝影棚內解說主持人位置的前面放一瓶某知名運動飲料，這樣也可以解釋成是「屬節目編輯上合理之素材」嗎？其次第二點主要是針對有些外國進口的節目，在該國製播時已有商品置入，而不是在地業者後製加上的，這可能也可以排除違規的適用。

（六）第十二條── 新聞節目及兒童節目不得接受贊助及冠名贊助。《廣電法》第二條定義贊助爲：指事業、機關（構）、團體或個人爲推廣特定名稱、商標、形象、活動或產品，在不影響節目編輯製作自主或內容呈現之完整情形下，而提供金錢或非金錢之給付。《管理辦法》第十二條規定，電視事業播送之新聞節目及兒童節目不得接受贊助及冠名贊助。但有下列情形之一者，不在此限：一、提供新

15 陳炳宏（2012.11.6）。〈NCC 阻撓人民的媒體監督〉，《蘋果日報》（http://pxc24.blogspot.tw/2012/11/ncc.html）。

聞節目棚內播報之道具、主播及主持人梳化粧、服飾等。二、兒童節目接受文教基金會、機關（構）或非營利組織之贊助。電視事業於每日晚間八時至十時播送之非本國自製節目，不得接受冠名贊助。這條文與置入一樣，都排除新聞節目及兒童節目之適用，也就是新聞節目及兒童節目不能有置入，也不能被贊助或冠名。

（七）第十四條──接受贊助與冠名贊助的禁止行為。雖然其他節目可以有贊助或冠名，但也有相關規範，例如第十四條規定電視事業於節目接受贊助或冠名贊助，不得有下列之行為：一、介入節目內容編輯。二、影響視聽眾權益；以及第十七條規定「電視事業於節目接受贊助或冠名贊助，……，不得於節目中呈現贊助者之相關訊息」。這兩條文在強調即便節目已經可以贊助或冠名，但贊助或冠名的廠商不得介入節目內容的編輯。目前這項規定顯然與現在臺灣觀眾常收看的大陸節目的贊助形式有所差異。例如現在許多大陸歌唱競賽節目，主持人或來賓都要隨時來上一段贊助或冠名的商品名稱，甚至要說它有多棒，但是即便NCC已開放本地節目可接受贊助或冠名，但如果節目內容提到贊助或冠名的廠商或商品，這還是不被允許的，贊助或冠名廠商的名稱只能默默躲在電視螢幕下方的角落來顯示，主持人及來賓是不能提到贊助廠商或商品的名稱的。

以上是本條文規定不得介入節目內容編輯及不得影響視聽眾權益的精義，但業者對節目只開放冠名，卻沒鬆綁產品贊助，播出內容和廣告都不能出現冠名產品，形同有名無實，綜藝節目製作人孫樂欣表示：「政府要完全開放，對節目才有實質幫助。」[16]但如果臺灣哪天開放到像大陸節目那樣，例如浙江衛視《中國好聲音》，主持人隨時可以講贊助商品名，或來段讚美贊助商品的話，而地板和牆壁都有商品 Logo，不但鏡頭會去拍

[16] 蔡維歆、張瑞振（2013.11.25）。〈政府管太多：冠名節目禁秀產品有名無實〉，《蘋果日報》（http://www.appledaily.com.tw/appledaily/article/headline/20131125/35462384）。

攝商品，評審桌還可直接放著商品，這樣的贊助方式，臺灣觀眾是否能接受，恐怕還有待檢驗。

四、無法有效鼓勵民眾參與監督媒體進行他律的法規

目前有關開放置入性行銷的法規成效如何，也許尚待考驗，但現行法規僅能期待媒體業者「自律」，但卻無鼓勵民眾監督媒體的「他律」機制，是目前相關法規的敗筆。舉例來說，2006 年之前，還是新聞局負責監管媒體的年代，民眾如果看到廣播電視台有違反廣電法規的節目內容（例如置入性行銷）出現，一經檢舉成案，檢舉人可獲百分之四的檢舉獎金，例如如果電視台被罰 100 萬元，檢舉人可獲 4 萬元。但是這項獎金比例，在 2006 年 NCC 成立後立即調降爲 1%，降低檢舉獎金之舉原因不明也令人困惑。接著 2011 年立法院做成決議，「以現今國家財政困難，且檢舉不法的傳播內容亦爲國民應盡義務，責成 NCC 重新檢討獎勵要點，應將檢舉獎金發放之額度降爲罰鍰金額之千分之一，以撙節國庫支出」，在後來 NCC 又以「案件少、獎金少、行政作業成本高」爲理由，在 2015 年 5 月將檢舉獎金完全取消，也就是 0 元。

當所有行政機關的民眾檢舉獎金都在不斷提高的時候，全國唯有 NCC 把檢舉媒體違規的獎金降爲 0，此舉頗耐人尋味。民眾檢舉媒體違規獎金就這樣沒了，相對於其他檢舉獎金的不斷提高，這件事眞的很諷刺，但到現在好像也沒有人在意，除非民眾願意出面給立委壓力，否則在三角關係[17]的共謀下，民眾角色的缺乏，民眾的權益被犧牲，且也無法有效鼓

---

[17] 簡單來說，民意代表、政府機關與媒體的三角關係是互相牽制的。若以降低媒體檢舉獎金來解釋這三角關係，首先是 NCC 負責監管媒體，媒體怕 NCC 裁罰理所當然，而 NCC 的預算掌握在立法院手上，對立院的要求只能順從，而立法委員（民意代表）需要媒體的支持才得以經常曝光而獲得知名度，藉由高知名度看是否得以贏得選舉，所以多數民代對媒體的要求都會買帳。因此當媒體怕民眾基於高獎金而頻檢舉以致被罰太多時，就要想請求 NCC 調降檢舉

勵民眾參與他律。

五、小結

有關置入性行銷的行為規範，廣電業者受廣電三法，及依其條文而制訂的《電視節目廣告區隔與置入性行銷及贊助管理辦法》所規範，政府機關則受《預算法》所規範，但平面媒體業者因無媒體相關法規可規範，目前算是化外之民，但其置入情況絕不比廣電業者少。最後，需要再強調的是，臺灣不缺法規，缺的是守法的人。例如：雖然立法院已在 2011 年增修《預算法》禁止政府機關從事置入性行銷，但 2012 年審計部查核發現，2011 年中央政府花近 12 億元進行政策宣導，但其中竟有超過三分之一、逾 4 億元經費的使用是違反《預算法》禁止置入性行銷的規範；18 個刊登政策宣導的機關，就有 15 個違法，審計部建議行政院應督促所屬機關，對相關違法的宣傳經費，另做適法處理。[18]話說如此，根據了解目前這條文像沒牙的老虎，嚇唬不了行政機關，一來這條文沒有訂相關罰則，審計部只能苦口婆心勸導，或僅能公布疑似置入的案例，但卻無法定權力加以處罰；另外違反《預算法》的置入行為，該由誰來認定？NCC 是廣電媒體主管，理應由 NCC 認定，但《預算法》主管機關卻是審計部，這也是個問題。行政機關的違法，就像即便早在 2001 年即有節目廣告化規範，但十幾年來廣電業者的違規情事也從來沒少過。在臺灣官不官、民不民的情況，只能說徒法不足以自行啊！

獎金，但 NCC 未必會買帳，而會對媒體買帳的是立法院，立法院又剛好可以「管」NCC 立院，因此立院在媒體的建議下，就找個「撙節國庫支出」的爛理由來要求 NCC，所以降調媒體檢舉獎金的提議就通過了。

18 王貝林（2012.7.31）。〈立院修法嚴禁　馬政府仍違法置入性行銷 18 個刊登政策宣導機關就有 15 個違法〉，《自由時報》（http://news.ltn.com.tw/news/politics/paper/603582）。

第四節 置入性行銷的影響

《動腦雜誌》編輯部曾以「了解媒體，操控電視」為題，探討廣告主與廣告代理商如何介入媒體節目與新聞產製，以提高其廣告效益，甚至媒體為吸引廣告主的青睞，也會為廣告主量身訂作特別的廣告服務。文中甚至引述廣告代理業者的說法指出，節目廣告化的結果，其廣告效果比一般單純的 30 秒商品廣告要驚人得多。從《動腦雜誌》的剖析，顯見節目廣告化策略吸引廣告商的地方，當然重點就在廣告效果，難怪廣告主對媒體的操弄手法與策略日益精進，而亟需增加廣告營收以提高其經營效益的媒體，也更樂於被操弄了。[19]

簡而言之，廣電媒體都很歡迎 NCC 開放置入與贊助及冠名等規範。例如企業對《Kanebo SS 小燕之夜》、《愛妮雅舞力全開》、《百億園超級夜總會》等節目都投入約 500 萬或 800 萬不一的冠名費。當贊助與冠名開放之後，外界以為節目內容會有所改善，但不久後眼尖觀眾卻發現，冠名後節目為何還是一如往常，不僅舞台、景片等沒變，節目也不見得更精緻化，贊助的幾百萬元完全沒反映在製作內容之中。據悉，冠名贊助費都被電視台中間抽走了，節目只好繼續喊窮。例如三立「超級夜總會」拿到每季 800 萬冠名費，號稱最高，但主持人澎恰恰在受訪時說：「我們曾針對這事去討論，也去看過合約，至少主持費沒變，景片也沒改，合約照常，冠名這檔事，跟我們完全不相關。」[20]

---

[19] 動腦雜誌編輯部（2000/11）。〈了解媒體，操控電視〉。《動腦雜誌》，295：35-39。

[20] 葉君遠（2013.10.12）。〈節目爭「冠名」…資金變多　品質照舊〉，《世界新聞網》（http://www.worldjournal.com/view/full_sf/23827656/article-%E7%AF%80%E7%9B%AE%E7%88%AD-%E5%86%A0%E5%90%8D-%E8%B3%87%E9%87%91%E8%AE%8A%E5%A4%9A-%E5%93%81%E8%B3%AA%E7%85%A7%E8%88%8A）。

因此從媒體經營與產業發展的角度來看，開放贊助與冠名讓更多資金能掖助在電視事業也許值得肯定，但這樣一來節目製播品質是否就會變好，這事恐怕還是得問觀眾才行，從 2012 年開放電視節目贊助與冠名以來，電視觀眾有覺得臺灣的電視節目有變得比較好看，製作品質有比較提升嗎？

前面談的主要是開放置入與贊助對電視業的影響，但是如果探討開放置入與贊助對整體社會的影響，那就可能會比較嚴肅些。以下將從三個面向去討論開放置入性行銷的社會影響。

一、製造欺騙觀眾的情境，影響觀眾的收視權益

其實置入最被詬病的是「欺騙」觀眾這件事情上，就如同前述置入的定義所強調的，置入就是要讓觀眾在不知不覺中理解商品的資訊，最好進而願意消費，因此不知不覺產生好感度才是置入的最高境界。置入會強調不知不覺，是因為不想讓觀眾發現這是廠商出錢要節目製作單位把商品訊息放進去的，以免讓置入內容變成被當廣告看待，那這樣就無法有不知不覺的效果了。因為如果觀眾看到廣告強調某商品有多好，觀眾自然的防衛機制會提醒自己，這是廣告，會誇大，會騙人，最好不要相信。

但是如果這商品訊息出現在新聞報導裡面，民眾的防衛機制便會卸下，甚至會認為新聞是有用的資訊，必須要了解，也許更該購買。所以廠商才會喜歡節目及新聞的置入，而越來越覺得廣告沒有成效的原因，主要還是認定看節目及新聞的觀眾比看廣告的觀眾「好騙」。因此置入的爭議常出在於當劇情出現置入商品，甚至加以介紹時，就會讓人無法區辨，這到底是廣告資訊還是節目內容？

另外，理論上如果業者將商品置入節目的收入用在加強節目的製播品質上，也許觀眾願意忍耐商品的置入，但這也只是也許，因為一來從 NCC 在 2012 年開放置入迄今已九年，業者是否有將置入所得用在提升節目品質上，讓觀眾享受更高品質的電視節目了嗎？這點可能觀眾自己會有答案吧！這九年來，臺灣電視節目因開放置入而品質提高了嗎？如果沒

有，那開放置入的意義又何在呢？只是爲廠商製造更多可以欺騙觀眾的劇情而已？

根據學者的研究發現，[21] 民眾知道電視綜藝、戲劇、體育等類節目有商品置入的比知道電視新聞有置入的比例要高，大約過半的民眾了解綜藝等類節目有置入，且對節目置入的接受度也較高。另外研究發現，民眾都自認能辨識節目中的商品置入，但擔心周遭人並沒有辨識能力，因此希望商品置入必須在「告知」與「不干擾閱聽眾收視」的前提下進行，且節目有商品置入時，應在節目「片首」有明顯的警語。此外研究亦建議，政府對新聞、政論和兒童節目應明令禁止商品、政黨或選舉宣傳的置入式行銷，最後也建議政府未來可藉由教育，加強民眾解讀置入式行銷的媒體素養，以降低節目置入對消費者的負面效用。

這項研究結果顯示，民眾越知道是置入，就越可以接受商品置入，但同時卻擔心別人因不知道而受騙，這反映出，基本上民眾都自認自己很聰明，不會被騙，但卻都擔心別人因不懂而被騙，類似像第三者效果的結果。因此從這項研究可發現，民眾還是覺得置入是一項觀眾干擾收視的節目表現手法，建議政府能立法介入規範。目前 NCC 法規已採納這項計畫的研究結論，但開放一段時間後，希望 NCC 除加強執法外，亦能持續蒐集民眾對開放置入及贊助的意見，特別是新聞及政論節目應禁止置入的建議等，不僅可作爲執法之依據，也可作爲修正現行法規之參考。

二、干預節目製作的創意專業與創作者的創作自主

有位編劇曾說，通常編劇寫完劇本後，製作人才會拉到企業贊助或商品置入，這時爲了迎合廠商的需求，製作人就會要求編劇將劇本增加「置入的元素」；它可能是某個場景，例如廠商鎖定的美麗大橋，或者是某件商品，例如八寶粥，這時候編劇便需依置入需求，設計女主角打開冰箱，

---

[21] 蘇蘅、陳炳宏、張卿卿、陳憶寧（2007）。《我國廣播電視廣告規範政策研析》。臺北：國家通訊傳播委員會委託研究計畫。

使觀眾看見「一整個冰箱的八寶粥」，觀眾想不看到都不行。這種增加特定的商業元素看似容易，但編劇通常是在完稿以後才被要求回頭去重寫「置入」情節，要找出適當的人物與情節點予以安插，寫作的阻力亦不算小。[22]

類似這樣的情況在開放置入後時常發生，甚至有電視台特別成立置入業務部門，一方面找置入商品，一方面負責根據劇組討論如何修改劇情讓置入商品出現，這時編劇大概只有接受的份，否則誰擔得起把錢往外推的罵名啊？所以才會發生像前言個案所強調的，幾檔連續劇下來，置入產品超過上百種，至少吸金超過 8,000 萬。也就是說，當有置入需求進到節目時，這時候編劇，不管戲劇或綜藝，就要重新架構其腳本，把商品融入劇情中，還要隱隱約約不然會被罰。這時候首先被影響的是編劇的創作自主權。如果沒有置入，編劇可以發揮創意隨意編寫劇情，但如果有置入，就要以商品為主角來改寫劇情，這對創作者都是種干擾，也是種干預，對創意專業與創作自主都有不同程度的影響，但看創作者如何面對置入這件事，而對觀眾來說，是否也是一種不必要的蓄意干擾呢？

三、扼殺新聞專業性與可信度，挑戰新聞媒體的監督職責

雖然目前置入及贊助法規都沒有開放新聞可以被置入，但目前臺灣新聞報導被商品等置入內容入侵的嚴重程度，如果不好用「摧殘」來形容，那至少可以用「糟蹋」來表示吧！在民主國家中，原本不該被錢與權所影響的新聞媒體卻樂意被商業操弄，這其實是很嚴肅的事件，因此這是開放節目置入後比較值得關注的影響面向。

為探討新聞工作者對廣告商介入新聞產製的意見，美國學者調查美國 250 位日報主編對廣告介入新聞內容的看法，研究結果發現，有高達 93%

[22] 周力德（2011.9.9）。〈你不知道的電視編劇（二）〉，《劇本部落格：一個關於劇本創作與閱讀的網誌》（http://litechou.blogspot.com/2011/09/blog-post_09.html）。

的主編表示曾遭遇到廣告商試圖以經濟理由（廣告預算）來干預他們的新聞產製，即向他們表達應該用或不能採用某則或某些新聞的意見，而其中37% 的主編承認，他們曾屈服在廣告客戶的壓力下。[23]

臺灣學者則調查 295 位電視記者後發現，有超過六成的受訪記者表示曾製作過新聞專案，這現象顯示新聞專案不僅已是電視新聞報導的常態內容，也是多數新聞記者日常採訪的新聞類型之一，甚至有些新聞部門還因此設置專職的新聞專案產製人力，而電視台不僅會主動向廣告商兜售新聞專案，甚至還有可能會要求新聞部門出面爭取，這種作法實在是嚴重違反新聞專業性的基本理念。[24]

長此以往，從新聞傳播教育的角度思考，更可怕的事情是，如果年輕世代的新聞工作者也認爲媒體需要錢，置入又何妨的話，那新聞媒體所需堅持的獨立自主將蕩然無存。試想，如果媒體內容可以任由廣告主左右，在臣服於廣告主金錢誘惑之後，難保繼之而起的是執政者、政黨，或政治人物及候選人的金錢攻勢，用以影響新聞內容，那新聞媒體存在於民主社會的意義又何在？另外學者亦提醒媒體工作者，如果新聞產製只是要爲廣告商蒐集其所需的閱聽眾的話，那麼將來新聞媒體所在意的恐怕只是如何去挑動閱聽眾的情緒，像娛樂節目一樣，而不會是新聞報導的客觀與公正，這實在有違新聞媒體的天職。

不過還好的是，雖然從廣告商的角度來看新聞廣告化的成效，大多認定其「宣傳效果驚人」，[25] 但美國的研究發現，民眾已經越來越不相信他們從媒體新聞報導所獲取的資訊，這不僅影響媒體的公信力，也對整體公

---

[23] Soley, L. C. & Craig, R. L. (1992). Advertising pressure on newspaper: A survey. *Journal of Advertising*, *21*(4), 1-10.

[24] 陳炳宏（2005/12）。〈探討廣告商介入電視新聞產製之新聞廣告化現象：兼論置入性行銷與新聞專業自主〉。《中華傳播學刊》第 8 期，頁 211-246。

[25] 動腦雜誌編輯部（2000/11）。〈了解媒體，操控電視〉。《動腦雜誌》，295：35-39。

民社會發展有極其負面的影響。[26]但反觀臺灣，民眾真有此認知嗎？公民社會可以樂觀看待嗎？值得進一步探究。針對這樣的發展趨勢，已有研究悲觀預言，新聞廣告化現象將持續惡化，最後付出的代價就是全民不再相信新聞報導內容，然後當廣告化新聞不再能達到廣告商所預期的效果，開始減少廣告預算支出後，新聞媒體還是要面對經營危機，最後終將使整體新聞媒體產業發展持續衰退。[27]

學者研究強調，只要媒體的獲利考量介入其新聞產製過程，那麼「如何客觀報導新聞」永遠會是個值得嚴肅看待的課題，因爲廣告化的節目，其影響力甚於廣告，而廣告化的新聞，對社會的傷害更甚於廣告化的節目，因此新聞置入現象更值得關注與深入探究。[28]

結語

置入性行銷該不該開放，該如何開放，一直都是具爭議的議題。開放優點在於，開放置入性行銷用增額收入挹助節目製作，對廣電產業發展應有其正面助益，但是問題在於，當製播單位或電視公司有更多的收入時，他會想先增肥自己的口袋，還是增進節目的品質？除這疑慮外，另對整體社會而言，如果有高品質節目可觀賞，當然是好事，也能增進人民欣賞影視節目的品味，也是好事，但如果因爲置入而在欣賞節目的同時，還要忍受不當的商品訊息的干擾，那觀眾是否可以接受？就值得討論了。

另外從影視節目製作的角度來看，當前的確是需要更多的產製資金的挹助，但相對的，如果節目創意與劇本創作都必須因置入而修改，電視台基於增加收入而不在意，但對於從事創意工作者的創作權益，該如何被保

[26] Bagdikian, B. H. (2000). *The Media Monopoly* (6th ed.). Boston, MA: Beacon Press.

[27] 洪雪珍（2003）。《臺灣報紙廣告新聞化現象的研究》。臺灣大學商學研究所碩士論文。

[28] Esrock, S. L. (1999). Advertising and TV news. In M. D. Murray (Ed.). *Encyclopedia of television news* (pp.3-4). Phoenix, AZ: The Oryx Press.

障？不是也值得思考嗎？

其次，與置入最相關且最嚴肅的問題是，業者看在錢的份上，是否願意放過新聞置入？政府開放置入後，雖然新聞明令被禁止置入，但業者陽奉陰違的情形非常嚴重，該如何解決呢？也許要看執法者的決心。當年業者爲要求 NCC 開放置入，曾信誓旦旦表明如果開放節目置入，則會遵守新聞不置入規定，但結果呢？可以直說政府被騙了嗎？這對執行置入開放政策的 NCC 是很大的挑戰，但 NCC 有任何決心可以讓新聞置入消失嗎？目前尚不得其解。

新聞置入的傷害前面討論很多，傷害新聞的可信度與權威感，也影響新聞工作的獨立與自主，當人民不再相信新聞媒體，最終受傷的是民主社會，是全體國民。因此嚴肅的說，如果可以根絕新聞置入的問題，那麼節目該如何被置入，其實都是枝節問題了。

第六章 思考問題

1. 在日常生活中，你可以分辨哪些節目或新聞的內容是被置入的？請分享你的辨識策略。
2. 你覺得對商品銷售來說，置入會比廣告有效嗎？為什麼？你如何評量置入與廣告對商品銷售的差異呢？
3. 如果你是電視節目製作人或廣電媒體老板，你會如何說服政府應該全面開放節目的產品置入呢？
4. 你贊成政府全面開放廣電媒體可執行置入性行銷嗎？
5. 如果政府開放置入性行銷，你會提醒政府注意媒體哪些違反觀眾權益的行為呢？以及提出如何規範的具體建議？
6. 如果政府全面開放置入性行銷，你會如何教育觀眾去解構媒體置入性行銷的手法？

07

第 7 章 ▸▸▸

媒體收視研究——收視率、點閱率與大數據分析

- 了解收視率、收視質與點閱率的意義
- 理解收視調查的運作機制、目的與影響
- 了解數位匯流的新媒體收視分析

前言

2017 年 8 月，第 29 屆夏季世界大學運動會在臺北展開。來自世界各地 145 個國家和地區、超過 7000 名運動員，引起大家高度關注。

媒體在這段期間不僅全程轉播開幕與閉幕儀式、隨時更新賽事狀況、報導中華隊勇奪獎牌，也不忘關心「收視率」的表現。特別是開幕式與閉幕式一結束，幾乎所有媒體都出現關於收視率的報導。例如中央社「世大運開幕收視出爐　柯文哲致詞最高」、《中國時報》「世大運閉幕式圓滿落幕　收視最高點是這段！」。對於收視率的重視還表現在數字上，《聯合報》「柯文哲致詞，收視率瞬開衝到 4.53」、風傳媒「世大運閉幕式最高峰收視率 5.86」。

運動賽事重視收視率，戲劇、綜藝節目與新聞更加重視。《通靈少女》是 2017 年臺灣戲劇的亮點，介紹它的時候，除了說明是由臺灣公共電視與 HBO Asia 合製之外，也不忘再帶一句「最後一集平均收視率達 4.40，締造公共電視台歷年來戲劇收視最高紀錄」；顯示高收視率是節目成功的績效指標之一。

另一方面，我們也常看到節目因爲收視率太低而停播。例如播出 9 年、受到許多年輕學子喜歡的《大學生了沒》於 2016 年停播，原因即是「收視率太低」。不只商業媒體重視收視率，2014 年公共電視台一度傳出，將停播多次獲得卓越新聞獎的節目《獨立特派員》，因爲該節目成本高、但收視率僅 0.1。

收視率眞的這麼重要？不管是什麼類型的節目、什麼性質的媒體，都需要看它的臉色嗎？如果收視率眞的很重要，那它是如何計算出來的？公正、公平、可信嗎？數位匯流時代，又該如何計算收視率呢？網路點擊率可以取代收視率嗎？此外，數位匯流時代，大數據分析興起，數據分析可以作爲媒體收視調查的結果嗎？

收視分析之所以受到重視，原因在於收視調查是蒐集媒體使用者的喜好與意見的方式，可以了解閱聽眾與使用者對媒體內容的反應，不僅是提供媒體內容製作者及媒體組織作爲提升品質參考的重要回饋機制，更是廣告主投放廣告的依據。

不只是電視需要了解節目收視的情形，其他媒體也都需要了解閱聽者對內容的反應，例如廣播電台進行「收聽率」的調查、報紙與雜誌要蒐集「發行量」的資料、網路媒體需要「點閱率」或「點擊數」、電子書或 APP 等新媒體重視「下載數」，這些數據與收視率的意義相近，都是了解媒體使用者的收視或使用情形，皆屬於媒體收視調查的範疇。

本章將帶領大家了解什麼是收視率、收視率的調查、收視率與收視質的差異，以及數位媒體的點閱率與大數據分析等議題。

第一節 收視率的意義與迷思

2018年九合一選舉，當時國民黨高雄市長候選人韓國瑜掀起「韓流」風潮，各媒體搶搭韓流，因爲報導韓國瑜相關新聞有助收視率，頓時各新聞頻道陷入收視率大戰。收視率究竟是什麼？爲什麼這麼重要？對媒體組織的影響爲何？[1]

一、認識收視率

雖然很多人已經不看電視，但是「收視率」（rating）卻是大家耳熟能詳的名詞，例如「收視率是媒體亂象的來源」，將臺灣媒體的惡性競爭及品質低落等問題歸因於收視率調查。

就「收視率」這個名詞的意義來解釋，是一個數字，指「在一定時段內收看某一個節目的家戶數（或人數），占總家戶數（或觀眾總人數）的百分比。用數學公式來看就是

$$收視率=\frac{收看某節目的家戶數（或觀看人數）}{擁有電視的家戶數（或總人數）}$$

舉例來說，假設全臺灣擁有電視的家戶數是850萬戶，正在收看《媒體大小事》節目的家戶數有8萬5,000戶，收視率的計算是8.5萬戶除以850萬戶等於0.01，即是1%。反過來說，在前面假設的社會情境之下，若有某個節目的收視率是1%，我們就可以反推回去，這個節目在臺灣約有8.5萬個收視家戶，大約是22.4萬人收看（以每戶2.63人計算）。[2]

---

1 請參閱王其（2019.12.9）。〈誰才是第一名新聞台？中天改寫歷史？TVBS回不去了？〉，《iMedia》（https://www.i-media.tw/Article/Detail/11007）。

2 根據內政部2021年3月的統計資料，目前全臺灣有895萬多戶，平均每戶的人口數是2.63人。資料來源：https://www.ris.gov.tw/app/portal/346

我們再以 2020 年 3 月 2 日至 3 月 8 日，尼爾森公司所發布的 4 歲以上、電視前 10 名的收視率為例，台視播出的卡通影片《航海王》的平均收視率是 1.91（如表 7-1），意思是在全臺灣擁有電視的家戶中，有 1.91% 的家戶收看《航海王》；若換算成數字，即是約有 16 萬家戶、43 萬人收看。[3]

表 7-1 2020/3/2-2020/3/8 電視前 10 名節目排行榜（4 歲以上）

排名	節目名稱	頻道	平均收視
1	多情城市立攝適穩優糖尿病	民視	5.08
2	多情城市雀巢健康科學立攝	民視	4.95
3	綜藝大集合Footer除臭襪	民視	3.71
4	臺灣那麼旺Taiwan No1福爾	民視	3.50
5	炮仔聲飯友珍菇	三立臺灣台	2.86
6	愛妮雅超級夜總會	三立臺灣台	2.55
7	超級紅人榜佰憶園	三立臺灣台	2.55
8	航海王25	台視	1.91
9	斯斯維他命C飢餓遊戲	中視	1.89
10	戲說臺灣假日完整版聿健美	三立臺灣台	1.72

資料來源：《凱絡媒體週報》https://twncarat.wordpress.com/2020/03/09/%e9%9b%bb%e8%a6%96%e8%a7%80%e5%af%9f%e7%aa%97%ef%bc%9a2020-03-02-2020-03-08/#more-15867

所以收視率是計算節目被收視的情形，可以計算單一節目、單一時段，也可以持續觀察，了解節目一星期或一個月等長時期的收視狀況，更可以將同一頻道的節目收視總和作為了解整體頻道的收視情形。

3 以擁有電視總家戶數 850 萬戶、平均每戶 2.63 人計算。

二、收視率的意義

媒體收視率的調查研究始於廣播媒體的收聽率調查，後來隨著電視的普及，逐步擴展到電視媒體。收聽率調查的出現，滿足媒體組織及節目製作者都很想知道的一些問題，例如誰在收聽節目？什麼時候收聽？每次收聽多久？收聽哪些節目等。不僅是媒體組織及節目製作者想知道上述問題的答案，廣告商更想知道這些答案，因爲廣告商在高收聽率的節目投放廣告，會讓更多人收聽到；媒體組織就可以依據收視率的數字訂定不同的廣告價碼，不僅增加收益，也顯現節目的價值。所以收視率雖然只是一些經過調查的數值，但這些數值對於媒體、節目製作團隊及廣告商，具有不同的意義。

研究收視率的學者認爲收視率的意義可以展現在下列幾個面向：[4]

（一）反映民意與大眾品味：如果收視率是以科學研究的精神，秉持客觀與理性作爲調查基礎，收視率其實是一種反映眞相的調查，探測大眾的媒體好惡，是反映社會品味的鏡子。

（二）媒體廣告買賣的貨幣：收視率的數字，可以說明有多少家庭或個人收看某個節目，正好可以作爲電視媒體廣告採購的訂單配置與投放落點的依據。也就是說，廣告公司付比較多的金額，購買收視率較高的節目時段來播放廣告，不是因爲節目品質，而是廣告可以觸及的閱聽眾人數比較多，收視率便成爲媒體廣告買賣的通用貨幣。

（三）電視內容選擇的工具：既然收視率可以作爲廣告買賣的貨幣，對媒體而言，努力做到高收視率的節目就可以有較高的廣告收益，所以收視率成爲引領製作節目的準繩。透過收視率的數字高低，了解閱聽眾喜歡的內容及流行的品味，企圖達到最大的收視人口數。

由此可見，收視率的意義不只是單純的得知閱聽眾的收視行爲，還可進一步作爲廣告購買的交易依據，以及節目製作的參考依據。

---

4 林照眞（2009）。《收視率新聞學》。臺北：聯經。

三、收視率的迷思

由於收視率對媒體、廣告商及節目製作具有重大意義，很快成爲流行且受到重視，但也帶給媒體環境前所未有的衝擊，例如「不擇手段搶攻收視率來換廣告」、「收視率扼殺好節目」、「收視率是臺灣電視腦殘化的元兇」、「收視率是媒體沉淪的萬惡淵藪」等等，爲原本應該是客觀公正的科學調查研究抹上罪不可赦的汙名。究竟收視率調查出現什麼問題？帶給社會大眾、媒體產業與廣告業哪些迷思？

最常見對收視率的疑惑不外乎這三種迷思：（一）高收視率的節目一定是高品質節目嗎？（二）高收視率節目的廣告效益一定比較高嗎？（三）收視率的調查具可信度嗎？

（一）高收視率不等於高品質

收視率是調查有多少閱聽眾收看（聽）某個節目，屬於「量化」的調查，調查的主體是閱聽眾的收視行爲，而不是節目品質的調查。所以大家會常常聽到某個節目「叫座不叫好」或「叫好不叫座」，例如 2017 年公布第 52 屆金鐘獎入圍名單，藝人黃子佼主持的《全球中文音樂榜上榜》再度入圍，可惜該節目「叫好不叫座」，已經在 2016 年底宣布結束。所以黃子佼在臉書感嘆：《全球中文音樂榜上榜》終於可以瞑目啦！[5]

可見收視率調查顯示的數字是有多少人收看，但收看的行爲卻不代表節目品質一定受到大家認可；反過來說，品質受到肯定的節目也不一定人人收看。簡單來說，擁有高收視率不代表高品質，而好品質也不一定能轉換成高收視率。

（二）高收視率不必然是高廣告效益

一般認爲收視率越高代表越多人收看，如果在這個節目播放廣告，會有較高的觸及率（reach），所以高收視率節目的廣告費用比低收視率的節目高。但是收視率可以轉換成廣告觸及率嗎？雖然之前提到收視率是廣

[5] 資料來源：https://www.mirrormedia.mg/story/20170823ent004/

告主採購廣告的依據，收視率調查也可以擴及廣告時段的調查，但是有人「收看」廣告不代表會「購買」廣告的商品；更何況「打開」電視機並不等於「收看」電視，就算「看到」廣告，與「購買」之間仍存在很大落差。此外，許多人喜歡在節目的廣告時段轉台或起身喝水上廁所，高收視率並不純然可以轉換成廣告效益。

（三）令人質疑的收視率調查

收視率可信嗎？很多對收視率的批評其實不是收視率本身，而是調查的方法及收視率的應用。特別是目前國內的收視率調查公司僅有尼爾森公司（Nielsen）一家，而該公司卻不願意公開調查的具體內容，例如抽樣方式、樣本結構及調查方法等，導致大家對尼爾森公司的收視率數字有質疑。

例如 2004 年 6 月 1 日，某電視台因爲系統出問題，出現半小時左右的雜訊畫面，但次日公布的收視率竟有 0.25%，以尼爾森的公式換算，就是有5萬人盯著雪花畫面看了半小時，令人百思不得其解。[6]更著名的事件發生在更早之前，當時收視率居全國之冠的台視新聞，因老鼠咬斷電線導致主控室斷訊，黑畫面長達 20 分鐘，但黑畫面的時間內，尼爾森提供的收視率竟然也有 1.0 以上，被業界傳爲笑柄，但尼爾森卻始終提不出合理解釋。[7]

爲了破解這些迷思，接下來會進一步探討收視率的調查方式，即可了解收視率值不值得信賴。

---

[6] 請參考王超群（2015）。〈五萬幽靈搶看黑畫面節目　尼爾森再爆收視率大烏龍〉，《周刊王》（http://www.chinatimes.com/newspapers/20150127001204-260901）。

[7] 同註 4。

第二節 收視率的調查

收視率如何調查？讓我們先了解收視率調查的發展。

一、臺灣收視率調查的發展

依據時間發展的歷程，大致可分為下面幾個階段：

（一）初期電視台與廣告商的門縫調查法

收視率調查是因應電視產業發展而出現的產物。在早期還沒有專責收視率調查的公司成立之前，電視台和廣告商曾經利用電話及小規模的問卷進行收視率調查。此外還有廣告公司曾經使用偷窺式的「門縫調查法」，[8]也就是找人沿街觀察並記錄每個家庭的收視情形，但是碰到門窗緊閉、圍牆太高或二樓以上的家戶就無法觀察。

（二）第一家收視率調查公司採用日記法

1974 年 12 家廣告商合組成立臺灣第一家收視率調查公司「益利市場研究顧問公司」，正式開始收視率調查。[9]當時使用日記法進行調查，依大臺北地區、北區、中區、南區和東區等五大地理區位，抽出 625 個受訪樣本，受訪者依照設定好的問題填入自己的收視情形。

（三）潤利公司引進電話調查法

1981 年，潤利公司投入家庭收視率調查，採用電話訪問法，並且從 1982 年開始公布收視率資料。當時中南部及東部的電話普及率甚低，只好使用大臺北地區的家庭作為調查對象。後來又有聯亞、紅木等公司也加入收視率調查的行列，但是各家公司使用的調查方式並不相同，有日記調查法、問卷調查法、電話調查法等，但因調查方式不客觀、樣本數量太

---

8 請參考林照真（2009）。《收視率新聞學》。臺北：聯經。

9 請參考鄭真（1986）。《臺灣地區各種收視率調查方法之比較研究》。國立政治大學新聞研究所碩士論文。

少，還有問卷回收率太低、只能看到家庭收視率看不到個人收視率、調查結果作弊等問題，讓大家始終不信任收視率調查。

（四）尼爾森入主，個人收視記錄器成爲主流

1982 年成立的聯亞公司（SRT），看到收視率調查的種種缺失，決定引進當時已在國外行之多年的「個人收視記錄器」（people meter），進行較精確的個人收視調查。1994 年美國尼爾森公司買下聯亞集團 65% 的股份，[10] 成爲國內最大家的收視率調查公司，從此以後「尼爾森」也幾乎成爲收視率的代名詞。

如本書第三章所述，1987 年政府宣布解嚴之後，也開放媒體申設，帶來蓬勃發展的媒體產業，至 2020 年止，合法的境內與境外衛星電視頻道已超過 250 個。[11] 這麼多的電視頻道雖然帶給閱聽眾多元的選擇，但也帶來前所未有的市場競爭。

大家可以想像一下，早期整個電視市場只有三家電視公司，就市場供需法則來看，這是賣方市場；因爲要播出的廣告很多，卻只有三家電視公司提供播出平台，所以收視率的高低多寡並不重要。但是媒體開放之後，有上百家電視公司可以提供廣告播放，激烈的競爭程度是過去難以想像的。此時爲了爭奪廣告商的青睞，收視率就變得重要，0.1% 的收視數字可能就是取捨的關鍵。收視率結合廣告購買機制，不僅是購買電視廣告時段的重要考量，甚至成爲節目存廢的依據，「尼爾森數字謀殺電視產業」的討論不是空穴來風。[12]

當尼爾森主宰臺灣收視率調查時，尼爾森如何進行收視率調查，大家都想一窺究竟。更何況收視率具有經濟意涵，不同的調查方法將產生不同

---

[10] 詳見《動腦雜誌》，1994 年 8 月。

[11] NCC 統計資料，https://www.ncc.gov.tw/chinese/news_detail.aspx?site_content_sn=1966&cate=0&keyword=&is_history=0&pages=0&sn_f=43200

[12] 請參考《新新聞周報》第 1001 期，2006 年 9 月 13 日，http://media.people.com.cn/BIG5/22114/42328/71049/4811700.html

的收視率數字，收視率的調查如何進行？如何能獲得廣告主的認同？這其中的運行法則是如何進行呢？

二、收視率的調查方式

上一節提到，收視率調查歷經門縫調查法、日記調查法、問卷調查法、電話調查法等方式，但都遭到各種批評。之後「個人收視記錄器」（people meter）出現，由於可以做到個人收視的調查，成爲電視收視率調查的主流。

理論告訴我們，最理想準確的調查研究方法是「普查」（census），即對所要了解的對象進行全面性的調查。例如想要知道全國大學生的收視情形，就對每位大學生進行調查，這樣得知的結果一定比只調查一部分人來得準確。但是礙於時間、預算及人力等問題，一般的調查幾乎不可能採用普查方式，大多以「抽樣」的「樣本」來代替所要觀察的整體對象（也就是「母體」），即以樣本的調查結果來推論整體的情形。因此，抽樣的方式、樣本結構以及樣本的數量等問題，都會影響最後的調查結果。

（一）收視率的抽樣與樣本結構

根據學者專家們的研究以及尼爾森公司自我揭露的資訊，尼爾森公司採用個人收視記錄器的調查法，這種記錄器可以記錄電視機開關時間及所收視的頻道，還有所輸入的個人資料，[13]再透過電話線傳輸回公司，進行數據分析，較其他調查方式快速直接且精準。只是個人收視記錄器的成本不低，無法所有家庭都安裝，同時也不是所有家庭都願意讓尼爾森公司安裝；因爲安裝收視記錄器之後，表示之後家中每個人的收視情形都會被記錄與分析。例如爸爸半夜睡不著，起來看了電視 40 分鐘，這些資訊都會傳回公司，作爲收視率分析的依據，所以很多家庭並不願意成爲收視調查的對象。

[13] 有安裝的家戶在打開電視的同時，要先確認個人身分，例如要先按鍵確認現在觀看電視是爸爸、媽媽、哥哥或妹妹等。

理論上尼爾森公司要先依照臺灣人口結構的分布狀況，依地區分層抽樣，抽出具代表性的足夠樣本數，再派員至各戶安裝個人收視記錄器。目前受到爭議的是，尼爾森公司如何抽樣？抽出的樣本是否具有代表性？樣本的數量是否充分？由於尼爾森未公開抽樣方式及樣本結構，所以收視調查的代表性及可信程度一直受到質疑。至於樣本數量，一般的估計是 1,800 戶，[14]也就是使用 1,800 戶、約 5,400 人（以每戶 3 人估計）的收視資料來推估全臺灣 800 多萬戶、2,300 萬人的收視情形。所以，絕大部分的民眾都不是尼爾森公司的收視調查戶，我們的開機關機、選台轉台，都不會被列入收視率的計算；更殘酷的說法，除了那 1,800 戶是臺灣收視率的計算依據，其他人在收視率的世界是不存在的。因此，姑且先不管抽樣誤差的問題，若是樣本結構不具代表性，調查結果的可信度自然受到挑戰。

問題再回到樣本結構，誰是尼爾森收視調查的樣本呢？之前提到，個人收視記錄器會記錄並分析個人的收視情形，也就是個人看電視的行爲是沒有隱私的，所以很多人不願意配合成爲樣本戶。所以有樣本戶指稱，「尼爾森會贈送禮券、油票作爲回饋，也因此被質疑，收視戶以中低收入居多」。[15]此外，樣本戶是否每年有部分比例的淘汰換新也受到質疑。正常作法是每月要汰換一定比例的樣本戶，以免因爲人性疏懶、未確實按鍵而導致調查數據與眞實收視情況差距過大。可惜尼爾森公司並未說明相關訊息，導致該公司的收視率調查一直未能取得大家的信賴。

（二）調查統計及應用

當個人收視記錄器接收到樣本用戶輸入的資料，例如編號 600 號的樣本戶家中的 6 歲妹妹、在下午 4 點 30 分打開電視、觀看 momo 親子台《愛探險的 Dora》30 分鐘，電腦便自動將這些訊息傳輸回公司進行分析。首先統計有多少樣本戶在這個時段收看《愛探險的 Dora》，就可以

---

[14] http://www.chinatimes.com/newspapers/20150120001632-260901

[15] 同註 9。

得知這個節目收視率。此外因爲有個人資料，也可以知道收視《愛探險的Dora》的人口特質。

舉例來說，有 18 戶收看《愛探險的 Dora》，收視率是 18/1800 = 0.01，也就是 1%。再從這 18 個收視戶中可得知所在的地區、是哪些人在收看、年齡分布、性別、家庭收入、教育程度等資料，作爲節目製作及廣告播放的參考。

由於擁有個人資料與地區等收視資訊，就可以產生很多形式的收視率變化，好比我們常看到「大臺北地區綜藝類收視第一」、「全國收視第一」、「都會女性收視第一」、「14 歲以下兒童節目收視冠軍」、「同一時段無線電視收視奪冠」等各種不同的收視率噱頭。

一般來說，收視率調查公司提供每 15 分鐘的收視平均值，例如 16:30-16:44 收視率 0.9%、16:45-16:59 收視率 1.0%；也提供整體節目的平均收視率，甚至提供每分鐘、每 30 秒等更精細的收視率調查服務。

只是這些收視率調查的數字僅能反映多少數量的閱聽眾收看節目，卻無法反映節目的評價或內容好惡等攸關「品質」的議題；甚至爲了追求收視率，不惜以煽情、裸露或暴力等聳動驚人的內容，留住閱聽眾的視線，犧牲節目品質。因此，有了以收視質代替收視率的討論。

第三節 收視率與收視質

2020 年奧斯卡電影獎最佳影片入圍名單被認爲都是「叫好又叫座」的作品，包含《小丑》、《從前，有個好萊塢》、《寄生上流》、《婚姻故事》、《愛爾蘭人》、《1917》、《兔嘲男孩》、《她們》等；但是有些電影獲得超高評價、卻沒有太高的票房，例如蔡明亮導演的電影屢獲國內外大獎，但票房賣座卻無法和得獎一樣風光。[16]「叫好」與「叫座」的

[16] 蘋果日報（2014.1.3）。〈蔡明亮　票房冷狠話出盡《郊遊》難上院線〉

概念如同「收視質」與「收視率」的運作邏輯，都是衡量媒體內容表現的方式。

一、收視率與收視質的差異

（一）關注的焦點不同

收視質和收視率都是了解閱聽眾對媒體內容的反應，但是兩者關注的重點不同。收視率調查的焦點是開機率，想知道多少人開機收看、是誰在收看、看了多久等觀看行爲，代表了收視觀眾的比例、結構與人口特徵。收視質雖然也是量化的調查方式，卻著重蒐集閱聽眾對於媒體內容的欣賞、信任、評價與推薦程度等資料，代表的是閱聽眾對節目的滿意程度。

由於收視率的調查出現樣本相關資訊不夠透明、過度追逐收視率數字、錯誤引導產業發展、降低節目品質等負面影響；甚至有些受到社會普遍認可的優質節目，卻因爲收視率不佳而結束。好比 2013 年入圍金鐘獎的優良節目，即有 5 個節目已停播，因爲「好節目卻無法獲得好收視，只能忍痛喊停」。[17]藝人陶晶瑩在2015年受訪時承認，「電視台常常爲收視率捨棄優質內容」。[18]有感收視率對節目的箝制，各界建議引進國外行之有年的「收視質」調查，希望從更多角度來分析收視表現，避免收視數字主宰內容製作。

（二）測量的內涵不同

雖然收視質與收視率調查都是採用量化方式，但是二者在測量的內涵大不同。根據國外的發展經驗與國內學者的研究，[19]收視質的調查方式

（https://tw.entertainment.appledaily.com/daily/20140103/35552901/）。

[17] 請參考劉懿嫻（2013.10.24）。〈金鐘獎／金鐘入圍綜藝節目　5 個已停播惹爭議〉，《TVBS NEWS》（https://news.tvbs.com.tw/entertainment/508202）。

[18] 請參考黃怡菁、李文顥（2015.8.31）。〈陶子看金鐘　坦言收視率決定內容〉，《聯合影音》（https://www.youtube.com/watch?v=EgzvdpcPEmY）。

[19] 張錦華等（2009）。《電視新聞收視質指標建構及測量計畫》。NCC 委託研究計畫。

以量化的電話調查與問卷爲主，請閱聽眾分別對節目的信任、欣賞、影響力、深度及多元化等正面向進行給分，另外也包含負面向的評價，例如八卦化、腥羶色及新聞偏差等。每一個面向皆包含數個測量項目，評完分數之後，透過統計公式，算出每一個節目的收視質。即是以數字來呈現節目的吸引力、衝擊力、欣賞評鑑及收視動機等，所以能夠較爲深入的了解觀眾的意見，包含收視動機、興趣、評價或滿意度、對日後的行爲或態度等影響，可提供節目策略規劃與製作參考價值。

二、收視率與收視質的消長

（一）收視質逐漸受到重視

另一方面，面對媒體使用行爲日趨多元的分眾市場，電視已不再是所有人都會接觸的媒體，傳統的量化收視率早已不適用。雖然有人建議擴大收視率調查的樣本數，但收視率調查的本質仍舊只是單向計量式的收視行爲，分析閱聽眾被動的收視行爲，如觀看時間長短與頻道切換情形，忽略閱聽眾主動表達的收視動機、偏好、涉入、滿意度、忠誠度等。而收視質的資料正好可以塡補僅呈現閱聽眾行爲面向的收視率調查之不足，進一步提供收視者的節目偏好及對節目品質的意見。此外，對於目標閱聽眾（target audience, TA）的輪廓描述，也不必受限於單純的人口變項，而是能以更精準的區隔設定來找出目標閱聽眾的喜好，提升廣告的效益；因此，廣告主對收視質多表示歡迎。

事實上，美國、英國、日本、加拿大等國家，早就並行兼俱收視率與收視質的二元收視調查結構。我國在 2009 年由國家通訊傳播委員會進行「電視新聞收視質指標建構及量測計畫」，[20] 分別從五個正面向：信任、欣賞、深度、影響力、多元，以及三個負面向：腥羶色、八卦化與新聞偏差，建構「臺灣新聞收視品質指標」，也實地進行電話抽樣調查，將收視

[20] NCC《電視新聞收視質指標建構及量測計畫》（https://www.ncc.gov.tw/chinese/files/10011/1679_13674_100114_1.pdf）。

率調查導入質量並重的二元結構。

（二）數位時代收視率備受質疑

此外，隨著數位傳播科技的快速發展，民眾的收視行爲產生很大的變化，傳統的電視、報紙、廣播、雜誌等四大媒體，不再是民眾仰賴的訊息來源，網路躍升爲最重要且使用時間最長的媒體。電視受到非常大的衝擊，2017 年「電視收視行爲與滿意調查報告」的研究顯示，[21] 已經有超過 40% 的民眾使用手機看電視或影片；2020 年的調查則成長至 54.5%。[22] 年輕族群不開機看電視，改由電腦、平板、手機等行動載具收看電視節目或影音作品的比例逐年升高；高齡者成爲客廳電視機的主要收視族群。此種情況下，個人收視記錄器就很難發揮效益，蒐集貼近社會眞實的收視率。尼爾森的收視率調查研究原本就引起諸多質疑，在數位行動接收且跨媒體使用的時代，有關收視率的調查需要不同的途徑。

第四節 數位匯流時代的收視調查

2012 年 6 月 30 日，臺灣全面關閉無線電視類比訊息，7 月 1 日起邁向數位電視新時代；有線電視也在 2017 年底全面數位化，即臺灣已進入全面數位電視時代。數位電視影響硬體設備、製作內容、功能提供或收視行爲的改變，再加上數位匯流後的跨媒體收視成爲普遍現象，收視率調查的發展也產生變化。

21 NCC《電視收視行爲與滿意調查報告》（https://www.ncc.gov.tw/chinese/files/17100/3500_36044_171006_1.pdf）。

22 NCC《109 年通訊傳播市場報告》（https://www.ncc.gov.tw/chinese/files/21021/5190_45724_210217_1.pdf），頁 116。

一、數位電視全面普查

由於每家戶皆有數位機上盒，數位電視時代的收視率調查可以直接得到母體數據，不需要透過抽樣後的少數樣本來推論整體，可以有效解決尼爾森公司被質疑的樣本結構與抽樣誤差等問題。以實際數字來看，若以2,000戶收視樣本數來計算，不過是全國800萬家戶數的0.025%，以如此微小的比例來推論全體，極容易產生誤差。數位電視時代的收視率調查不需要抽樣，而是全面普查的概念，以每一戶的收視資料作為分析來源，大幅提升收視率的精確性。

除了數位化，電視也朝行動化發展，許多人早已不坐客廳看電視，而是走到哪裡、看到哪裡，透過平板、手機及穿戴式裝置收視影視節目與網路媒體內容。2018年度的「電視收視行為與滿意度調查報告」發現，已經有超過16%的民眾不看電視、超過40%的民眾會使用行動電話收看電視節目或網路影片；[23] 甚至有74%的民眾是邊看電視邊滑手機。[24] 電視收視行為已經出現變化，分眾市場形成，年輕族群的網路接觸率幾乎達100%，僅調查傳統電視載具的接觸人數已經不足以反映現實情形。

二、跨媒體收視調查指標與社交內容收視率

因應數位互動媒體環境，除了全面蒐集每一家戶的收視資料，還需要跨媒體的收視指標，以及結合社交媒體的內容收視率數字。

匯流之故，同一個媒體內容的播出平台橫跨電視、網路、手機APP等，跨媒體收視衡量的需求因應而生。例如「電視影音＋網路影音」的跨媒體指標研究，不再只依賴傳統電視收視率的調查方法。還有臉書與尼爾森公司合作推出「社交內容收視率」（social content ratings）、[25] 中國大

---

[23] https://www.ncc.gov.tw/chinese/files/19052/4007_41451_190520_1.pdf

[24] https://www.iii.org.tw/Press/NewsDtl.aspx?fm_sqno=14&nsp_sqno=1923

[25] https://www.talkwalker.com/social-content-ratings?fbclid=IwAR0-JbWKp-CPcK9Lt4Cc8oFX64vShfsI_t3Kv3OGJVE73CDxzrOX7OPY2E58

陸的央視與新浪微博推出「微博電視指標」，[26] 都是將社交媒體的數據納入傳統電視收視率的分析，並試圖找出網路上社交媒體討論和電視收視率的關係。國外研究發現，社交媒體上的發文數量與收視率具有正相關，當與某一個電視節目相關的社群討論增加時，會提升該節目近三分之一播出時間的收視率。[27]

收視率調查的代名詞 Nielsen 公司，更於 2021 年起將線上串流影音平台 Netflix 列入收視率調查機制，以因應廣告主需求與回應閱聽眾的收視行為改變，擴大傳統電視收視率的調查範圍。Nielsen 公司同時在官網上預告，2022 年第四季起將推出單一收視調查的跨媒體方案 Nielsen ONE，以便能更精準的掌握現代人跨媒體收視的整體行為與效果；並在 2024 年秋季起取消傳統收視率的計算方式，改採用跨媒體收視計算，同時計算線上 OTT 平台與傳統電視的收視情形。[28]

三、網站點閱率（CTR）及APP的涉入指標

除了推動數位電視全面普查、發展跨媒體收視調查指標等數位媒體的收視率調查之外，網路內容的點閱率（click through rate, CTR）是另一個數位時代的收視分析依據。

點閱率（CTR）或稱「點擊率」，是指廣告被點擊的次數與廣告曝光次數的百分比，是一種衡量廣告成效的指標；後來把廣告擴展為影片、網頁、關鍵字、商品資訊等各種線上訊息。舉例來說，某個橫幅廣告（banner）出現了 100 次，被點擊了 5 次，點閱率就是 5 除以 100 等於 0.05，這則廣告的點閱率就是 5%。

[26] https://www.sohu.com/a/305062901_216932

[27] https://www.bnext.com.tw/article/62379/yoshitomo-nara-interview-taiwan-

[28] https://www.nielsen.com/us/en/press-releases/2020/cross-media-currency-becomes-reality-with-nielsen-one/?fbclid=IwAR3CBQC6Ur3VrDZ5EN11_HaWNiyNmy6Ny58nzr8XqwyTNCAoMWqKxTtKIKU

網路上常看到這類錯用點閱率的文章，例如「YouTuber 好賺錢、谷阿莫到底靠點閱率賺了多少錢？」[29]。錯誤的原因是因爲計算 YouTube 影片成效的單位是觀看次數（views），或稱點閱次數，不需要計算比例，與點閱率沒有關係。大家可能還想知道，究竟影片要被觀看多少次或具備什麼條件才可以開始分潤賺錢呢？根據 2020 年 11 月 YouTube 更新後的合作夥伴計畫的說明（YouTube Partner Program, YPP），需要符合五項基本資格規定：[30]

1. 符合各項 YouTube 營利政策的規定。
2. 居住在已推出 YouTube 合作夥伴計畫的國家或地區。
3. 過去 12 個月內累積的有效公開影片觀看時數超過 4,000 個小時。
4. 頻道訂閱人數超過 1,000 人。
5. 頻道已與 AdSense 帳戶建立連結。

達到上述門檻，表示可以應用 YouTube 頻道來產生利益。想知道自己的 YouTube 頻道能夠賺多少錢，可以到管理後台查看「每千次觀看收益」（revenue per mille, RPM）的數據，系統會記錄從 YouTube 合作夥伴計畫中所得到的收益，包含廣告分潤、會員會費、Premium 收益、超級留言和貼圖等；並且以一千次觀看作爲計算單位，即每一千次的觀看可以得到的收益。根據有經驗者的估算，RPM 收益的多寡和頻道的內容類別有很大關係，每千次觀看收入從 1 到 5 美元以上都是有可能的。[31]

常常與點閱率（CTR）一起出現的還有「每次點閱成本」CPC（cost per click）與「每千次曝光成本」CPM（cost per mille）。

所謂 CPC 是顯示每一次點閱的成本；例如支付 1,000 元廣告費，得到 10 次點閱，表示一次點閱的成本是 100 元，所以 CPC 就是以 1,000 元（總成本）除以 10 次（點閱次數）。而 CPM 則是每千次曝光的成本，

29 https://buzzorange.com/techorange/2017/04/26/youtuber-making-money/

30 https://support.google.com/youtube/answer/72851?hl=zh-Hant&ref_topic=9153826

31 https://affnotes.com/youtube-make-money/

也就是只要訊息出現就好，不需要點閱。例如同樣支付 1,000 元的廣告費，希望這則訊息或廣告曝光 2 萬次，那麼 CPM 就是總成本除以曝光次數，再乘以 1,000；即 1,000 除以 20,000 等於 0.05，再乘以 1,000，等於 50 元，意思是每一千次的訊息曝光成本是 50 元。這些都是計算網路訊息或廣告收視的多元方法。

此外，還有人嘗試將衡量遊戲的涉入（engagement）指標，挪移至調查影音網站及 APP 的收視。例如遊戲網站或社交媒體最常用來衡量使用者涉入指標的 DAU（daily active user，每日活躍用戶）、WAU（weekly active user，每週活躍用戶）、MAU（monthly active user，每月活躍用戶）等，以了解曾經接觸、瀏覽、消費網站內容或 APP 的使用者。透過分析這些使用者的瀏覽時間、瀏覽項目、消費情形及內容使用等資訊，轉化成對廣告業者、節目製作者及平台營運者的重要參考。

四、數位收視與大數據分析

科技的進展讓媒體全面數位化與個人化，加上大數據分析（big data analysis）技術的成熟與普及，讓大家產生應用大數據演算技術來分析收視的期待。從技術發展來看，蒐集個人的媒體瀏覽或觀看的類型、時間、頻率、使用載具、地點，與個人的人口特質等資訊，進而預測個人的喜好與行為，作為內容產製或行銷的依據，是輕而易舉的。

例如 2013 年 Netflix 推出自製影集《紙牌屋》（*House of Cards*），一推出立即吸引大批閱聽眾的討論，在美國知名的影評網站 IMDb 上，在 15,000 個評分中獲得 9.0 的高分，叫好又叫座，成為年度最熱門影集之一，也一炮打響 Netflix 的知名度。Netflix 的成功不是偶然，早在一年前，Netflix 就開始利用大數據分析，了解閱聽眾的收視習慣與喜好，再對劇情進行安排、選擇適合的演員、決定播出的時間及進行個人化的推播行銷等，改變電視產業的面貌。[32]

---

[32] https://www.inside.com.tw/article/2171-netflix-big-data-houseof-card

政府也對大數據分析抱有美好期待。2020 年 NCC 主委對外表示，將擴大建制「通訊傳播產業資料庫」，以大數據資料分析，了解有線電視市場的變化，希望可以作爲解決包括頻道上下架、授權費爭議、分潤機制、分組付費等問題的輔助。[33]

然而大數據分析不是萬靈單，媒體數位化之後確實可以取得許多個人化的收視數據，如本書第十四章所述，個人的數位足跡（digital footprint）可以在當事者毫不知情的情況下被蒐集應用，甚至有目的的洩漏，造成個人隱私的侵害。著名的劍橋分析事件即有 5,000 萬名臉書使用者的個資外洩，讓特定人士利用使用者的政黨傾向、情感偏好與政治立場等，影響其投票行爲，最終影響美國總統選舉結果與英國脫歐公投。因此各國都訂定法律來保護個人資料。

大數據分析技術是調查媒體收視的利器，但如何符合法令規定、去個人識別化，在不侵害個人隱私、不損及個人權益的情況下，獲得使用者開機習慣、收視時段、平均收視時間、偏好類型等訊息數據，再加上各收視平台詳細記錄與統計節目的播出、點閱、回看等收視情形，經過數據分析與演算機制，可作爲媒體內容製作、平台節目編排、新節目引進等滿足使用者需求的依據，也能有效提升媒體的收視，締造產業與個人雙贏的結果。

結語

讓我們再回到收視率調查的起源，收視率是電視產業的重要指標，如同報紙或雜誌的發行量（circulation），是節目評估的指標、自我改善的參考、廣告播出的依據等，所以掌握收視率等於掌控節目的生存。但是臺灣市場僅有一家收視率調查公司，既未提供抽樣及樣本結構，也因獨占市場時有收視率出錯的荒謬情事。而媒體產業因爲市場競爭激烈，爲了追逐

33 https://finance.ettoday.net/news/1778025

0.1% 的收視率，幾乎已走火入魔，導致媒體惡性競爭，扭曲產業發展。

數位匯流與行動接收的社會發展趨勢，收視率應該公開透明、精準適切的進行，讓收視調查眞正成爲回饋節目產製與廣告效益的機制。數位媒體時代的收視率調查除了「質、量」並重，更有全面普查式的大數據資料分析、跨媒體的收視指標以及結合社交媒體的多元收視率調查方式等，讓收視調查研究更加精準、更能正向協助產業發展。

第七章 思考問題

1. 你會因為某個節目收視率較高而去觀看嗎？為什麼？收視率對你的影響是什麼？
2. 是否可以找出收視率與收視質不相稱的節目？進一步分析產生落差的原因。
3. 你認為一般民眾在乎收視率嗎？會不會因為節目收視率的高低而影響收視行為？為什麼？
4. 數位時代，有沒有比收視率更好的方式來評價媒體的內容？
5. 如果媒體業者為了收視率調查，需要你放棄部分個人隱私，例如年齡、性別、職業與觀看的媒體內容與時間長度等，請問你願意嗎？

媒體訊息解讀

08

第 8 章▸▸▸

傳統媒體與數位媒體的內容產製

學習目標

- 了解傳統媒體的內容產製與對社會的影響
- 理解數位媒體內容的產製
- 反思媒體內容產製的倫理與責任

前言

2018 年臺灣舉行九合一地方選舉，由於當時的中天電視台大幅報導當時的高雄市長候選人韓國瑜的新聞，被稱為「韓國瑜新聞台」，[1]或「韓天電視台」。[2]當時網友們紛紛自行統計中天電視台究竟播出多少韓國瑜的新聞，YouTuber「長男次男」的統計顯示，中天電視台晚間 5 點到 8 點鐘播出韓國瑜的新聞占播出時間的 64.4%。[3]國家通訊傳播委員會（NCC）

---

1 林育卉（2018.11.16），網址【Yahoo 論壇 / 林育卉】您現在收看的是「韓國瑜新聞台」- Yahoo 奇摩遊戲電競

2 https://newtalk.tw/news/view/2019-06-19/261951

3 https://www.youtube.com/watch?v=l8FaiebwEl8&list=PLWooGi7HYGjswm8RwQkycvGI0yninGfi6&index=24

則在2019年6月5日公布一份觀察2018年九合一大選期間電視新聞報導的統計結果，被報導最多的候選人爲韓國瑜，而中天與中視（同屬旺旺中時集團）對韓國瑜的報導則數和秒數皆超過50%。[4]

面對特定媒體大量播出特定人物新聞的現象，也引起社會大眾的熱烈討論。NCC更因接獲大量申訴，進行調查之後，發現中天新聞台確實有問題：新聞部總監長期懸缺、副總監又留職停薪，同時至今仍未落實獨立審查人的設置；採訪與編審的製播程序不清、權責不明，致使新聞內容未能呈現該有的專業與倫理，已涉及損害民眾的視聽權益。[5]

但是也有人不贊同NCC的說法，認爲政府干預新聞內容的產製，有危害媒體組織「新聞自由」與民眾「知的權利」之嫌。以2018年11月的尼爾森（Nielsen）收視率調查爲例，中天新聞台收視率從10月份的第三名躍居第一，11月每天收視率幾乎都超過五成。以11月12日至18日爲例，該週中天新聞台的收視遠高於其他電視台，有線電視收視最高的前十名節目，有7個是中天新聞台的節目（表8-1）。[6]顯示民眾喜歡看韓國瑜、想知道更多韓國瑜的新聞，既然民眾喜歡也有需求，爲什麼不能大量播出來滿足民眾？網路有專門播放韓國瑜新聞的網站及影片頻道，24小時不間斷、愛怎麼播就怎麼播，爲什麼這種內容就不會受到譴責或要求？媒體內容產製應以收視率爲依歸嗎？媒體內容產製流程又是如何運作？

---

4 https://www.ncc.gov.tw/chinese/news_detail.aspx?site_content_sn=8&cate=0&keyword=&is_history=0&pages=1&sn_f=41512

5 NCC 2019.3.28 新聞稿。https://www.ncc.gov.tw/chinese/news_detail.aspx?site_content_sn=8&cate=0&keyword=&is_history=0&pages=1&sn_f=41228

6 凱絡媒體週報電視觀察窗 2018/11/12-2018/11-18。https://twncarat.wordpress.com/2018/11/19/%e9%9b%bb%e8%a6%96%e8%a7%80%e5%af%9f%e7%aa%97%ef%bc%9a2018-11-12-2018-11-18/

表 8-1 2018/11/12-11/18 有線電視收視排行情形（4 歲以上）

排名	節目名稱	頻道	平均收視率
1	新聞深喉嚨鳳山歌喉戰	中天新聞台	3.28
2	新聞深喉嚨岡山大會師	中天新聞台	2.78
3	愛妮雅超級夜總會	三立臺灣台	2.59
4	金家好媳婦成功 SUCCESS	三立臺灣台	2.57
5	新聞龍捲風大鳳山割喉戰	中天新聞台	2.43
6	超級紅人榜 CUCKOO 福庫電子	三立臺灣台	2.19
7	新神祕 52 區之六都神算	中天新聞台	2.12
8	新聞深喉嚨	中天新聞台	1.94
9	中天晚間新聞	中天新聞台	1.92
10	超級黃金週大鳳山割喉戰	中天新聞台	1.87

資料來源：《凱絡媒體週報》電視觀察窗 2018/11/12-2018/11-18。https://twncarat.wordpress.com/2018/11/19/%e9%9b%bb%e8%a6%96%e8%a7%80%e5%af%9f%e7%aa%97%ef%bc%9a2018-11-12-2018-11-18/

媒體所產製的新聞、戲劇、綜藝或運動賽事等內容，不僅是資訊與娛樂的重要來源、更是建構社群集體認同與社會意識的倚賴；這些內容也是商業媒體機構所生產的「商品」，具有市場交易、換取利益的重要價值。因此，媒體內容的產製不只是媒體組織很重視，社會大眾與政府機構也審慎看待，畢竟媒體是 Louis Althusser 所說的「意識形態國家機器」之一。[7]

在大眾傳播時代，媒體內容如同可口可樂一般，靠著大量製造、大量生產的標準化流程，產製內容供應大眾市場。隨著科技進步與分眾市場的形成，媒體內容產製的類型越來越多元、製作流程也有很大的變化，特別是自媒體的興起，去中心化、去標準化，也缺乏守門機制，衍生許多新的

[7] 阿圖塞認爲意識形態國家機器包含了教育、宗教、家庭、文化、媒體、法律、政治、工（公）會等八種，執行國家向人民進行腦中世界建構的工作，或者說扮演替民眾洗腦的角色。

社會現象與問題。

身處數位匯流、虛假眞實混雜且分眾化的時刻，媒體內容產製發生什麼樣的變化？對社會與民眾產生哪些影響？我們該如何理解這麼大量且豐富多元的媒體內容？這些問題將是本章節探討的重點。

第一節 傳統媒體的內容產製

所謂傳統媒體是相對數位媒體而言，一般將報紙、廣播、雜誌與電視稱爲四大傳統媒體，將建構於網路之上的數位應用視爲第五大媒體，也是一般統稱的新媒體。儘管現今的媒體使用已從傳統媒體轉移到網路、手機等新媒體，但是有線電視仍是民眾最主要的收視來源，對於傳統媒體的信賴度也高於新媒體。[8]原因之一在於傳統媒體的內容是由專業組織，經過層層把關的結果，不僅戲劇綜藝等娛樂性節目較網路視頻精緻、新聞節目也是由記者、編輯、編審、經理等各級守門人（gatekeeper）發揮監督審視的結果。

一、守門人機制把關媒體內容

很多人都聽過「守門人理論」，簡單說，守門人理論可以用來說明媒體內容產製過程的處理原則。心理學家 Kurt Lewin 提出守門人的名詞，再被延伸至守門人行爲的概念，即新聞媒體從接觸消息來源、蒐集各種資訊，到記者採訪、撰寫，再經過編輯篩選、刪減、編審人員審查等一連串過程，才能讓訊息成爲新聞，再傳播給社會大眾。也就是說一則新聞的產生是經過許多關卡的守門後才能出現；甚至後來的研究發現，新聞主題的選擇、新聞價值的判斷等，都受到守門人機制的影響。

傳統媒體的新聞產製流程，可按其所扮演的角色，依生產流程將守門

---

8 國家通訊傳播委員會，109 通訊傳播市場報告。

人分爲「新聞採集者」（news gatherers）與「新聞處理者」（news processors）。前者如大家在新聞現場看到的文字記者與攝影記者，負責蒐集第一手訊息，企圖透過文字、圖片或影片還原事實；若是電視新聞記者，還需要完成過音、影片剪輯等作業。這些產自新聞現場的第一手資料再交給新聞處理者，如編輯、動畫師、編審等人員，進行標題、字幕、圖卡、動畫與事實確認等後製流程。每一個動作都有人負責把關，層層守門之後才能播出。

早期的傳播學者曾舉一則發生在俄羅斯的新聞，很生動地描述如何經由守門人機制，成爲臺灣報紙新聞的過程。[9]

假設在俄羅斯基輔發生工廠爆炸事件，第一個守門人就是親眼看見爆炸事件的目擊者，通常他並不能看見事情的全部，所以只能說明他看到的那一部分。第二個守門人是向這位目擊證人採訪的記者，他必須決定把目擊者所說的哪些部分寫進新聞中，什麼地方該輕描淡寫，什麼地方該特別強調。

接著記者把寫好的稿子交給報社編輯（在這之前可能還要經過採訪主任），編輯因爲版面考量或可讀性等因素，可能會刪掉一些內容，或者改變部分內容，也可能添加一些。接著，如果幸運的話，這條新聞得以刊載在基輔一家報紙上；也可能在排版時遇到了一個技術上的「守門人」，因爲版面不足而刪去最後一段。

這則新聞引起美聯社派駐在基輔記者的注意，決定把它寫成電訊，又得刪一點，或是加一點解釋，而且譯成英文，傳到美聯社駐莫斯科的分社。美聯社分社的編稿人員如果決定採用，可能要把它縮短一點，或者顧慮到俄羅斯對外新聞的檢查標準，而必須改寫。

運氣夠好，這則新聞通過俄羅斯的檢查人員，到達美聯社在紐約的總社。但是只有當美聯社總社編輯對這則新聞感到興趣的時候，才會把它編入對國內或對國外發布的電訊中，免不了又有些刪改。

---

9 請參考徐佳士（1987）。《大眾傳播理論》，頁 13-42。臺北：正中。

通過這關後，這條電訊在臺北中央社一大堆外國稿件中被注意到了，也許由於第一句寫得很吸引人，國外部主任請編譯翻成中文。編譯人員可能省略了他認為不重要的部分，或者因為不清楚其中一段的意義，乾脆跳過這段不翻譯。

最後譯成中文的稿件被送到編輯桌上，又要通過一、兩個守門人，然後被譯成電碼，傳到其他家報館。而最終決定這件發生在基輔的新聞是否應該讓臺灣讀者知道的，是報社的國際新聞編輯，如果他認為基輔和臺灣風馬牛不相及的話，這條消息最後的下場就是進了垃圾桶。假使他覺得這則消息「還不錯」，但版面實在有限，他可能刪掉後面段落，寫個標題送去排版，讀者才能在報紙上看到這則新聞。

這則新聞由俄羅斯到臺灣的過程，雖然沒有實質的漂洋過海，但歷經的旅程一點都不簡單，單是經手過的人員就不勝細數，每一個人都是這則新聞的守門人，關係到這則新聞是否可以被傳播、以什麼觀點被傳播。在新聞旅途過程，任何一個守門人的價值判斷不一樣，都會影響這則新聞的命運，也直接影響閱聽眾對這則新聞的認知與理解。

報紙新聞的產製流程如此繁複，電視媒體的作業也是如此，新聞內容的產製也是層層守門的結果，這也是民眾認為傳統媒體較社群媒體可信的原因，守門的過程是一個組織或群體發揮作用的集體過程。

了解媒體內容的守門流程之後，大家可能會好奇，影響守門人決策或判斷的因素有哪些？面對一則訊息，編輯或記者決定宣稱的價值標準是什麼？有哪些影響守門人的判斷？是個人的人格特質、專業倫理、機關要求，還是市場競爭……？實證研究的結果認為，影響守門人做出客觀果決的判斷，是多重因素的交織作用。最首要的影響來自專業知能，另外還有個人的價值、愛好與厭惡、工作情境、機構、法律規範與商業條件等因素，都可能影響媒體內容的產製。

二、製播準則與媒體自律

媒體為了確保內容的正確性、獨立性、公平客觀等專業要求，避免個人好惡或所有權對經營權的干擾，在組織內部都訂有「製播準則」、「自律規範」或者「採訪守則」等類似的規定，一方面作爲媒體機構向外宣示的價值標準，另方面可作爲組織內部的專業養成訓練，貫徹實施之後即可成爲媒體的品牌形象。以下以公共電視台與中天新聞台兩個實例來說明媒體自律的重要性。

（一）公共電視台——具體實踐節目製播準則

根據 2020 年牛津大學路透新聞學研究所的報告（Reuters Institute Digital News Report 2020），臺灣最受信任的新聞媒體是公共電視台，有 53% 的受訪者認爲公視是值得信賴的。[10]

公共電視因受公眾所付託，社會各界對公視的節目品質有較高的期待。公視爲維護獨立自主、公正、公平、正確、尊重、多元、創新、負責的基本價值，製播優質內容來保障民眾表意自由與知的權利，訂定了多達近一百頁的「節目製播準則」。[11] 這本製播準則適用新聞、綜藝、文教、戲劇、兒童等所有類型的節目，裡面揭櫫的也是所有媒體內容都必須遵守的共同標準，包含新媒體在內。[12]

製播準則的內容除了宣告公視的基本價值、強調媒體專業操守之外，還詳細的列出新聞節目與一般節目應有的製播原則，好比內容涉及兒童與青少年、性別、族群、宗教、關係人等情形的處理。新聞性節目則列入容易引起爭議的災難、犯罪、自殺等意外新聞的處理，以及如何保護相關人隱私權與受訪者權益等議題；新媒體部分則將經常發生爭議的影音版權議題列在製播準則。

寫得再完美的製播準則需要具體的實踐，公視將這一百頁的準則落實

---

10 這是該機構連續第 9 年出版的報告內容，臺灣最受信任的新聞品牌前三名依序是公視、《天下雜誌》及《商業周刊》。https://reutersinstitute.politics.ox.ac.uk/sites/default/files/2020-06/DNR_2020_FINAL.pdf

11 https://info.pts.org.tw/open/data/prg/prg_produce_rule.pdf

12 公視在 2016 年版的製播準則納入新媒體的專業規範。

在節目製作過程與節目品質，展現媒體自律精神，這也是公視贏得民眾信任及屢獲各大獎項肯定的原因之一。

（二）中天新聞台——韓國瑜的出訪新聞

再以 2019 年 2 月 27 日中天電視台報導韓國瑜出訪的新聞爲例。當天下午我國駐新加坡代表陪同韓國瑜參加觀光推廣說明會，會後韓國瑜接受媒體訪問時，反駁農委會說他在新加坡簽約的對象是既有的通路商。當時駐新加坡代表因不了解媒體所詢問的重點，便用手機發訊息給同仁，「請幫忙找一下有關農委會說韓市長簽約的都是既有通路的相關報導」。

而中天新聞台的記者也在現場，偷拍了上述手機畫面，但是新聞的文字敘述卻是「媒體直擊畫面曝光，駐新大使忙著回覆來自臺灣的訓令」，以及「協助？盯場？直擊星國大使忙低頭回報」。新聞一播出，輿論譁然，引發社會大眾的熱烈討論與外交部的嚴正抗議；認爲中天新聞台報導並非事實，既沒有向當事人求證，也沒有詢問相關部會，僅憑單一的手機畫面及去脈絡化的不完整訊息，便大膽判斷駐新加坡大使是去盯場的；讓外交部不得不嚴厲譴責此不實報導。[13]

中天新聞台的記者是以疑問句提出大使在場是協助還是盯場？表示記者對此事是不確定的，既然是未確定的事情，爲什麼不進行事實求證呢？更何況大使與記者在同一會場，居然沒有任何事實求證的舉動，既不願提問釐清、也不願訪問當事人，完全悖離新聞採訪的專業訓練與專業倫理。

當第一線記者未進行事實求證與平衡報導時，媒體的守門機制就很重要；可惜中天新聞台的內控機制也出了問題。新聞部門的相關人員、編輯與編審未發揮功能，也未進行事實查證，沒有守門機制，違反該台專業倫理規範中所強調的「應貫徹遵守媒體專業暨公正客觀」、「所有新聞與節目之製播，應以忠於事件眞實性爲原則」。[14]

---

[13] 中央社（2019.3.2）。https://www.cna.com.tw/news/aipl/201903020081.aspx

[14] http://www.ctitv.com.tw/wp-content/uploads/2017/12/ 中天專業倫理規範條文版 20121213.pdf

因爲中天新聞台未經事實查證的偏頗報導，以致未能呈現事實的全貌，不僅影響民眾知的權利，更誤導民眾理解事實，危害公共利益。由於衛星廣播電視法規定，「製播新聞及評論，應注意事實查證及公平原則」，最終該則新聞被罰緩新台幣 60 萬元。[15]

NCC 公布上述裁罰訊息，引起各種意見，韓國瑜批評 NCC「差別待遇」、[16]也有民眾認爲早就該罰了，台大與政大的學生甚至發起「拒看中天新聞」運動。[17]畢竟媒體內容攸關國家社會的發展，更何況臺灣被瑞典哥登堡大學主持的 V-Dem 資料庫，視爲「遭受外國假資訊攻擊」程度的世界第一名，[18]臺灣媒體內容已充斥著形形色色的錯誤資訊（misinformation）、不實訊息（disinformation）以及假新聞（fake news），再不重視媒體內容的產製，可能會影響個人生活與國家安全。

中天新聞台不服 NCC 的處罰而提起行政訴訟，臺北高等行政法院審理後認爲，憲法第十一條保障中天新聞身爲媒體的言論自由，但中天新聞報導已違反公序良俗（公共秩序與善良風俗）與事實查證原則的規定，且事後還未更正，影響民眾獲取正確資訊；且 NCC 認定事實與適用法律並無違誤，並未恣意裁處罰鍰，所以判中天敗訴。[19]

但是仍有人質疑，網路上的韓國瑜 FB、韓國瑜粉絲團後援會、韓國瑜粉絲網，以及 YouTube 上的韓國瑜官方頻道，爲什麼就可以任意傳播各種訊息、言論或影片，也不需要事實求證或平衡報導？網路媒體的內容產製與電視台有所不同嗎？接下來就要探討專業組織（如傳統視台）的內容產製（professional generated content, PGC），與數位媒體使用者的內容

15 https://www.ncc.gov.tw/chinese/files/19060/5082_41520_190606_1.pdf

16 https://www.ettoday.net/news/20190328/1410201.htm

17《天下雜誌》https://www.cw.com.tw/index.php/article/articleLogin.action?id=5094441

18 https://news.ltn.com.tw/news/world/breakingnews/2754163

19 https://news.ltn.com.tw/news/society/breakingnews/3360216

產製（user generated content, UGC，如 Facebook、YouTube）的差異。

第二節 數位媒體的內容產製

1990 年代之後，網際網路興起，以及數位匯流，讓多元訊息得以透過網路進行傳播，再加上各種社群媒體的加值應用，讓網際網路成為繼報紙、電視、廣播、雜誌等四大媒體之後的「第五大媒體」。殊不知這第五大媒體不僅融合前四種媒體，更建立人人都能參與的內容產製模式。

一、網路世界自由開放，數位內容多元無限

全球資訊網（WWW）的發明人 Tim Berners-Lee，當年創設網際網路是為了打造一個平等、中立、公開、自由的場域，讓網路成為每個人、每個地點都能公開分享資訊的場域，且能跨越地理與文化的藩籬。但在 WWW 開放使用之後 30 年，Tim Berners-Lee 卻開始為網路的未來感到憂心，特別是對個人數據失去控制權、網路上傳播的錯誤資訊以及假新聞。[20] 2018 年他更是直言不諱地公開表示對網路現在的發展很失望。

Tim Berners-Lee 對網路的失望，部分原因來自數位媒體的科技易用性（easy to use）。科技降低媒體內容的產製門檻，人人都是訊息產製者，個人的社群帳號就像是自己建置且擁有的電視台，享有充分的意見表達自由。傳統媒體的訊息發布需要層層的守門機制，但在自媒體時代，個人兼具多重身分，既是採訪記者，也是編輯與編審；既是編劇，也是導演和演員，還身兼新聞或影片的行銷公關，所謂一人報社或一人電視台的概念。[21] 這種素人投身數位內容創製的例子不勝枚舉，從早期的部落客，

[20] BBC News（2017.3.12）。https://www.bbc.com/news/technology-39246810

[21] 擁有 20 萬訂閱者的 YouTuber 丹妮表姐，就將自己的頻道稱為「一人電視台」。https://www.youtube.com/channel/UCVgSIphlguVXSP_RzQtyFbA

到現在大家熟知的 YouTuber、直播主等，有關自媒體的部分將在本書第十二章進行更深入的探討。

由於數位科技與網路傳播的特質，讓數位內容的形式極爲豐富多元，除了傳統的文字、符號、圖片與影片之外，動畫、虛擬實境、擴增實境，以及視聽覺感官之外的觸覺、嗅覺與體感互動等，都是數位內容的應用範疇。再加上使用習慣的變遷，越來越多的人是同時使用二種以上的媒體，例如看電視同時滑手機、電腦與手機雙螢共享，甚至有人電視、電腦及手機三機齊開；數位內容可以多螢互動，帶給使用者更多的訊息、體驗與便利。例如追劇的時候，使用另一個載具開啟該劇的應用程式（APP），可以邊看戲、邊瀏覽該劇置入的商品，例如女主角穿的衣物、擦的口紅、帶的手錶……，甚至連結到購物平台直接消費。

早期基於傳播資源的稀有性與社會控制的特殊要求，傳統媒體幾乎都採行特許制；後來因有線電視與衛星電視興起，加上解嚴、報禁開放，印刷媒體改採登記制，但電視媒體仍需要主管機關審核通過，才能取得營運執照。然而網路新媒體的設置卻相對容易許多，既不需要向政府單位申請，也不用擔心無法取得執照，最大的差別是，不用像傳統媒體一樣接受媒體專業法規的規範。這兩點因素造成數位媒體的內容百家爭鳴、百花齊放，隨處都可看到充滿創新創意的內容；但也有低俗草率的內容，良莠不齊。甚至爲了衝高點閱率出現荒誕怪異、令人瞠目結舌的情形，目的都是爲了吸引眼球的注意力，將注意力轉換成瀏覽次數、停留時間、造訪頻率等具有廣告行銷效益的經濟力。

二、數位內容的眼球大戰

爲了得到大家關注的眼神，走偏鋒的內容「什麼都有、什麼都賣、什麼都不奇怪」。例如介紹昆蟲美食的網站、討論宇宙星河的聊天室、分享各種撩人姿態的美女照、可愛動物或萌寶寶的有趣影片等，符合分眾或小眾的需求。這樣的數位內容產製，也帶出二點問題。

（一）感官主義盛行

首先是感官主義（sensationalism）的風潮更加興盛。感官主義並非數位媒體內容的新現象，十九世紀美國黃色新聞競爭時期，Pulitzer 與 Hearst 的報社，早就普遍使用超大字號的煽動式標題、真實性可疑的圖片，並以渲染和誇張的方式報導犯罪、醜聞、災難、性等社會事件，企圖使用煽情的內容，吸引讀者的吸引力，增加報紙的銷售量。[22]

在數位媒體時代，感官主義所指涉的不僅是媒體內容的主題選擇偏好天災人禍、性、犯罪、隱私與醜聞，還有令人驚奇、感動、娛樂的題材；在內容的呈現形式則重視影像圖片勝於文字敘述，強調鏡頭策略、畫面張力、剪接特效等後製效果，期待大量的影像聲光刺激抓住閱聽眾的注意力、增強閱聽眾的感官享受，進而轉換成訂閱數、觀看數、分享數、按讚數等攸關媒體經濟的效益數字。

（二）八卦內容爆增

這也是內容市場機構（Content Marketing Institute）研究報告所指出的「數位內容即是戰力」、「內容變現」，好的數位內容可以吸引使用者的目光，達到行銷最大化的效果。[23]然而每個人只有一雙眼睛、一天只有 24 小時，最容易被點閱、分享、轉傳與討論的，通常都是駭人聽聞聳動煽情的感官主義產物。久而久之，人類感官被過度刺激，對許多事物見怪不怪、對社會弱勢麻木不仁、對公共事務冷漠無感。

三、同溫層效應激化社會對立

另一個問題是過濾泡泡現象（filter bubble）與迴聲室效應（echo chamber）的擴散。目前 Google、FB、YouTube、Netflix 等社群媒體或影

---

[22] Straubhaar, J., LaRose, R., Davenport,L. (2013). *Media Now: Understanding media, culture and technology*. MA, Boston: Cengage Learning.

[23] https://contentmarketinginstitute.com/2018/05/research-content-management-strategy/

音網站，都運用推薦系統提供使用者最新、最熱門或最適合個人的內容。這種推薦系統雖然提供許多便利，加速使用者資訊搜尋的速度、提升用戶體驗，讓使用者可以更快速容易地找到自己有興趣的內容，卻也帶來一些副作用，特別是迴聲室效應與過濾泡泡，也就是同溫層現象的產生。

（一）過濾泡泡

數位內容推薦系統的背後就是演算法的應用。推薦系統會依據使用者的個人特質、所在位置與過去的瀏覽行爲等資訊，讓演算法主動預測並提供使用者有興趣的內容，排除與使用者立場不符的訊息，避免看到不感興趣或不同意識形態的內容。意即演算法讓民眾更容易接觸到和自己價值觀相近的個人化資訊，讓使用者就像被隔離在泡泡中，只能接觸到與自己觀點一致的人事物。這種由機器篩選訊息、創造同質性意識的機制，即是過濾泡泡（filter bubble）。

（二）迴聲室效應

「迴聲室效應」則是指演算法讓民眾得到的數位內容越來越趨單一，這些同質性的訊息在封閉的系統內，因爲不斷的重複交流而被放大，造成使用者在迴聲室中接收這些強化自己既有觀點的訊息，而忽略與自己立場不同的觀點，在無意識的狀態下形成確認偏誤（confirmation bias）。確認偏誤即是「我方偏見」（myside bias），泛指人類傾向接受自己相信或能夠強化自己信念的訊息，而忽略和自己理念相違背的訊息；也就是「只看見想看見的、只聽見想聽見的」。

不管是過濾泡泡或迴聲室效應，最終會讓使用者被高度同質性的意見或朋友圈所環繞，形成社會的再部落化，也就是同溫層現象的形成。這種情形容易加劇政治和社會的兩極化，成爲極端主義的溫床。例如國民黨陣營的支持者不會去追蹤綠色陣營的新聞評論網站、反對同性平權的人士不會去觀看婚姻平權的論述，因爲選擇性的接收訊息，且訊息的來源單一，在這些偏差訊息的不斷強化下，每個人越來越堅持自己的信念，也會讓整體社會慢慢趨向對立。

第三節 媒體內容產製的發展與反思

因應日新月異、發展快速的傳播科技，媒體內容製作更加豐富多元，例如虛擬實境（virtual reality, VR）、擴增實境（augmented reality, AR）、混合實境（mixed reality, MR）與人工智慧（artificial intelligence, AI）等技術的應用，開啟媒體內容製作充滿無限創意。其次，內容傳播平台也越來越多樣，除了目前全球盛行的社群媒體 FB、YouTube、Messenger、WhatApp、IG、Twitter、Linkedin、Skype、Snapchat 之外，[24] 還有 Line、Reddit、Pinterest、WeChat 及 TikTok 等大家熟知的平台。雖然這些社群媒體的功能各有擅長，例如以聊天通訊服務功能爲主的 Messenger、WhatsApp、Skype、Line 等；也有以偏向以發布動態爲主的 FB 與 Twitter，也有以分享圖片爲主的，如 IG 與 Snapchat 等；但共同的特質是都可以由使用者自行產製多媒體內容。

一、傳播科技讓媒體內容更貼近真實

新科技帶來內容創製新革命，帶給使用者大不相同的感官體驗。例如 VR 應用電腦及其他裝置，模擬出立體、高度擬眞的空間，讓使用者透過視覺與聽覺的感應，產生彷彿身歷其境、如同在眞實場景中的經驗，創造「沉浸式體驗」。當視覺和聽覺在接觸電腦模擬的 3D 立體空間，會產生「信以爲眞」的錯覺，也就是科技會以各種表現形式「欺騙」人類的感官，讓使用者在完全人工建造的空間，誤以爲身處眞實環境。虛擬環境中的感官元素製作得越精緻，就越容易沉浸其中。除了聽覺與視覺的感官元素，虛擬實境還加入身體的互動，讓使用者更相信已經身處在另一個空間。應用 AR 或 MR 技術於媒體內容的產製，帶給使用者更多的感官體驗，讓媒

[24] https://www.smartinsights.com/social-media-marketing/social-media-strategy/new-global-social-media-research/

體內容更貼近眞實。

如果大家還有印象，2009 年好萊塢發行《阿凡達》（*Avatar*）電影，首度採用 3D 放映格式，並且在 3D 視野和立體視覺製片上有許多創新，帶來前所未有的觀影經驗，締造超過20億美金的票房。[25]科技進步推動內容製作更多創新，2016 年李安導演推出「未來 3D」電影《比利・林恩的中場戰事》，以「每秒 120 格、3D 立體影像、4K 畫質」來拍攝與放映，就是想要帶給觀眾比 3D 還要更「逼眞、具臨場感」的視覺衝擊。負責 2020 年東京奧運賽事轉播的 NHK，爲了提供「全新、震撼的視覺體驗」，將以 8K 訊號轉播，並已於 2018 年 12 月 1 日開播第一個提供 8K 節目的衛星頻道。8K 的解析度爲 7,680×4,320，總像素比現今常見的高畫質（HD）高上 16 倍之多。

看得更清楚、聽得更細微、體驗更有衝擊的互動，成爲傳播科技帶來的禮物，預期未來有更多的科技應用，讓媒體內容能更貼切地傳達眞實。然而科技雖帶來更佳的觀影經驗，但媒體內容的製作、拍攝、解碼、傳輸等過程需要大量資金與時間的投注，最後恐成爲資金的競賽，大者恆大、強者恆強，朝向商業化與集團化的趨勢發展。

二、數位內容成為行銷工具，政治破碎化與膚淺化

內容製作的門檻因傳播科技的更新而日趨簡易，媒體成了各行各業的行銷場域，特別是政治網紅興起。

2014 年臺北市長選舉，號稱政治素人的柯文哲，大量運用社群媒體與網路傳播，一舉登上市長寶座；2018 年九合一選舉，幾乎所有候選人都開設個人 FB 帳號、FB 粉絲專頁、IG 帳戶、YouTube 頻道與官方網站等自媒體，作爲訊息發布以及和民眾溝通互動的平台。此外，候選人也紛紛與網紅合作，一起開直播聊天，或者自己開直播抒發政見與選民互動；社群小編成爲競選團隊重要的幕僚。即使總統候選人也放下身段與網紅們

[25] https://zh.wikipedia.org/wiki/ 阿凡達

聊天、玩遊戲，企圖以最親民的形象接觸民眾。

例如蔡總統到博恩夜夜秀與主持人玩遊戲，全臺首富郭台銘邀請網紅進豪宅做開箱文、韓國瑜直播洗頭等無關政見或公共議題的內容。目的在於透過網紅接觸大量民眾，營造「庶民感」，讓民眾覺得「他懂我！」「他和我一樣啊！」然而這種生活化的內容，雖可拉近政治人物與民眾的距離，卻無法理性或深入探討公共議題，造成政治網紅化、政策破碎化及民主膚淺化的窘境。

更甚者，政府各部會也開始利用社群媒體開直播、經營粉絲團與影音頻道，機關首長當起直播主，親自面對民眾閒聊生活、分析時事、討論政策和心情分享，希望藉此築起政府與民眾溝通的橋梁，但也遭到「內閣變網紅」的質疑。[26]特別是網路內容爲了吸睛，莫不朝綜藝化、娛樂化方向發展，政治網紅化雖有助於人氣成長與堅定支持者熱情，但也有人認爲這種發展趨勢，將政治更加通俗化，不利於嚴肅政治議題的討論，也沒有達到理想中說服選民以及捍衛政策的辯護效果。[27]

三、人工智慧（AI）創製內容

2016 年，由 Google DeepMind 開發的人工智慧 AlphaGo，打敗南韓棋王李世乭，轟動全球；2017 年的進化版「Master」，更在 2019 年被視爲人類和人工智慧的終極對戰取得 60 連勝，人工智慧的發展已超乎大多數人的想像。

人工智慧（AI）是指由人類製造出來的系統（特別是指電腦），具有類似人類學習與解決問題的能力，甚至是抽象思考、推理規劃及展現創意等智慧。近幾年發展迅速，處處可見 AI 的應用。例如蘋果手機的語音助理 SIRI、掃地機器人、自動駕車系統、無人機、機器人等，都是應用人工智慧的實例。

[26] https://news.ltn.com.tw/news/politics/breakingnews/2675820

[27] 王宏恩（2019.1.31）。https://www.thenewslens.com/article/113006

（一）媒體使用AI產製內容

由於 AI 展現了推理、規劃、學習、交流、感知和操作物體等特質，應用領域廣泛，既可降低人力與時間成本，又可精緻品質，吸引各種產業引進 AI。媒體產製由 AI 來生產內容的實例，也越來越多。從 AI 的寫稿機器人寫出球賽、股市新聞稿，到應用 AI 經過機器學習，進行數據分析整理，然後用自然語言程序組合成文章，發掘出人類單憑自己的大腦難以捕捉到的重要事實和眞相。也就是說 AI 不僅衝擊媒體內容的產製品質，也影響內容製作流程與人力資源。未來的媒體編輯室是否由 AI 主宰，或者人類和機器聯合執掌，值得繼續觀察。

根據 BBC News 中文版網站的報導，[28] BBC 新聞實驗室在 2012 年引進語義辨識的機器人，叫 Juicer（榨汁機）。它的任務是把每天來自 850 個新聞機構的新聞、專題報道、影片、政府部門和網路資訊等各種大數據，貼上相對應的語義標籤，分成組織機構、地點、人物、事物等四類加以歸檔，方便記者查詢與資料加值應用。

至於美國的《紐約時報》則在 2015 年找來名叫「編輯」（Editor）的 AI，應用語義辨識技術，協助簡化記者編輯的工作流程；同時負責管理讀者評論區，節省原來 14 個工作人力。《華盛頓郵報》在 2016 年里約奧運會，應用「自動化新聞」（Automated Journalism）的 AI，進行數據分析、整理、比對，然後組成新聞稿，發表在不同的平台。在整個里約奧運會期間，寫稿機器人承擔了大量有關比分和獎牌數的即時新聞，讓記者可以有更充裕的時間製作更多深入報導。

（二）其他產業應用AI產生媒體內容

值得關注的是，不只是媒體組織正大量使用 AI 進入內容產製，其他產業應用 AI 產生媒體內容的案例也越來越多。

例如金融投資業的摩根大通集團（JPMorgan Chase），發現行銷公

---

[28] BBC NEWS 中文網（2018.9.26）。https://www.bbc.com/zhongwen/trad/science-45591003

司 Persado 的 AI 比人類專家更擅長行銷工作。AI 編寫廣告文案甚至比行銷老手還優秀，不僅能突破經驗上的盲點，大幅提升點擊率，最高成長 450%；有關信用卡與貸款的網路廣告，點擊次數也成長一倍有餘。因此摩根大通在 2019 年，一口氣與 Persado 公司簽訂 5 年的合作協議。[29] 誰說機器人寫得文章沒有溫度？

四、數位匯流，內容為王

媒體內容產製因爲傳播科技與媒體使用行爲的變遷，傳統媒體的內容也全面數位化。當上網已成爲民眾生活的基本權益，不管媒體原來的本質是印刷或電子媒體，因應匯流的整合趨勢，媒體內容全面數位化、網路化、社群化。媒體組織內部紛紛建置大編輯台，相互分享人力與素材，再因應不同媒體特質產出適合的內容，達到資源共享、有效降低生產成本，強化競爭優勢，符合極度分眾的市場需求。

以廣播電台的運作爲例，除了原來的無線廣播之外，廣播電台紛紛設立直播間，在空中播音的同時，透過直播平台或社群媒體（FB、YouTube 等）進行影像播出，彷彿電視台的現場直播，打破廣播電台只是聽覺媒體的限制。大部分的廣播電台已發展出一套「立體化」的內容產製模式，無線廣播電台 + 官方網站 + 網路線上收聽 + 電台 APP + FB 節目粉絲專頁 + FB 與 YouTube 直播，一個節目有多元播出平台，滿足不同族群與不同的媒體使用習慣。

不僅是廣播電台打破原來媒體特質的限制，印刷媒體也是全面立體化，除了靜態的文字圖片，也在數位媒體加入影像聲音等元素，甚至發展擴增實境等各種新傳播科技的應用。不同媒體間的差異正在逐步縮小，「內容」成爲決定民眾是否收視的關鍵因素，「內容爲王」（content is

[29] 陳建鈞（2019.8.8）。https://www.bnext.com.tw/article/54315/jp-morgan-nike-ai-marketing

king），更加提升媒體內容產製的重要性。[30]

結語

數位匯流時代，媒體內容是媒體組織最珍貴的資產，不僅「內容」（節目或新聞）是可以變現交易的商品，更是樹立媒體品牌形象的重要依據。因此，媒體內容除了重視創意、吸睛等商業市場元素之外，也必須重視正確性、公共性等媒體應負的社會責任。

媒體內容攸關我們腦中世界如何被建構，媒體組織必須具體實踐製播準則，落實媒體「自律」；社會大眾也可以發揮「他律」的監督精神，[31]讓媒體內容不僅好看、好聽、好精彩，也可以好專業、好正確、好公平。

第八章 思考問題

1. 回想2018九合一選舉，以及2020年總統及立委選舉，你是否注意到媒體內容的同質性？為什麼不同媒體播出的內容雷同度這麼高呢？
2. 媒體播出的內容有高度重疊性，在相同內容中你選擇收視的媒體是什麼？為什麼是這家媒體？
3. 檢視你在社群媒體上的朋友，如Instagram與臉書的朋友，是不是你的「同溫層」？如何打破同溫層效應？

[30] 雖然有部分人士認為「內容為王」的時代已逝，現在的核心權力是媒體平台；然而沒有內容，空有播出平台仍是徒然。參考邱于平（2017.9.29）。https://group.dailyview.tw/article/detail/613

[31] 有關媒體自律、他律與法律的三律共管精神，請參閱本書第十三章。

4. 網路紅人對社會的影響力越來越重要，不僅成為政治人物與YouTuber合作的對象，也經常扮演意見領袖的角色，你對此現象的看法如何？
5. 科技協助媒體更快速與便利的製作內容，也提升內容的品質；然而越來越擬真的內容，如VR與AI的應用，也讓人分不清社會真實與媒介真實。你認為應該用什麼心態面對新傳播科技對媒體內容的改變？

第 9 章▸▸▸ 解讀媒體多元訊息及辨識不實資訊

- 理解影響訊息傳播與解讀的重要元素
- 應用傳播元素接收訊息與解讀媒體內容
- 熟悉辨識不實訊息的途徑
- 培養多元文化的訊息解讀觀念

前言

2016 年 10 月，揚名國際的臺灣導演、奧斯卡獎得主李安的新電影《比利．林恩的中場戰事》（*Billy Lynn's Long Halftime Walk*），在紐約影展舉行首映，隨後也在臺灣上演。這部突破人類電影史的技術，採用 3D、4K 高畫質、每秒 120 幀的規格拍攝，倍受期待，但最終全球票房僅 3,093 萬美元，被美國《綜藝報》（*Varierty*）選爲 2016 年最賠錢的五部電影之一。[1]

1 請參考《上報》http://www.upmedia.mg/news_info.php?SerialNo=9519

但是美國《好萊塢報導》（*The Hollywood Reporter*）認爲這部沒有爆炸的戰爭電影讓人省思，超乎現實的銳利影像讓特寫入木三分；娛樂新聞網站「The Wrap」卻認爲超高畫質的畫面適得其反，讓電影除了視覺眞實，而沒有其他，每個演員的毛細孔或皺紋等原本不會被注意到的缺點，都在超高畫質的情況下展露無遺。英國《衛報》（*The Guardian*）則認爲電影像一部驚人的紀錄片，但是原作與電影創作者之間並不和諧，李安詮釋戰爭片的方式和好萊塢傳統很不同，比較像是失準的諷刺劇。[2]

記者訪問李安，他的出發點是希望高格數、高解析度與 3D 拍攝技術，讓觀眾清楚看到臉部的細微變化，帶來更多眞切感與沉浸感，幫助觀眾更容易進入電影角色；也就是激發觀眾感同身受的同理心與同情心，讓感觸變得比較敏銳。[3]

每位導演在拍片之初，都有其拍攝的想法，觀眾在看過影片之後，卻不一定會產生與導演相同的創作理念或感受，反倒擁有各種不同的詮釋與評價。李安的超高畫質電影帶給閱聽眾迥異的感受，導演本身想藉科技引領觀眾，偏偏觀眾不見得買單，還有人認爲是視覺干擾。如同戲劇、綜藝、新聞、歌曲、小說、漫畫等媒體文本，創作者的原意與收接者的解讀並不必然相同，媒體內容是多元訊息的解讀，文本的解讀主體已經轉移到接收者，意義的解讀不再受到作者的掌控。

同樣的情形也曾出現在 2015 年最賣座的華語電影《我的少女時代》。不同世代、不同性別、不同地區的觀眾看完之後有不同的解讀，甚至引起網路論戰。[4]有人被劇中對白深深打動，甚至奉爲處世原則：「女生說我再也不要理你的時候，代表她眞的很在乎、很在乎你」、「只有我們

---

2 請參考《娛樂重擊》http://punchline.asia/archives/33674

3 請參考《科技新報》https://technews.tw/2016/11/10/director-an-lee-talks-about-tech-in-movie/；以及《中國時報》http://www.chinatimes.com/realtimenews/20161103004293-260404

4 請參考 PTT 上的討論 https://www.ptt.cc/bbs/movie/M.1439455345.A.BB0.html

能決定自己的樣子」、「我的願望，就是你的願望裡，也有我」；但也有觀眾批評電影創造虛假意識的集體回憶，銀幕上刻意塑造與挑選出甜美的夢幻，讓每個人都希望自己的青春是如此燦爛，青春不留白，進而沉浸在虛假想像的回憶。

也有觀眾指出，《我的少女時代》其實很八股，因爲電影繼承「萬般皆下品，唯有讀書高」的傳統觀念。不愛念書、老是搗蛋鬧事翹課的徐太宇，被塑造成「壞」學生；而後翻轉身分的方式，就是用功讀書成爲模擬考的全校第十名，瞬間變身「好」學生。

每一個媒體文本都有作者想要表達的意義，但不是每位讀者都可以明確理解作者的意念，可能在不理解的情況下，接受作者想傳達的理念；也可能因爲理解而抗拒或反對作者的觀點。閱聽眾對於文本的詮釋極爲多元，媒體文本該如何解讀？閱聽眾應如何拆解隱藏在文本中的意識形態、洞察作者的原意而不是文字或影像的表面意義？這即是本章想討論的主題。

第一節 解讀媒體文本

要了解閱聽人解讀文本的機制，讓我們先認識傳播活動的進行。

一、傳播活動的要素

一般來說，任何傳播活動的進行必然包含八個重要的元素：傳播來源（source）、製碼（encoding）、訊息（message）、傳播通路（channel）、解碼（decoding）、接收者（receiver）、回饋（feedback）、噪音（noise）或稱干擾（interference）等。如傳播學者 Dominick 所提出的傳播過程（圖 9-1）。[5]

---

5 Dominick, J. R. (2013). *The dynamics of mass communication: Media in transition*. NY: McGraw Hill.

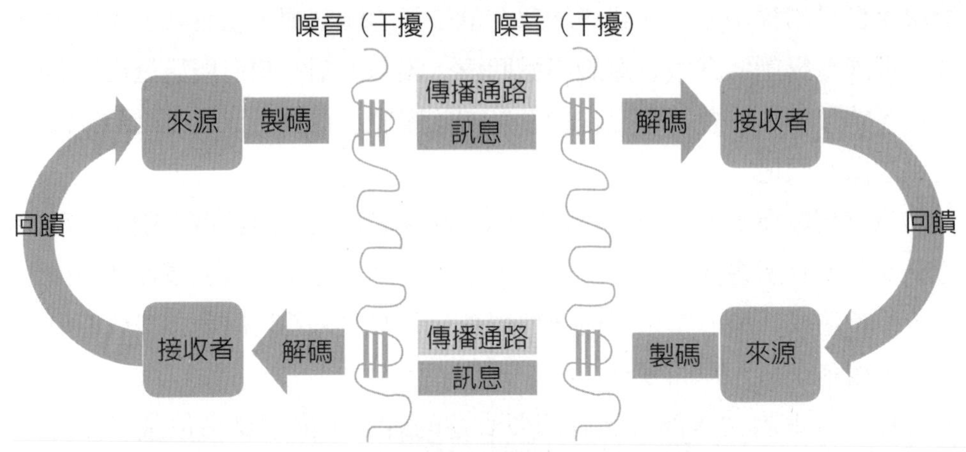

圖 9-1　傳播過程的基本元素與運作

資料來源：Dominick (2013). *The dynamics of mass communication: Media in transition*；作者繪圖。

傳播活動的起始一定有傳播來源（source），可能是個人、一群人、組織或專業媒體機構發出訊息（message），透過一種或數種傳播通路（channel），傳送給特定或不特定的接收者（receiver）；例如老師想要輔導考試成績不理想的同學們，老師就是傳播來源、同學就是接收者、輔導時所講的話就是內容、email / line / 電話或面對面就是傳播通路。

通常傳播來源在製作訊息的時候並不是隨心所欲、暢所欲言，而是在已知道誰是接收者，或者心中有想像的接收者情況下去製播訊息內容。傳播者思考如何製作訊息的過程就是「製碼」（encoding）。就如老師和成績不理想的同學說話，因為要達到溝通效果，所以必須針對同學的特質來決定訊息內容，會事先思考該用哪種溝通方式：嚴厲要求還是鼓勵？要不要強調分數的重要性？這個經過製碼後的訊息內容，傳送給接收者的時候，必須經過解碼（decoding）的程序，接收者才能理解傳播者所欲傳達的意義，產生適切的回饋（feedback）給傳播來源，形成互動循環的雙向溝通。

例如老師對學生說：「你的成績還有很大的進步空間。」生性樂觀的學生解碼：「老師覺得我的情況還好」，自信回覆：「老師，不用擔心，我期末考會努力！」個性悲觀學生的解碼可能是：「老師責備我考得很差！」憂心忡忡回覆：「老師，我會被當掉嗎？」所以如何製作能被接收者正確解碼的訊息內容是傳播活動的關鍵。

製碼與解碼的過程不斷遭遇干擾（noise），讓傳播來源所製作的訊息內容與接收者解碼後的訊息意義產生落差。常見的干擾因素除了是來自硬體設備以及環境之外，大部分是對彼此語言文化的不了解所造成的誤會。例如韓國人說：「你願意幫我煮一輩子的海帶湯嗎？」不懂「海帶湯」在韓國文化的意涵，恐怕就不容易解讀出這是求婚的含蓄用語。

二、製碼／解碼模式

傳播者如何製碼、接收者如何解碼，不僅是複雜的過程，還有不同的分析典範，最早提出製碼／編碼模式的是英國的文化研究學者 Stuart Hall，他認爲製碼與解碼之間存在三種立場：[6]

（一）主導霸權位置（dominant-hegemonic position），訊息傳播者站在霸權位置，讓接收者受到主導範圍內優勢意義的操控，以傳播者所賦予文本的意義加以解碼，即優勢解碼（dominant decoding）類型。

（二）協商性符碼或位置（negotiated code or position），即接收者有時候會接受製碼者的優勢意義，但保留協商的權力，有時候也會制定自己的規則，在特定的情境下進行修改。

（三）對抗性符碼（oppositional code），接收者理解文本的優勢製碼，但並不認同，反而將製碼者的意義加以拆解，並以相反的方式給予解碼，形成對立式解碼。

舉例來說，權威政治時代，爲了塑造領袖的偉人形象，教科書出現河邊看魚兒逆流而上激發勇氣的文章。當時戒嚴的氛圍讓一般民眾採取主

6 Hall, S. (1991 [1973]). Encoding, decoding. In: During, S. (ed.), *The Cultural Studies Reader*. London: Routledge, pp. 90-103.

導霸權的位置，接受優勢解碼，順從製碼者在文本中所欲傳達的意義；當然也有民眾內心並不認同，但又因爲現實環境的集體壓力，採取折衷式解碼，混雜順服與反對。另有民眾直指這是造神運動，看清製碼者的目的，不僅洞悉文本的字面意義，還能拆解優勢意義，產生對立式的解碼。

猶記得當年陳前總統涉及貪汙弊案時，公開喊話：我絕對沒有 A 一毛錢到口袋。優勢解碼的類型就是相信他所說的話；也有人半信半疑。當然也有人採取對立式解碼的思維，拆解這句話的字面意義及內涵意義：阿扁確實沒有 A「一毛錢」到「口袋」，阿扁 A 的是「七億元」到「海外帳戶」。

熟悉傳播活動的八個關鍵元素，以及製碼—解碼分析模式，我們便可應用這些基礎傳播概念來解讀媒體文本所要傳達的多元訊息。

第二節　媒體文本的解讀策略

經過前面章節的閱讀，大家都理解媒體的資訊並非全面的反映眞實世界，媒介眞實不等於社會眞實。媒體訊息都是經過複雜的篩選、包裝、選擇與組合，所以訊息的呈現已經受到訊息產製者、編輯、媒體主管、廣告商、財團、政府、網民、公民團體、政黨等力量的影響。

從第四章媒體產權的論述可發現，媒體所有權對於媒體內容產製的影響。媒體文本從一開始就被埋入特定的意識形態或價值觀，所以解讀媒體多元訊息的第一個策略就是釐清誰是傳播來源（source）。

傳播來源是個人或組織？是否具專業性？是否可信可靠？這是閱讀媒體文本第一個思考的問題。

之前網路上流傳一則關於林志穎兒子 Kimi 到法國旅行，正巧碰到當地舉辦讀書節，林志穎就帶著 Kimi 留下來參加比賽；第一週結束 Kimi 就讀完 3 本書法國童書，卻遭圖書館人員勸退，因爲 Kimi 拼命讀書而不是享受書本樂趣的態度會帶給其他孩童壓力。林志穎本來準備讓 Kimi

拿第一名的，在了解讀書節是鼓勵孩子享受讀書樂趣的目的後，就帶著Kimi 離開，也體會眞正的閱讀不是爲了成績、賺錢、考試等功利目的。[7]

這則新聞戳到華人文化「讀書考試謀功名」的痛點，在不同網路平台瘋狂轉載，使得林志穎不得不請律師出面澄清，那是一則假新聞。[8]

這則新聞被上傳到許多網站，現在就以《天天要聞》網站上的新聞做說明。從傳播來源來分析，《天天要聞》並不是一個專業的媒體組織，也不是大家熟知的機構，可信度及專業性令人質疑；其次該文沒有作者，也就是傳播來源不明，其訊息內容的正確性值得合理懷疑。常理判斷，有機會報導林志穎與 Kimi 正向勵志的文章，先不管是不是獨家，都是記者的重要「業績」，誰會讓作者欄空白？

其次的解讀策略是觀察訊息內容（message）。這則 Kimi 訊息的內文說林志穎原本帶 Kimi 到法國旅行，「恰好」趕上讀書節，就決定留下來二星期；又說 Kimi 在一星期就讀完 3 本法國童書。顯示讀書節原本不在旅程規劃，是碰巧遇到的；通常國外旅行都是事先規劃，更何況林志穎的演藝事業十分忙碌，竟然可以臨時多停留法國二個星期，難道有錢就可以這麼任性嗎？顯然不合常理。Kimi 懂法文、讀法文書也同樣令人驚奇。從內容來解讀，此則訊息的眞實性也令人存疑。

接下來的解讀策略可以從傳播通路（channel）著手。這則新聞出現在網路上不知名的網站（俗稱的內容農場），不僅未出現在電視、報紙或雜誌等其他媒體，甚至也未出現在網路上的專業或主流網站。這件事情如果眞的帶給林志穎深切的省思，他應該在自己的臉書、微博、粉絲團或官網上發布；又或者會透過媒體採訪釋放訊息，絕對不會交由不知名的網站來傳播。網路的匿名性及去中心化，成爲謠言散布的溫床，網路訊息的解讀需要格外謹慎。

簡單從上述三種解讀策略來分析，即可看出這則訊息的眞實性極低，

7 https://daydaynews.cc/zh-tw/entertainment/171080.html

8 參考 https://www.mygopen.com/2016/03/kimmy.html

果然是則假新聞，而且是高明的假新聞。再從接收者的元素來分析，傳播者知道林志穎與 Kimi 有廣大粉絲關注，透過他們高知名度的連結，可以快速觸達大量接收者；再加上這則主題挑選適切，不僅可以引起粉絲的關注，也是許多父母或教育人士感興趣的議題，可以在短時間製造高流量的點閱率。

最後我們從製碼（encoding）的角度來分析。作者精心挑選林志穎及 Kimi 為文章的主角，除了林志穎的高人氣，重點是出道多年所建立的正向明星形象，以及《爸爸去哪兒》節目所建立的開明慈愛父親形象，還有親切、平易近人的氣習；而 Kimi 天真無邪的萌樣，更是擄獲許多長者及未婚男女的喜愛。意即林志穎及 Kimi 的組合擁有擄獲老中青三代粉絲的潛力，是點閱與流量的保證符號。故事以遠在歐洲的法國為場景，除了挪移法國先進文明的價值為標竿之意，另有距離遙遠、求證不易，讓此事一時不易被揭穿的用意。最高明的是，編造親子及社會大眾都會關心的讀書議題為內容，花費心思的「製碼」技巧，果然賺到大量點閱率。

從上述訊息的轉發數及點閱數來看，經過精心製碼的內容，的確容易吸引閱聽眾的注意；同時也提醒閱聽眾在接收媒體文本時，需要「多想一點」，善用傳播來源、傳播內容、傳播通路及製碼技巧等元素進行解讀，才不會被預藏在媒體文本中的優勢意義所左右。

接下來我們就以大家熟悉的幾則媒體文本探討性別與階級等議題的解讀。

第三節　有關性別與階級文本的解讀

一、關於性別文本的解讀

「香車美人」，汽車廣告搭配女友、女兒或太太，車展年輕漂亮的 show girl，汽車海報姿態撩人的模特兒……，這是大家很熟悉的場景。一定有人納悶：爲什麼汽車總會和女生連結在一起？

幾年前國內一家汽車廣告的旁白是這樣說的。

男友：年輕時，女友是裝飾品；過了幾年，女友變必需品；直到認定就是她了，才知道，她是我要照顧一輩子的珍藏品。

女友：什麼時候變得這麼貼心啊？

男友：心，進階了，就讓進階高科技的XXXX（車名），陪你進階新人生。[9]

廣告一開始的畫面出現在保齡球館，男友帶著女友參加朋友聚會。男友介紹漂亮女友給朋友、獲得讚賞之後，就把女友晾在旁邊，自己與朋友玩得很嗨。接下來場景換到居家客廳，男友看電視螢幕打電玩，女友忙著清潔打掃。之後畫面變成車內空間，女友在副駕駛座睡著，男友貼心將冷氣風量調小，溫柔的說著，心進階了，如同進階版的車子一般，將女友視爲一輩子的珍藏品。接下來就是車子的廣告與性能說明。

廣告播出之後，不僅獲得大眾關注、帶動銷售；根據調查，廣告的「文字、旁白與觀點」還獲得 65% 受訪者的認同，贏得當時受測廣告的第一名。[10]但也有網友發現廣告背後的性別不平等。

從傳播元素來解讀，廣告影片的傳播來源（source）是汽車公司委託廣告公司製作；因這款汽車屬入門基本款，訴求的對象（receiver，也就是這款汽車設定的消費者）是年輕人，所以設定的敘事內容（message）是愛情（大部分年輕人關注的議題），俾引起接收者注意，也可以降低解讀時的干擾，避免誤差。處處可看出製碼的用心思考。

值得關注的是，廣告表面是男友成長了、心進階了，懂得照顧與珍惜女友，如同進階版的新車，可以提供車主更好的設備與功能。但實質上，

---

9 https://www.youtube.com/watch?v=uz6T9Zw9Vi0&list=PLr68WFESxX3KaZLox4miC1vdj9Oebw2It

10 請參考《動腦雜誌》http://www.brain.com.tw/news/articlecontent?ID=13696&sort=

女友自始至終被男友物品化，從一開始的裝飾品、必需品到珍藏品，都暗示女生是男生的附屬物品，男友才是主體。再從三個階段的場景來看，女友一開始出現在保齡球館，接著是自家客廳，然後是汽車內；當女友與男友的關係越親近密切時，女生就從開放公共空間退縮到私人封閉空間，變成男友個人的珍藏品。廣告中顯示的是男強女弱、男主外女主內、生活主權掌握在男生的不平等社會。現實生活中，女生也不是永遠的被動角色：被展示、被介紹、被認定，還要任勞任怨。

雖然有部分的閱聽眾在接觸廣告時，接受廣告主所賦予文本的意義，屬優勢解碼的類型；但是仍有部分接收者站在對抗性符碼的位置，並不認同汽車業者所提供的意義，反而自行拆解廣告主所呈現的文本，並給予相反意義的解讀，形成對立式解碼。例如網友球洛德的解讀：[11]

> 年輕時希望自己有個漂亮的女友可帶出去炫耀，讓你感到榮耀體面……這時女友是你的裝飾品；
> 後來人有了生理上的需求，加上結婚後有傳宗接代的任務……太太自然而然成爲必需品；
> 老婆老了，先生不再理她，老婆的命運就好像被擺在櫥窗或保險櫃內的東西一樣……黃臉婆成了珍藏品。

心理師 Rachel 在部落格裡大聲疾呼：[12]「您看了不會覺得不舒服嗎？女孩從頭到尾都不是主體，而是被展示、被期待要『賢慧』，以及被肯定的客體，這實在是大開性別平等的倒車，大量複製了父權時代的性別角色……。」

---

[11] 取自 https://m.mobile01.com/topicdetail.php?f=37&t=1323114&p=3

[12] 取自 http://blog.udn.com/counselorNo1/3556906

二、有關階級文本的解讀

「階級」議題也經常出現在各類媒體文本，新聞報導偏愛階級落差所引發的衝突性，例如「富家女下嫁窮小子」、「臺灣貧富差距創新高」、「中產階級買不起房」、「窮忙族——新貧世代」、「富二代、官二代」、「上流社會」、「下層階級」等。不只是新聞喜愛階級議題，戲戲、電影與廣告更常以階級為文本內容，好比大家熟悉的偶像戲《流星花園》道明寺和杉菜的階級差距、《貧窮貴公子》、《小資女孩向前衝》、韓劇《上流社會》等；即使廣告也處處可見階級意識的刻板印象。

「保力達 B」是被廣泛討論的勞動者飲料，該飲料自 2003 年起，每年至少拍攝一支年終賀歲廣告。廣告影片中的主角都是來自農、林、漁、工等一級產業的基層勞動者，他們的勞動型態雖然不一樣，但影片中所傳達的勞動者心聲卻是一致的，十多年來沒有改變。

在網路上可找到保力達 B 的廣告影片超過 50 支，從 2003 年到 2017 年，每年 1 支賀歲廣告片，還有鋼鐵、漁港、建築、木材等勞動者的影片，訴說相同的基調：勞動者要安分認命、認眞工作、勤勉打拼、不畏風雨、不怕操、不埋怨、不計較，明天的力氣還要自己準備——保力達 B。

閱聽眾反應這些影片說出了基層勞動者的心聲、廣告質感非常好、吳念眞的口白非常誠懇、形塑勞動者為社會盡心盡力的堅持……；[13] 但是也有閱聽眾認為這些廣告影片不道德，吳念眞協助富人賺窮人的錢，不只因為吳念眞的巨額酬勞來自勞動者口袋，鼓勵勞動者喝這瓶藥酒式的飲料，是否違害勞動者的健康？[14]

前者接受傳播來源的優勢製碼，解讀的意義與製碼者一致；後者卻是發展出對抗式解碼，得到與傳播來源不同的意義。十多年來的傳播，保力達 B 已成為全民皆知的勞動者飲料，品牌形象及口號「明天的力氣——

[13] 取自 http://read-ad.blogspot.tw/2017/03/b.html

[14] 取自 http://blog.udn.com/henrytang/10816215

保力達B」也深植人心。這支廣告形塑什麼樣的勞動者形象、鼓吹什麼勞動者價值，就變得很重要。我們再以傳播來源（source）、訊息內容（message）、傳播通道（channel）及接收者（receiver）等傳播過程重要元素來分析階級的解讀。

（一）傳播來源的分析

有關傳播來源的分析，必須先釐清，這支廣告的來源是誰？答案很清楚，當然是保力達B公司。保力達B公司出資拍攝影片，除了行銷飲料之外，站在公司經營的資方立場，影片還有教育的功能。大家可以想像一下，如果你是公司經營者，最想要什麼樣的員工？當然是任勞任怨、認眞負責、歡喜做甘願受、不埋怨、不計較的辛勤員工。沒有資方希望員工是愛爭取權益、要求合理薪資、舒適工作環境、良好福利制度的「抗爭型員工」。所以影片中塑造埋頭苦幹的勞動者形象是爲了維護資方的利益，而不是爲了勞動者的權益。

（二）訊息內容的分析

釐清傳播來源是資本家的事實，就很容易理解十多年來不曾改變的訊息內容（message）。資方的價值觀，透過不同的勞動者形象與吳念眞很有fu的口白，一次又一次的被鞏固與增強，成爲民眾腦海中的勞動者價值。於是當大家成爲勞動者時，之前反覆播送的勞動者形象，不知不覺成爲腦海中遵循的模範角色。於是任勞任怨、辛勤打拼、不抱怨、不計較、歡喜做甘願受等符合資方權益的價值，成爲其他人對勞動者的刻板印象，也成爲勞動者自我期許的信念。結果，多年之後勞動者還是勞動者，資本家還是資本家，因爲勞動者安分守己、不貪妄、不要求，也就缺乏階級流動的動力與機會。

大家再試想另一種情形，如果廣告影片的傳播來源是勞動者，訊息內容會如何呈現？可以預見，影片會考量勞動者的權益，傳播勞動者的尊嚴、專業、貢獻等充滿希望與關懷的價值，不會一面倒地要求勞動者歡喜做甘願受、任勞任怨。

（三）傳播通道及接收者的分析

至於傳播通道（channel）的解讀，因爲產品訊息的接收者很明確，就是勞動者，而電視正是勞動者接觸最多的媒體之一，保力達B也成爲少數每年還持續製播電視廣告的公司。

媒體文本有許多類似的、以老闆利益爲價值出發的階級意識形態，新聞、戲劇節目、綜藝節目或廣告均可能出現，需要大家用心解讀，不要被優勢符碼控制了。

多元解讀的議題除了性別與階級之外，種族與年齡也是當下社會的熱門話題。

第四節 種族與年齡文本的解讀

一、種族文本的解讀

臺灣有種族歧視嗎？

2017年初爆發兩件與種族有關的假冒身分事件。先是紀錄片《灣生回家》的作者陳宣儒假冒日本人；[15]接著是藝名「海倫清桃」的越南籍新住民阮菁桃假冒臺越混血。[16]兩件事情都鬧得沸沸揚揚，並遭到公眾指責、撻伐與質疑；但也有輿論認爲這兩件事都與種族歧視有關。在臺灣一直存在「日本人比臺灣人受重視」、「臺灣人又比越南人受重視」的普遍性概念，使得道道地地的臺灣作者陳宣儒要假冒爲日本人田中實加、土生土長的越南人卻要假造有臺灣血統的混血兒。

媒體瘋狂追逐兩位當事者，極盡全能地戳破當事者建構的假象與謊言，僅少數報導觸及當事人說謊的原因。《商業周刊》記者評論：「這兩

---

[15]《自由時報》https://news.ltn.com.tw/news/life/paper/1068325

[16]《中時電子報》http://www.chinatimes.com/realtimenews/20170108002695-260404

則新聞事件……完整無缺地映照出整個臺灣社會的當代精神樣貌，整個媚強凌弱欺善怕惡的集體心靈。背後告訴我們的事：臺灣就是充滿歧視的國家」；[17]文史工作者管仁健認爲，海倫清桃說謊的背後是因爲臺灣人對於越南的歧視。[18]

2015 年臺北市政府慶祝婦女節活動，市長柯文哲說：「外籍新娘不是已經『進口』30 萬了嗎？怎麼還有這麼多男生沒結婚？」爭議言論，隨即引發公民團體抗議。柯市長不僅商品化女性，也歧視嫁入臺灣的外籍女子。不只是柯市長，媒體習慣使用「外籍新娘」或「外配」（外籍配偶）一詞指涉來自東南亞地區或中國大陸的女子，用「洋媳婦」指涉來自歐美各國；儘管這些女子都有共同的身分：「和本國籍男子結婚的非本國籍女子」，但媒體卻給了她們不同的名字。同樣的情形出現在「非本國籍的勞工」，媒體喜好使用「外勞」或「外籍勞工」指涉膚色比我們深的東南亞各國移工；面對歐美各國在臺灣的勞動工作者卻統稱「外籍人士」，隱藏白種人不可能是勞工的優越意涵。

仔細深究媒體對不同種族的「冠名」，可以往前追溯到更早之前，媒體對原住民族稱「山地人」、「山胞」、「番仔」等歧視的名稱。現今在媒體上仍見以貶抑方式開原住民玩笑的情形；例如主持人陶晶瑩（陶子）之前在節目中訪問具原住民身分的歌手或來賓，總喜歡模仿原住民說話的腔調，怪聲怪腔，有強化大眾對原住民族的刻板印象及偏見，遭到社會大眾的批判。[19]

這種以嘲諷、貶抑或獵奇的心態來呈現不同與我族的其他種族，流露出不同程度的「種族中心主義」（ethnocentrism）。種族中心主義是指將自己族群的生活文化、行爲模式、價值信仰、道德規範等，視爲唯一合理的形式；相信自己所屬的種族及文化較爲優越，並以此標準作爲判斷與評

---

[17] 王宗偉，http://www.businessweekly.com.tw/article.aspx?id=18806&type=Blog

[18] http://news.ltn.com.tw/news/life/breakingnews/1941826

[19]《自由時報》http://ent.ltn.com.tw/news/paper/188753

價他人的依據。同時傾向將其他文化視為整體性的怪奇、特異和非道德，忽略團體內部的多元差異，因此容易形成刻板印象。例如我們對於拉丁美洲人「熱情洋溢、嗜愛足球舞蹈、樂觀浪漫」的片面印象；卻忽略「拉丁美洲人」包含西班牙及葡萄牙的後裔、當地原住民、歐洲後裔與原住民的混血兒、非洲的黑人及世界各國移民等。

媒體的本位主義表現在種族議題，類似種族中心主義的表現。例如本國媒體對於外國移工、新住民與原住民的再現，隱隱浮現優越的「我族」與次等的「他族」；但是若由「我族」來傳播「我族」，即可避免種族中心主義的偏見與歧視，於是族群媒體（ethnic media）成為各國落實多元文化傳播政策的具體實踐。我國在 2003 年與 2005 年分別成立客家電視台與原住民族電視台，由族群自我的觀點來再現族群的文化歷史與信仰價值，避免他族的中心主義觀點無法客觀呈現我族的面貌。

因此，面對種族（race）或族群（ethnicity）的議題時，需要先知道媒體或訊息來源的立場，才能拆解潛藏在訊息內容的價值觀與意識形態。最重要的是秉持「尊重」、「包容」的同理心，以及開放的心態，面對種族之間的差異，不斷地互相對話與溝通，才能促進種族文化之間更深入的認識與交流，迎接多元文化社會的到來。

二、年齡文本的解讀

除了對種族的偏見，高齡族群的訊息再現也引發討論。

臺灣的媒體工作者大多是年輕人，特別是第一線的採訪記者，平均年齡在30歲上下，[20]所以有人說臺灣媒體是年輕的霸權。依據聯合國的定義，65 歲以上人口占全體人口的 7% 為「高齡化社會」，若提高到 14% 則是「高齡社會」，從 14% 再提高到 20% 以上，則是「超高齡社會」；

[20] http://ccis.nctu.edu.tw/word/06_%E5%8F%B0%E7%81%A3%E8%A8%98%E8%80%85%E9%83%A8%E8%90%BD%E6%A0%BC%E7%9A%84%E6%80%A7%E5%88%A5%E5%B7%AE%E7%95%B0.pdf

臺灣老年人口在 2021 年 2 月達 16.21%，早已進入高齡社會。[21] 相較二十多歲的青春洋溢，65 歲以上確實是「老」，因此常見媒體稱呼五、六十歲爲「半百老翁、半百老嫗」。事實上，老化是非常異質、個人化的過程，現今醫學與科技進步，許多人到了五、六十歲仍然年輕有活力，不能一概而論。

值得注意的是，根據 NCC 公布的《電視使用行爲及滿意度調查報告》，[22] 60 歲以上族群平均每天收看電視 4.06 小時，是最常看電視的年齡層；其他相關研究也顯示，高齡族群使用手機、電腦等新媒體的比例逐年升高，顯示媒體對高齡族群的生活具有重要影響。

雖然高齡者每天使用媒體的時間非常長，但目前國內的電視節目顯少以高齡者爲目標閱聽眾，絕大部分的手機遊戲也未以高齡者爲主要訴求對象。如何發掘高齡者的需求，善用傳播科技，開發製作適合高齡者的媒體內容，爲臺灣高齡觀眾打開新視野、翻轉舊生活、與「活躍老化」相連結，進而透過節目內容滿足高齡者食、衣、住、行、娛樂與學習的需求，是現代社會的當務之急。

第五節 拆解不實訊息及辨識假新聞

假新聞（fake news）不是新名詞，從 google trends（google 搜尋趨勢）可清楚看到，2018 年是「假新聞」在臺灣的熱搜高峰期。[23]

2016 年美國總統選舉及 2018 年爆發的「劍橋分析」事件，[24] 讓許多國

---

21 https://www.ris.gov.tw/app/portal/346

22 NCC https://www.ncc.gov.tw/chinese/files/17100/3500_36044_171006_1.pdf

23 https://trends.google.com.tw/trends/explore?date=all&geo=TW&q=%2Fg%2F1210rwkh

24 詳見本書第十二章第三節。

家把打擊假新聞列爲優先處理的議題。2019 年瑞典哥德堡大學針對政治體制與民主運作進行大規模的跨國調查，即 V-Dem（Varieties of Democracy）計畫的進行；該計畫調查的 179 個國家中，臺灣是「遭受外國假資訊攻擊」程度的第一名，且遙遙領先第二名。[25] 因此，如何拆解不實訊息是全民必備的素養能力。

一、假新聞和不實訊息的特徵

假新聞或不實訊息具有共同特徵，有人借用火三角（fire triangle）概念來說明。所謂火三角概念是指點燃火需要三種元素：熱量、燃料和氧化劑（如氧氣），且必須以適當的比例組合才能發生火場。構成假新聞與不實訊息也有重要的三要素：動機、社群網路、工具與服務。[26]

所謂動機是指假新聞或不實訊息的製造與傳布是達成目標的一種手段，訊息本身並不是最終目的。大部分的目標與政治或意識形態有關，也可能與商業及經濟利益有關。而假新聞或不實訊息若是缺少社群網路，等於小鳥沒有翅膀，不可能快速且大範圍的傳散，也就不可能存活在訊息大量流動的資訊社會；社群媒體可以快速輕易地讓來自不同國家的用戶彼此連接，也成爲培育假新聞與不實訊息的最佳溫床。至於工具與服務指涉的是多元的網路平台與分眾化的社群媒體，提供成本低廉的訊息傳遞機制，讓假新聞及不實訊息可以藉由平台提供的各式工具或服務傳送出去。

另一種假新聞三要素的說法是我國政府於 2018 年提出的「惡、假、害」定義，也就是出於惡意、虛僞假造、造成危害的不實訊息，才有法律問責的必要性，而非毫無限制、什麼都要管。[27]

歸結來說，假新聞或不實訊息是針對某些目標閱聽眾、被刻意撰寫出

[25] https://buzzorange.com/techorange/2019/04/16/fake-news-attack/

[26] https://www.trendmicro.tw/cloud-content/tw/pdfs/security-intelligence/reports/the_fake_news_machine.pdf

[27] https://www.storm.mg/article/698350

來，以吸引並符合讀者的某種需求，再透過網路平台提供的工具及服務，在社群媒體大肆傳散，以達到影響政治或獲取經濟等的實質目的。

二、假新聞與不實訊息的類型

時任國際非營利組織「First Draft」研究中心主任的 Claire Wardle 發表多份有關假新聞與不實訊息的報告，她認爲首先要釐清假新聞（fake news）、不實訊息（disinformation）與錯誤訊息（misinformation）的差異；以及了解當前訊息生態系統的三個要素：正在創製和共享的不同類型的內容、創作此內容者的動機、傳播這些內容的方式。[28]

Wardle認爲不實訊息不全然是以「新聞」的形式進行傳播；使用「假」這個語詞也無法適用於所有的不實訊息，例如記者因一時筆誤或不查或編輯錯誤而傳播的訊息（也就是內容有誤但並沒有惡意的「錯誤訊息」）。此外，近來「假新聞」一詞已成爲政治人物攻擊不同立場媒體的武器。因此使用「不實訊息」一詞比假新聞包容性更大，但同時都指出此則訊息不僅是內容有誤，且是有企圖的故意傷害特定對象的行爲。

不實訊息的類型與樣貌很多元，Wardle 綜整之後，提出七種常見型態，依其造假的程度排序如下：

（一）諷刺或模仿（satire or parody）——沒有惡意但可能誤導大家的訊息；例如2021年4月臺鐵發生50人死亡的太魯閣號事件，臺鐵局長出缺三個月未補，網友推薦立委王定宇接任，因爲他能做到出軌但不出事。[29]

（二）不實的連結（false connection）——標題、圖片或圖說無法支持訊息內容；常見的殺人式標題、圖文不符的看圖說故事等，都屬於此種類型。

（三）誤導性的內容（misleading content）——誤用訊息來描述事件或個

---

[28] https://firstdraftnews.org/latest/fake-news-complicated/

[29] https://newtalk.tw/news/view/2021-04-07/560116

人；例如各國開打AZ疫苗後陸續出現副作用，歐盟藥品管理局發表聲明，認爲血栓是AZ疫苗「非常罕見」的副作用。[30]媒體刊出「打AZ疫苗嚴重血栓」、「AZ釀血栓」等的報導，即是誤導性的訊息。

（四）不實的情境（false context）——眞實的內容被放置在錯誤的情境；例如近年經常出現某類農產品過剩的報導，將過去的舊照片放在新的事件中。

（五）冒名頂替的內容（imposter content）——眞實的來源被假冒；例如媒體爲了擴張事件的影響力，或者提升訊息的可信度，使用假裝成專業權威人士的發言。

（六）操縱的內容（manipulated content）——眞實的訊息但被惡意操縱來欺騙接收者；例如2018年蔡英文總統在南部勘察水災，被批評「乘雲豹裝甲車不涉水」的假新聞事件。[31]

（七）虛構的內容（fabricated content）——百分之百造假的新內容，無中生有，是故意設計來欺騙或傷害的；例如2016年中國網軍造謠「重大爆料：蔡英文或爲李登輝墮胎！十三億中國人都驚呆了」。[32]

面對鋪天蓋地而來的不實訊息，大家在這個後眞相的年代，該如何辨識、防堵，進而阻止假新聞的擴散呢？網路上有許多教導民眾辨識不實訊息的方法，例如趨勢科技前瞻威脅研究團隊提供 6 種辨識不實訊息的徵兆。[33]

1. 誇張聳動、讓人忍不住想點閱的標題，可能爲惡意「點擊誘餌」

---

30 https://www.cna.com.tw/news/firstnews/202104070373.aspx

31 https://news.ltn.com.tw/news/politics/breakingnews/2531591

32 https://tw.appledaily.com/headline/20170126/CORGI74IQK5QZGIZFI7NQB3PPE/

33 https://www.trendmicro.tw/cloud-content/tw/pdfs/security-intelligence/reports/the_fake_news_machine.pdf

2. 可疑的網站地址，可能冒充眞實的新聞網站

3. 內容出現拼字錯誤或網站版面不正常

4. 明顯經過刻意修圖的照片或圖片

5. 沒有附註發布日期

6. 未註明作者、消息來源或相關資料

《親子天下》提供三步驟：（一）眼見不一定爲憑，人工智慧與科技的進步，讓僞造技術越來越高明，有圖不見得有眞相；例如「深假」（deep fake）。（二）分享前再想一下，查證後再行動。（三）養成查證的好習慣，釐清這則訊息的「資訊履歷」，包含訊息的日期是最近還是很久遠、是否有作者具名、發布訊息的媒體具可信度嗎、照片或圖片是否有作者姓名、內文的消息來源是否可信等。[34] 也就是需要掌握四不一要：不要只看標題、不慌張、不按讚、不分享、要查證。[35]

歸結上述建議及網路流傳的各種辨識假新聞的方法，可以明顯看到，不管是哪一種作法，都無法脫離本章第一節所提到的傳播元素：訊息來源（Source, S）、訊息內容（Message, M）、傳播管道（Channel, C）與接收者（Receiver, R）等元素的檢視。

結語

從媒體的產製過程來看，每一則訊息的呈現都是經過複雜的製碼過程，而非自然而然地反映客觀事實；傳播者本身的立場與價值觀、組織文化與利益、社會需求與輿論，以及政府法令規章等外在因素，都可能影響訊息內容的產製，因此媒體文本所蘊含的意義並不簡單。

雖然文本的創製極度複雜，但傳播過程中的訊息來源、訊息內容、使用的媒體管道、接收對象、製碼方式等元素，都可應用於媒體文本（包含假新聞與不實訊息）的分析解讀。閱聽眾透過訊息來源的釐清、製碼方式

34 https://feature.parenting.com.tw/109fakenews/

35 至於查證的機構有臺灣事實查核中心、MyGoPen、Cofacts等，詳見第十二章。

的拆解、所使用的傳播通路分析與訊息目標對象的區辨，即可較明確地解讀媒體內容，發展出獨立思考的批判能力，免於被媒體霸權宰制，擁有接收媒體訊息的獨立性與自由度。

媒體爲了商業利益或政治影響力，經常選擇傾向傳播來源的價值觀，如偏袒媒體擁有者、廣告主或其他團體等；閱聽大眾必須從無聲被動接收的角色，轉爲主動且具批判性的公民。所有事物的呈現不會只有一種觀點，也不會只有單一價值，訊息的解讀不應定於一尊，大家都應懷抱尊重與包容的同理心態，讓多元異質的聲音不會被特定的媒體勢力所抹滅。

1. 如何應用傳播活動8個基本元素，來分析你與朋友或父母之間的溝通行為？再思考自己是傳播者或接收者時，如何進行有效的溝通？
2. 什麼時候你會出現「對立性解碼」與「優勢解碼」的溝通行為？請試著以傳播元素來解釋為什麼會發生這種現象。
3. 接收訊息時，你會特別注意訊息來源的哪些特質？例如專業性、時效性……，為什麼？
4. 媒體中涉及性別議題的文本非常多，請舉出你認為呈現得宜與偏頗的媒體內容，並說明觀點。
5. 臺灣已進入高齡社會，媒體對於高齡者的形象再現是什麼？媒體為何採取這種觀點？

主體動能

第10章 ▶▶▶ 媒體傳播權與媒體近用權

學習目標

- 了解媒體近用權之定義與發展脈絡
- 了解有線電視公用頻道之發展概況
- 了解臺灣實踐媒體近用權的實務現況

前言

不知道臺灣有多少民眾知道，只要具備簡單的影音製作能力，每個人都可以自行拍攝影片，介紹自己家鄉及家族的歷史，或分享家鄉的私密景點，甚至討論社區應立即解決的重要問題等，拍攝完成後，他就可以向當地的有線電視系統申播這些自行拍攝的影片，第四台業者就必須安排在有線系統第三頻道，即公用頻道的某個時段播出。最重要的是，因爲這是透過立法的法定權利，除非影片內容有違相關法律，例如裸露或猥褻，以及涉及政治及商業資訊，否則業者不得拒絕民眾的申請，也就是一定要播出，這就是當年1993年《有線廣播電視法》通過立法來保障的人民近用媒體的權利。也就是說，早在1993年《有線廣播電視法》立法完成時，有關公用頻道媒體近用條款即已經存在，

但是到底有多少人知道這條法律的存在嗎？有多少人了

解自己擁有近用媒體且不受限制的媒體近用權呢？在 2010 年 NCC 委託傳播學者對臺灣民眾進行的電話調查結果顯示，只有不到兩成（18.3%）的受訪者知道或聽過公用頻道，[1] 即便到 2020 年，根據臺灣媒體觀察教育基金會的民意調查結果顯示，還是只有一成多（13.1%）的民眾知道或聽過公用頻道。[2] 即便將相隔十年的兩項調查結果做比較，未必就可以斷言說，知道公用頻道的人越來越少，但至少可以證明，知道公用頻道存在，了解自己擁有媒體近用權的人依然非常少。

有趣的是，曾有某縣市政府進行的民眾意見調查發現，有近三成五的民眾知道或聽過公用頻道，知曉度超高，但其實事後分析，可能是因爲多數民眾把公用頻道誤認爲公共電視頻道，才會有如此高的知曉度。但不管一成多或三成多，推動近三十年媒體近用權後，公用頻道的知曉度還僅是如此，這正顯示公用頻道的知名度與使用度仍相當低落，更突顯出臺灣媒體近用權的在地實踐還有很大的努力空間。

整體而論，媒體近用權是人民的基本傳播權利，但是卻沒有多少人知曉，更不要說有多少人會去實踐這項權利，而作爲媒體近用權實踐平台的公用頻道，更是鮮爲人知。本章將從介紹媒體近用權的源起及定義開始，然後討論媒體近用概念的發展脈絡，以及探討臺灣實踐媒體近用權的實務現況，最後分析臺灣用以落實媒體近用權的公用頻道的發展與困境。

第一節　媒體近用權的定義與源起

大眾媒體在民主社會的重要性在於，它建構一個能自由討論公共議題

1 陳炳宏、蔡炯青（2010）。《有線廣播電視系統公用頻道使用概況調查》。臺北：國家通訊傳播委員會委託研究案。

2 臺灣媒體觀察教育基金會（2020）。《108 年閱聽人電視使用行爲及滿意度調查報告》。臺北：臺灣媒體觀察教育基金會。

的公共論壇，以形成開放的公共領域，而公共領域正是自由民主社會中培養積極主動的社會公民所不能或缺的場域。不過當前民主社會用以保障言論自由的機制並不周延，大多只是在保護媒體及它的擁有者（媒體老闆）的言論自由，卻未顧及社會大眾表達意見的自由。因此民主國家應該要強化民眾自由接近大眾媒體以表達意見的言論自由，因爲這才是媒體近用權的眞義。

一、媒體近用權的源起與發展

1791 年美國憲法第一條修正案明訂，國會不得制定剝奪言論自由或出版自由的法律；此後在 1948 年聯合國〈世界人權宣言〉（Universal Declaration of Human Rights）第十九條明訂，人人都有「經由任何媒體」尋求、接受及傳播消息及思想的自由，即言論自由應超越個人或人際層次，而個人或社會不同群體都有權通過媒體來表達意見，此項條文將言論自由的主張與表達意見的管道「大眾媒體」相結合，強調透過大眾媒體表達意見對言論自由規範的重要性，被視爲是提升言論自由規範層次的媒體近用權的起源。[3]

聯合國〈世界人權宣言〉公布後，美國法律學者巴儂（Jerome A. Barron）延伸此論點指出，美國憲法第一修正案強調保障言論自由的主張其實並不周延，因爲那只是在保護媒體及其老闆的言論自由，但卻未顧及社會大眾表達意見的自由，顯見第一憲法修正案的主張是不足夠，應該還要強化民眾接近大眾媒體的言論自由（rights of access to the media）才對，因此他主張政府應立法保障人民的媒體近用權。[4]不過巴儂在 1967 年提出

---

3 馮建三（2002）。〈人權、傳播權與新聞自由〉。《國家政策季刊》，1(2)：117-142。
劉忠博、蔡欣怡（2009）。〈從世界人權宣言第十九條出發：傳播權文獻蒐集與分析（1948-2008）〉。《新聞學研究》，98：245-274。

4 Barron, J. A. (1967). Access to the press-A new First Amendment right. *Harvard Law Review*, *80*, 1641-1678.

的媒體近用主張主要是針對民眾近用報紙（印刷媒體）的自由，如讀者投書、表達意見、購買廣告版面等，並未涉及廣電媒體，直到他在 2003 年發表的論文才談及廣電媒體，包括有線電視系統之公用頻道。

二、媒體近用權的定義

「媒體近用權」可界定爲「針對傳播媒體通路規定應提供特定人使用、傳播特定內容，或提供特定人、特定內容優先使用者」。[5]司法院大法官會議第 364 號解釋書稱「接近使用媒體的權利」係「指一般民眾得依一定條件，要求傳播媒體提供版面或時間，許其行使表達意見之權力而言，以促進媒體報導或評論之確實、公正」。[6]

進一步分析，若依媒體特性與近用類型來區分，新聞學者蘇蘅認爲與報紙有關的近用權有答覆權（the right to reply）、讀者投書（letters-to-the-editor），以及付費刊登評論廣告（paid editorial advertisement）等三種；而與廣播及電視有關的近用權則有機會均等原則（equal opportunities rules）、公平原則（the fairness doctrine），以及合理使用頻道原則（reasonable access rule）；[7]若從近用權的法理內涵來區分，媒體近用權則可區分爲所有權近用、內容近用、頻道近用，以及普及服務等四類。[8]

如前所述，1967 年巴儂基於公共近用理念所提出的媒體近用權，是一種與以往不同、積極的言論自由權，是美國憲法第一修正案所賦予的權

[5] 石世豪、鄭瑞城、劉靜怡（1999）。《傳播媒體結構管制規範類型化之研究》。行政院國科會年度專題研究計畫案成果報告。

[6] 張永明（2009）。〈傳播生態變遷下的傳播自由與媒體責任〉。《月旦法學》，170：43-57。

[7] 蘇蘅（2000）。〈公民 vs. 消費者—媒體近用與普及服務〉。《傳播與法律系列研討會（八），千禧傳播法制的回顧與前瞻，主題二：我國傳播法制跨世紀發展趨勢》，頁 2-2-1～2-2-42。臺北：政治大學傳播學院研究暨發展中心。

[8] 洪貞玲（2006）。《從近用媒介到近用網路 —— 數位時代的近用權政策研究》。行政院國科會年度專題研究計畫案成果報告。

利，而基於意見自由市場的理念，透過媒體提供自由的接近使用，即爲憲法保障言論自由的源頭。[9] 美國傳播學者貝狄金（Ben H. Bagdikian）在回應巴儂提出「近用媒體」的概念時指出，「近用」的重要原則在於，自由社會裡每個人的聲音都應該有被公平聽到的機會，這即是指民眾接近使用大眾媒體的權利。[10] 準此，不管巴儂或貝狄金，他們的論點都強調大眾媒體在民主社會中的重要性，因爲它能建構一個自由的公共論壇，以形成開放的公共領域，而公共領域正是自由民主社會中培養積極主動的社會公民所不能或缺的場域。[11]

引申來說，民眾近用媒體的容易程度與言論自由的保障程度有密切關係，亦即如果媒體是由少數人或集團所壟斷，其實就談不上媒體近用或言論自由，但如果社會大眾越容易近用媒體，則相對表示該社會的言論自由程度越高。[12] 簡言之，倡導公民的媒體近用權者是因爲有感於意見自由市場的失靈，因此爲維護憲法第一修正案所保障的言論自由權，特主張公眾的媒體近用權應受保障；也就是說，「近用媒體」的權利正是民主社會中個人與群體所傳播的資訊與觀點得以多元化呈現，以及所有資訊都可以自由交換與獲取的保證。[13]

---

9 蘇蘅（2000）。〈公民 vs. 消費者——媒體近用與普及服務〉。《傳播與法律系列研討會（八），千禧傳播法制的回顧與前瞻，主題二：我國傳播法制跨世紀發展趨勢》，頁 2-2-1～2-2-42。臺北：政治大學傳播學院研究暨發展中心。

10 Bagdikian, B. H. (1969). Right to access: a modest proposal. *Columbia Journalism*, *8*(1), 10-13.

11 洪貞玲（2006）。〈國家管制與言論自由〉。《廣播與電視》，26：51-75。Hoynes, W. (1994). *Public television for sale: Media, the market, and the public sphere*. Oxford: Westview Press.

12 陳一香（1999）。〈媒介多元化意涵之初探〉。《新聞學研究》，58：141-169。

13 Gillmor, D. M., Barron, J. A., and Simon, T. F. (1998). *Mass communication law: Cases and Comment* (6th ed.). Belmont, CA: Wadsworth Publishing Company；Hamelink, C. (2003). Statement on communication rights: Vision and context.

三、媒體近用權的實踐情形

此外就近用權的理念層次發展來看，媒體近用權的在地實踐，可從司法院大法官會議第 364 號解釋看出些端倪。雖然我國對於近用權法律規範日增，但商業媒體勢力主導的媒體表現及作爲仍無法符合公民社會近用與民主的要求，而且公民近用傳播資源的概念仍然低落。再加上隨著傳播科技發展與媒體數位匯流等趨勢，民眾的媒體近用權益不僅不會因此而自動獲取更多的保障，反而更需要完善的法規制度以確保其媒體近用權的具體落實。

例如世界資訊社會高峰會（the World Summit on the Information Society）不斷討論數位時代的媒體近用權，以及強調各國在發展數位媒體的同時，更應重視媒體近用權法規制度的修訂等議題。[14]因此簡言之，從民主政治的發展、公民社會的建立、近用媒體的推廣、閱聽眾權益的保障，以及傳播產業發展全球化、集團化、集中化等發展趨勢各面向來分析，推廣媒體近用理念，實踐媒體近用權、落實公用頻道功能，以確保民眾媒體近用權益等行動，對傳播研究與媒體實務發展而言，其重要性實不應被忽視不言可喻。

綜合前述各論點，媒體近用權的宣示，除可提高傳統言論自由理念的層次，更進而保障民主社會中公民自由近用媒體的權利，達成言論自由主張的落實。不過資深新聞學者陳世敏認爲英文「access」實際包括「接近」與「使用」兩個不盡相同的概念，「接近權」是間接的、有限度的；「使用權」則是直接的、不受限的。他認爲，「接近權」是指民眾以間接的、有限度的方式改變媒體內容，通常包括答覆權與更正權兩類；「使用權」是指民眾有權直接經營媒體，或自行製作內容無須顧慮新聞事業一般專業

World Forum on Communication Rights. Retrieved December 1, 2006, from http://www.communicationrights.org/statement_en.html

14 洪貞玲（2006）。《從近用媒介到近用網路——數位時代的近用權政策研究》。臺北：行政院國科會年度專題研究計畫案成果報告。

規範。[15]簡單來說，媒體接近權是比較被動的、相對消極的，但媒體使用權則是主動的、相對積極的使用媒體，層次不同，主張不同。

長期以來，雖然各平面媒體讀者投書版的民眾媒體接近權已被確立，但民眾投書內容是否符合媒體的立場，是媒體考量是否刊登的標準。不僅如此，連媒體工作者即便是客觀報導，其言論還是得受制於媒體老闆的意識形態，有時就會發生記者出走的情況，因此各界還是批評言論自由只屬於媒體老闆，而不屬於記者及讀者的。[16]另外讀者投書充其量也只是媒體接近權的消極實踐，談不上是積極的媒體使用權。因此當影響力更廣大的電子媒體盛行後，民眾對電視媒體的積極使用權的落實與規範便益受矚目，本章下一節即要介紹目前臺灣唯一立法保障用以落實民眾媒體近用權的有線電視系統公用頻道。

第二節 公用頻道：發展與困境

接著本節將說明公用頻道的法規源起、立法歷程與發展困境，以及介紹美國公用頻道發展概況以作對照。

一、規範媒體近用權的法規

由於規範平面媒體的《出版法》已在 1999 年遭廢止，目前有關臺灣明訂民眾有接近使用媒體權利的法規有《廣播電視法》、《有線廣播電視法》、《衛星廣播電視法》及《公共電視法》等。若根據學者陳世敏的區

15 陳世敏（1992）。〈新聞自由與接近使用媒介權〉。收錄於翁秀琪、蔡明誠主編，《大眾傳播法手冊》，頁 219-248。臺北：政治大學新聞研究所。

16 相關報導可見彭慧明（2012.8.15）。〈不幹了！中時再傳主任、記者出走〉，《聯合報》，第 A7 版。

沈育如（2012.8.20）。〈旺中案／黃肇松：老闆手伸進媒體　如打假球〉，《聯合報》，第 A9 版。

分標準，多數法條是規範「接近權」，例如《廣播電視法》第二十三、二十四條，[17] 以及《公共電視法》第四十三、四十四條。[18] 至於有關「使用權」部分，《公共電視法》第十一條提到公共電視「提供公眾適當使用電臺之機會」，以及第三十六條強調公視節目製播「應提供社會大眾及各群體公平參與及表達意見之機會」，雖然兩條文的「使用」與「參與」二詞感覺是「使用權」的意涵，但由於未有明訂觀眾參與節目製作，或自行製作節目以供播出的相關配套措施，務實視之，其宣示性應大於實質性。

因此當前媒體法規中，可具體落實民眾的媒體「使用權」者，應該只剩《有線廣播電視法》第四十一條「系統經營者應無償提供一個以上公用頻道供政府機關、學校、團體及民眾播送公益、藝文、社教等節目」的條文，[19] 即有線電視系統應設置「公共近用頻道」（public access channel）的

---

17 第二十三條對於電台之報導，利害關係人認為錯誤，於播送之日起，十五日內要求更正時，電台應於接到要求後七日內，在原節目或原節目同一時間之節目中，加以更正；或將其認為報導並無錯誤之理由，以書面答覆請求人。前項錯誤報導，致利害關係人之權益受有實際損害時，電台及其負責人與有關人員應依法負民事或刑事責任。第二十四條廣播、電視評論涉及他人或機關、團體，致損害其權益時，被評論者，如要求給予相等之答辯機會，不得拒絕。

18 第四十三條對於電台之報導，利害關係人認有錯誤者，於播送之日起十五日內得請求更正。電台應於接到請求後十日內，在原節目或原節目同一時間之節目或為更正而特設之節目中，加以更正，或將其認為報導並無錯誤之理由，以書面答覆請求人。因錯誤之報導，致利害關係人權益受損時，公視基金會及電台相關人員應依法負民事或刑事責任。第四十四條電台之評論涉及個人、機關或團體致損害其權益者，被評論者得請求給予相當之答辯機會。前項答辯請求權之行使及救濟方法，準用前條之規定。

19 第四十一條系統經營者應無償提供一個以上公用頻道供政府機關、學校、團體及民眾播送公益、藝文、社教等節目；公用頻道之規劃及使用辦法，由中央主管機關定之。系統經營者提供之公用頻道不得有下列行為：一、播送有擬參選人參加，且由政府出資、製作或贊助之節目或廣告。二、播送由政府出資、製作或贊助以擬參選人為題材之節目或廣告。三、播送受政府委託為置入性行銷

法源依據。

簡單說，推廣公用頻道以落實媒體近用權主要是基於以下四項理由：

（一）言論自由（freedom of expression）：希望可以透過設置公共近用頻道，以確保不同意見得以經由電視媒體來表達。

（二）媒體教育（media education）：希望透過設置公共近用頻道，以提供社區民眾及團體學習使用電子媒體的機會。

（三）社區主義（localism）：希望透過設置公共近用頻道，可使社區意識得以經由此一溝通管道而實踐。

（四）公共服務（public service）：希望透過設置公共近用頻道，可提供全國性電視台所缺乏，且眞正屬於社區的知識性、教育性及文化性的節目內容，以落實社區媒體的公共服務機制。

二、媒體近用權的立法歷程與發展困境

有關臺灣媒體近用權的立法歷程，雖然60年代美國學者已提出相較言論自由更具體的媒體近用權論述，但臺灣在1976年制訂的第一個廣電法規《廣播電視法》卻還是只有媒體接近權而缺乏使用權（如前述），直到1993年立法院通過《有線電視法》第二十三條（現爲第四十一條）明訂，有線電視業者必須免費提供十分之一以上頻道作爲公益性、藝文性、社教性等節目使用，才正式確立有線電視系統必須設置由民眾提供節目內容而不得拒絕的公用頻道的法源，成爲臺灣首部具體規範民眾直接使用媒體權的法令。

有了這條法令後，有線電視觀眾已不再像報紙讀者或無線電視觀眾一樣，只有要求表達意見的版面或時間的「接近媒體權」；相反地，閱聽眾及社區團體皆擁有向有線電視系統要求時段，以免費播出他們所提供的節目內容的「使用媒體權」，除極少數裸露或猥褻等違反相關法令的內容

之節目。四、播送受政府委託但未揭露政府出資、製作、贊助或補助訊息之節目。五、播送商業廣告。

外，系統業者只能以先來後到的方式接受且不得拒絕使用；另外社區民眾及團體更可要求有線電視台針對他們拍攝節目之需要，提供攝影棚、器材、人員、技術，甚至教育訓練等協助，同樣地，業者也不得拒絕。

因此整體而言，《有線廣播電視法》第二十三條的通過，對長期處於任人宰制的媒體閱聽眾而言，可說是革命性條款，能讓觀眾從完全被動的弱勢地位，轉而主動爭取表達意見的空間，且不會被拒絕。而《有線廣播電視法》是當前唯一明確訂定觀眾有權取得電子媒體時段並可自行決定其播出內容的相關法令，亦是臺灣廣電媒體政策維護公共領域（public sphere）責任的表現。

也就是說，立法規定有線電視系統應設立公用頻道以落實民眾媒體近用權的規範基礎即在於，民主社會發展過程中，多元的意見都應該可以自由地透過大眾媒體來充分表達與討論，但長期以來主流大眾媒體卻極度限制言論與意見的多元呈現，甚至被媒體老闆所壟斷，所以民主社會應透過公用頻道的機制，使電視媒體得以對社區民眾開放，進而使民眾的意見得以充分表達，最終將有助於民主社會中，公民參與機制的建立與推廣。因此有學者認爲，利用有線電視系統設置公用頻道，是線纜傳播科技發明所能提供給人類的最偉大貢獻之一。[20]

不過雖然公用頻道條款立法已近三十年，但是根據政府機關、公民團體、學者專家等各類有關電視產業或民眾電視滿意度調查都顯示，歷年來民眾知道或聽過公用頻道的比例都「非常穩定」，大約只有一到兩成左右的頻道知曉度（如本章前言所述），顯示公用頻道的知名度與使用度仍相當低，更突顯出臺灣媒體近用權的在地實踐還有很大的努力空間，所謂徒法不足以自行就是這個道理，並不是立法後，就能解決民眾近用媒體的需求。例如學者檢視臺灣媒體近用權的在地實踐概況發現，雖然臺灣已有明

[20] Meyerson, M. J. (1981/1982). The First Amendment and the cable television operator: An unprotective shield against public access requirements. *COMM/ENT: A Journal of Communications and Entertainment Law, 4*(1), 1-66.

文規定有線電視系統公用頻道的設置，但在社會面的實踐則頗爲有限，一方面固然是因爲來自公民的媒體意識與素養亟待生根，另一方面也在有線電視系統業者的利潤前提考量下，無法加以拓展。[21]

另外若從觀眾權益的角度來看公用頻道制度的建立，在當前媒體掌控閱聽眾腦袋裡的外在圖像的時代，民眾所能努力的目標，大概只是盡力使自己成爲「耳聰目明的閱聽人」而已，但是如果民眾有機會可以從被動接收訊息的閱聽眾，轉換角色成爲主動產製訊息內容的製作人；也就是說，如果能透過有線電視系統讓社區民眾及公民團體使用公用頻道，「強迫」媒體業者提供服務公眾的頻道空間，讓民眾可以有自主的發聲管道，進而建構眞正屬於公眾的公民論壇的話，那才是眞正在實踐哈伯瑪斯（Jurgen Habermas）提倡公共領域的理想，這樣公用頻道才能發揮眞正的效用。

但是如同前述說徒法不足以自行的道理一樣，理想歸理想，眞正的媒體近用權如何能落實與實踐，主動權好像還是掌控在媒體老闆的手上，也就是說如果媒體業者意願不強，或對法規虛以委蛇，即便政府有立法，還是無法獲得具體成效。當然媒體近用權無法落實也未必單一歸責於業者，其影響因素還是很多的，不一而足。爲了可以知己知彼，以下從最早發展公用頻道的美國開始說起。

三、美國公用頻道的發展概況

表面上看，美國公用頻道的發展相當蓬勃，亦受到相當的矚目，但其實還是存在著許多的問題或可能發生的問題，這些問題包括：

（一）收看觀眾很少：由於公用頻道主要內容是由民眾所自主提供，又不得加以篩選，導致內容品質不一，且播出時段不定，通常無法事先提供節目時間表，以致無法讓觀眾養成固定收視的習慣，加上公

---

[21] 曾國峰（2003）。〈寬頻競爭時代的傳播權：論臺灣普及服務、近用權與數位落差政策〉。《第一屆數位傳播國際學術研討會論文集》，頁 1-20。嘉義：中正大學傳播學系暨電訊傳播研究所。

用頻道社區近用內容的議題大多是針對小眾，且有點「盍各言爾志」，因此觀眾相當有限。不過面對這樣的狀況，支持者還是認爲，公用頻道觀眾的多寡應該不是重點，重點應該在於如何強化公用頻道作爲地方論壇的功能，頻道營運應著重在民眾能自主近用，而不是在於有多少觀眾。

（二）節目來源有限：對多數民眾而言，要從被動的節目接收者變成主動的節目產製者會是一段相當長的路程，有些人可能因爲不知道或沒興趣，有些人可能因爲不懂如何使用，導致不知或無法近用，或者根本不具備影音內容產製能力，原因不一而足，也就造成公用頻道內容大量不足。因此爲確保公用頻道節目的質與量，有線電視業者應舉辦推廣活動或節目製作課程，以及推動媒體素養教育，以鼓勵社區民眾及團體自行產製節目，使公用頻道的節目不會無以爲繼。

（三）民眾認識不足：整體來看，民眾參與度不夠的情形相當普遍，這個問題癥結在於民眾與團體對公用頻道認識有限，甚至不認識；其次，這跟有線電視業者是否積極鼓勵與推廣也有關係。因此系統業者與社區團體都應致力推廣公用頻道的理念與功能，才能落實法規的美意。

四、發展公用頻道的主要困境

檢視臺灣發展現況，探討公用頻道的文獻資料並不多，學術性論述更是少見，除少數碩士論文外，其餘幾乎付之闕如。原則上來說，前述討論美國發展公用頻道所產生的四個問題，臺灣一樣都有；另外，就臺灣在地研究來看，有論文研究原臺南縣（合併爲臺南市前）有線電視系統公用頻道的角色後發現，地方政府積極介入公用頻道的經營（例如提供節目或要求播出特定內容），加上系統業者也棄社區媒體功能於不顧，成爲政商結構中互謀其利的共犯。其次研究者同時發現，許多縣市的公用頻道皆如此，已經淪爲地方政府（有時其實是縣市首長）的政令宣導平台，此現象對落實媒體近用權是一大傷害，導致公用頻道發展前景堪憂。[22]另有研究分析臺北市公用頻道內容提供者的類型後發現，節目提供者過度集中在少數擁有資源的申請單位上，弱勢族群相對缺乏參與近用的機會，因此如果期待它成爲公共論壇，這理想實際上並未能實現。[23]此外，當有研究分析新竹振道有線電視系統公用頻道的節目後發現，頻道節目不僅重播比例很高，並且以播出系統業者自製的節目爲主，甚至在選舉期間出現藍綠的政治宣傳影片，缺乏眞正由社區民眾近用的頻道內容。[24]

綜合前述研究結果顯示，當前臺灣公用頻道及媒體近用權在地實踐的主要問題包括擁有資源者主導公用頻道，以致節目內容及近用者類型不夠多元，並無法建構眞正的公共論壇；另外公用頻道宣導不足，民眾對媒體近用權的資訊及知識很有限；最後則是地方政府企圖把持公用頻道，視其爲政令宣導的機器，並企圖與有線系統業者形成政商結構，藉此謀取政經利益，其實這樣的縣市並不算少。

最後不管是在美國及臺灣，整理當前推廣公用頻道以落實民眾媒體近用權的主要困境包括：

（一）觀眾稀少：播出時段不定、議題過度小眾。

（二）內容有限：缺乏來源、品質不一。

（三）頻道被把持：少數人使用、來源多樣性不足。

（四）民眾參與少：民眾對媒體近用權及公用頻道的認識都不夠、業者缺乏鼓勵民眾近用的機制。

（五）系統業者（集團）不支持：因爲無法有獲利，且不得從事商業行

22 宋金燕（2006）。《地方有線電視台公用頻道參與公共事務之探討》。國立中山大學公共事務管理研究所碩士論文。

23 江雅慧（2004）。《我國有線電視系統公用頻道節目內涵之研究——以臺北市公共頻道爲例》。國立政治大學廣播電視學研究所碩士論文。

24 陳主宏（2008）。〈「公用頻道」運作之近用權分析——以新竹振道有線電視公司爲例〉。《玄奘資訊傳播學報》，58：141-169。

爲，導致業者不願多投入人力及財力資源。

（六）各級政府的干預：不管地方或中央，有政府機關會要求公用頻道撥時段給政府單位或縣市首長使用。

（七）商業企圖無所不在：有些商業團體會想透過公用頻道來達成其免費商業宣傳的目的，因此會假借社團的名義來近用公用頻道，以致無所不用其極到濫用。

（八）管理機制的確立：公用頻道該由有線系統自行經營，還是乾脆委外經營？如果委外，該委給誰？這些都是公用頻道經營的嚴肅問題。

（九）智慧財產權的疑慮：如果民眾近用的內容有使用未經授權的影音例如背景音樂等，是否應該因內容非商業用途且未獲利，而得以免除智慧財產權的適用，以便在公用頻道上播出？目前智慧財產相關法規並未把公用頻道內容納爲排除適用的對象，媒體近用精神和智慧財產法規的衝突有待解決。

（十）網際網路的挑戰：電視已經不是年輕世代接觸外界人事物的管道，加上網際網路及數位科技的發達，近用媒體對年輕世代是一件輕而易舉的事，包括各式各樣的社群媒體、網路平台，及網路直播機制，年輕人如果有話要說，不用大費周章地利用公用頻道來表達。

第三節 媒體近用權之在地實踐[25]

爲檢視臺灣規範民眾媒體近用權法規被實踐的實況，本章作者曾執行一項公用頻道使用調查，本節將介紹這項研究及其成果，讓大家了解臺灣公用頻道的發展現況與問題。

---

[25] 本節主要內容取材自陳炳宏（2012/12）。〈由有線電視公用頻道檢視電視使用權的在地實踐：50 年來臺灣媒體近用權的反思〉。《中華傳播學刊》第 22 期，頁 99-130。

這項研究主要在透過分析全臺灣有線電視系統公用頻道的近用節目，來了解當前公用頻道播出節目的內容、類型、來源，及其內容提供者（即近用者），以了解誰在近用媒體，近用媒體的內容爲何？藉此來了解媒體近用權在地實踐的概況，並進而描繪當前媒體近用的內容類型與近用者的圖像。

各項研究主要發現分述如下：

一、有線業者成為最大的近用者、個人近用的比例過低

根據研究發現，有三分之一以上的公用頻道時段是播出有線電視系統業者自行提供的節目，即經營公用頻道的有線電視系統業者本身就是最大的公用頻道節目近用來源；其次第二大近用者是「政府機關」，其提供的節目時間占約三成；接著第三大近用者是「人民團體」，約占近四分之一左右，但主要來自四大團體，這四個團體的近用比例共占所有人民團體近用總量的近八成左右，成爲最大宗的民間團體節目來源；最後，最渺小的近用節目來源是「個人」，播出時間僅占 0.12%，跟前三大近用者相比，近用節目量根本微不足道。各項播出次數與時間詳見下表 10-1 。

結果顯示，如此近用來源的傾斜分布，實在不符合公用頻道強調公眾近用的設立精神。業者的高度近用，有可能只是便宜行事，也有可能起因於民眾近用數量不足，但不管如何，都不符合有線廣播電視法立法保障民眾媒體近用權的基本精神，因爲業者及政府大量的近用結果，勢必削減其他近用者的近用意願，而且地方政府高度近用公用頻道的行徑，除有利用公共論壇進行政治宣傳之嫌疑外，更會排擠民間團體及社區民眾接近使用社區媒體的權益。

因此研究結論強調，業者應積極推廣公用頻道，鼓勵民眾近用，如此或可降低自己的近用比例，以及提高民眾的近用可能性。例如當系統業者消極面對宣導媒體近用的義務時，便會發生民眾近用集中在四大團體上，造成用（公用頻道）者恆用，不用（公用頻道）者恆不用的結果。不過目前問題的癥結應該還是在於，有線電視系統業者願不願意編預算去推廣及

表 10-1 節目來源的播出次數、時間及比例　　時間單位：分鐘

		系統台	
		播出次數	播出時間
節目來源	中央行政機關	16,774（6.70%）	711,717（5.90%）
	地方行政機關	57,620（23.01%）	2,565,070（21.25%）
	學校	4,929（1.97%）	252,900（2.10%）
	人民團體	60,017（23.98%）	2,755,752（22.92%）
	節目供應事業	28,585（11.41%）	1,432,156（11.89%）
	個人	411（0.16%）	13,980（0.12%）
	系統業者	82,018（32.76%）	4,321,307（35.86%）
總和		250,355（100.00%）	12,052,942（100.00%）

資料來源：研究者自行製表

與經營只會花錢不會賺錢的公用頻道？這時主管機關國家通訊傳播委員會便需制訂相關規範與獎勵機制，以鼓勵業者將資源投入在公用頻道之經營上。

另外如果說，財團介入媒體經營成爲擁有者後，各界批評新聞自由已成爲媒體老闆專屬權利；而透過分析實踐媒體近用權的公用頻道節目內容也可發現，媒體近用權還是掌控在媒體自己手上，甚至在政府機關手上，都跟閱聽眾的媒體近用權益無關。那麼媒體近用權立法何用？而觀眾的媒體近用權益如何確保？一個缺乏多元言論自由管道，缺乏近用媒體自由的國家，如何建構其民主政治機制、打造公民社會？這些都是這項研究結果後續可再進一步探究的議題。

二、節目來源與類型不符合頻道內容多元原則

另一個與節目來源有關的問題是，節目來源的多樣性不足，因爲多數人不知道可以使用，知道者就可大量近用，導致公用頻道常被少數團體或個人所把持。這個問題從公用頻道存在的本意來看更爲嚴重，因爲如果內容來源不足且多元性又不夠的話，公用頻道便會變成少數人的頻道，這不

僅有違公用頻道設置的目的，對社區或業者更是一大挑戰，因此目前在臺灣有些有線電視系統都有限制單一來源的播出時間數。例如臺北市公用頻道協會制訂的「臺北市有線電視公用頻道使用規則」第四條規定，申請人可得使用公用頻道的時間長度，一週內以使用 7 小時為上限；同一日內連續使用，不得超過 3 小時。

本研究針對個人近用的節目內容類型來分析，詳見下表 10-2。

表 10-2 各類型節目播出次數、時間比例

節目類型	播出次數	播出時間
藝術文化節目	63.26%	65.67%
電影戲劇	20.92%	18.45%
社區資訊	13.38%	11.80%

根據上述結果，個人在近用公用頻道時，主要以「藝術文化節目」、「電影戲劇」及「社區資訊」等三類節目作為近用的內容，總和超過九成以上，此亦顯示個人近用的節目類型也是相當單一且集中。

三、節目內容無法突顯公用頻道鼓勵多元近用的精神及訴求

研究結論指出，公用頻道內容貧乏集中的主要原因有兩個，首先是民眾對公用頻道欠缺普遍認識，遑論能進一步實踐媒體近用權，加上申請者寡，系統業者僅能以大量重播，以及用自製節目塡滿所有頻道時段；其次因為缺乏公平參與及合理使用機制之設計，目前各系統台經營公用頻道的原則是，除少數明顯涉及商業、政治之節目內容外，業者對於近用內容幾乎來者不拒，同時採行先申請先使用的原則，造成少數團體大量近用且長期占用公用頻道的現象，嚴重影響公用頻道應呈現多元內容的基本角色與功能。另外，也許是基於多一事不如少一事的經營心態，多數系統業者在公用頻道的營運上，都採取最低限度的經營規模，因此缺乏積極鼓勵近用

的公開宣傳策略，導致民眾知道公用頻道的比例相當低，那就遑論民眾會知道如何近用媒體。

結語

評估目前有線電視公用頻道的整體表現顯示，當前臺灣公用頻道的營運與績效，實已背離原先有意透過公用頻道的設置以實踐媒體近用權的立法精神及原意，導致即便《有線廣播電視法》明訂媒體近用權，有線電視系統需設置公用頻道，但迄今電視觀眾還是只能被動接受媒體訊息，而無法主動利用電視發聲，應違背落實媒體近用的初衷與理想。

若將本研究結果對照美國發展公用頻道困境後發現，兩者頗多類似景況。例如美國相關文獻顯示，美國推動公用頻道碰到的問題，如觀眾少、節目來源有限、頻道被把持等問題，都與臺灣類似，不過有關政府近用的問題，因爲美國有些地區公眾近用與政府近用有些地區是分開不同頻道，不像臺灣會發生政府占用公用頻道的情事。

這個現象反映兩個值得臺灣思考的問題，一是公用頻道該有幾個，如果一個近用都不足了，增加又有何用？但如果只能有一個，如何區隔公眾、教育及政府等近用比例，則是臺灣值得思考的問題。其次，如果將歷年來有關公用頻道的研究做個比較後不難發現，其實公用頻道的問題還是繼續存在，如同它的知曉度一樣，還是沒有任何改變。早期傳播學者吳宜蓁研究結論認爲，[26]頻道內容來源很有限，後來諸多研究（主要是碩論，請參見文獻探討一節）亦發現，公用頻道主要是系統業者的自製節目，不然就是少數團體或地方政府提供的節目。因此，這些問題都是長期存在於公用頻道，以致媒體近用權目前看來僅是口號，有無落實也無人聞問，這

[26] 吳宜蓁（1996a）。《有線電視公益頻道規劃與社區意識的提昇》。臺北：電視文化研究委員會。
吳宜蓁（1996b）。〈「媒介接近使用權」的實踐——初探我國有線電視公益頻道的規範與問題〉。《傳播文化》，4：19-32。

些都已到需要檢討與改革的地步。

此外，網際網路與數位科技發展迅速，當年輕世代透過社群媒體或網路平台，隨時可以上傳自己想要與他人分享的資料與資訊，這時候被歸屬於舊世代產物的電視媒體，有否設立公用頻道，是否還有人在意？是否還有當年它必須存在的利基原因呢？這些質疑都讓公用頻道存在的價值不斷受到挑戰。但是平心而論，媒體近用權基本意涵是讓民眾在各種可能的情況下，都有近用媒體以表達意見的機會，如果以這個觀點視之，有網路平台及社群媒體讓年輕世代有機會隨時表達意見，從媒體近用權的角度來看，當然是好事；但如果公用頻道可以繼續存在，而只是讓不用網路的族群，甚至讓民眾可以近用媒體的平台，多一種選擇、一個機制，那麼公用頻道一定要因爲網路的發展，導致年輕世代的忽視或不使用，就必須被迫消失或裁撤嗎？多一種讓民眾可以近用媒體的管道或平台，這樣沒有存在的價值嗎？這樣有什麼不好嗎？這些論辯意見都值得各界多加思考。

最後也是做與不做的問題，不是能不能做的問題，那就是公用頻道內容受《著作權法》限制的問題。雖然智慧財產權應該受尊重及重視，但如果能基於非營利事實及鼓勵近用權的推廣，公用頻道的節目內容是否可以免除著作權的適用，如同教學及學術用途的排除條款一樣，那應該可以讓更多民眾可以更大膽地使用影音資料去表達意見，落實建構公用頻道成爲表達意見的公共論壇的理念。但目前這個爭議對於兩個主管機關，包括NCC及經濟部智財局而言，並未見到任何想解套的措施或行動，各界只能繼續拭目以待。

其實在未能解決智財權爭議前，有意願利用公用頻道的民眾還是可以透過「創用CC」[27]的機制，去取得產製公用頻道節目所需的免費影音資

[27]「創用CC」指Creative Commons所發布的公眾授權條款，以及它所提倡的創作共用理念。Creative Commons是一個非營利組織，發布一套眾人可以自由使用、關於著作使用的授權條款，稱爲「創用CC授權條款」（Creative Commons Licenses）。目前《著作權法》規定，著作的任何使用，一定要事先取得

料，[28]目前包括中央研究院，[29]或者公共電視[30]等，以及許多大學的教學資源網等網站，[31]都有提供創用 CC 免費授權的影音資料，有意產製影音節目、公用頻道播出的民眾都可以多加利用。

第十章 思考問題

1. 有近用過媒體嗎？是哪些類媒體近用？你個人最喜歡近用哪一類媒體？為什麼？你覺得這些媒體跟公用頻道的近用有何不同？
2. 如果你具備拍攝能力與設備，你會願意拍影片上傳公用頻道嗎？願意或不願意的原因是什麼？
3. 你會如何建議有線電視業者推廣公用頻道以落實法定的媒體近用權？
4. 你覺得部落格、社群媒體、網路直播都算是落實近用媒體的傳播權嗎？你覺得是或不是的理由是什麼？

著作權人同意；不過一項著作若採用了創用 CC 授權，在遵守授權條款的前提之下，所有人都可以自由地重製、散布與利用這項著作，不用再另行取得著作權人的同意。著作採用創用 CC 授權，可以降低它在流通、使用上的法律障礙；經由創用 CC 的授權方式，眾人可以更方便地使用彼此的著作。

28 中央研究院資訊科技創新研究中心（2021）。〈什麼叫「創用 CC」？〉，《臺灣創用 CC 計畫》，上網日期：2021 年 4 月 21 日，取自：http://creativecommons.tw/faq/1

29「臺灣創用 CC 計畫」受中央研究院支持，並在資訊科學研究所及資訊科技創新研究中心執行，現已完成階段性的任務。CC 授權條款在臺灣的推廣使用，之後將由「開放文化基金會」協調組織的「CC 臺灣社群」進行。

30「公視創用」，網址：https://cc.pts.org.tw/

31 例如勤益科技大學教學資源中心，網址：http://erc.ncut.edu.tw/files/15-1032-38419,c3819-1.php

5. 有人說，現在網路科技很發達，隨時可上傳（Po）文字及影片，已經不需要公用頻道了，你同意這個說法嗎？你同意或不同意的理由是什麼？

第 11 章 ▶▶▶
公共媒體

- 了解臺灣發展公共媒體的脈絡
- 了解臺灣公共媒體的角色困境
- 了解臺灣公共電視台的經營問題
- 了解臺灣公共媒體體制的發展困境

前言

2016 年 11 月國家通訊傳播委員會（NCC）通過客家委員會申設「講客廣播電台」，該電台在 2017 年 6 月 23 日開播。「講客廣播電台」係根據《廣電法》第五條「政府爲特定目的」可設立公營廣播、電視事業的條文，以及 NCC 修正通過《廣播事業設立許可辦法》，規定「公設廣播事業」的申設條件而合法成立的，但《廣電法》第五之一條又明訂黨政軍退出廣電媒體，意謂黨政軍均不得經營廣電媒體，「講客廣播電台」在這些看似互爲矛盾的法條規範下突然成立，難免就引發外界對於黨政軍復辟介入廣電媒體經營的疑慮。

隨後 2017 年 12 月 9 日立法院三讀通過《客家基本法》修正案，第十七條明訂，政府應捐助設立財團法人客家公共傳播基金會，辦理全國性之客家公共廣播及電視等傳播事項。2019 年，爲落實憲法保障多元文化之精神、傳承客家語言及文化，辦理客家公共傳播事項，客委會依《客家基本法》制定《財團法人客家公共傳播基金會設置條例》，正式成立財團法人客家公共傳播基金會。[1]也就是說，目前臺灣除了以公視、華視、宏觀爲主的公廣集團，以及原住民族文化事業基金會（下轄原住民族電視台與原住民族廣播電台）外，另外又有一個新的公共傳播基金會的誕生。[2]

但問題是，臺灣已有公共電視基金會、原住民族文化事業基金會，現在再來個客家公共傳播基金會，臺灣需要成立這麼多個公共媒體基金會，以因應各種語言或族群的媒體需求嗎？難道設立一個公共廣電媒體集團來統籌即可，不好嗎？難怪前些時候，有推動臺語的民間團體亦要求成立臺語公共電視台，也許以後還會再出現臺語公共媒體基金會。

另外 2018 年 8 月 23 日當時擔任客家委員會主委、現任文化部部長的李永得在行政院院會報告「振興客語新策略」說，客委會將研擬成立財團法人客家公共傳播基金會與財團法人客家語言研究發展中心。其中客家公共傳播基金會原本規劃負責經營客家電視台、客家廣播電台，以及客語相關網路、出版業務，但因爲配合文化部訂定公共媒體法、推動大公廣集團，李永得當時承諾，未來客家電視台預算將由大公廣集團編列，暫不列入客家公共傳播基金會業務範圍，但這個「暫不列入」的承諾，當李永得從客委會主委變成文化部長後，客家電視台是否會想讓客家電視台從公廣

1 根據《財團法人客家公共傳播基金會設置條例》第四條規定，基金會設立時，原屬客家委員會之廣播電臺，其廣播執照及核配頻率應移轉供本基金會使用。亦即目前講客廣播電台屬客傳會所有。

2 資料參考自：(1) 林敬殷（2017.6.16）。〈客委會經營講客廣播電台　黨政軍退出媒體破功？〉，《聯合新聞網》（https://udn.com/news/story/11213/2527466）。(2) 吳欣紜（2017.12.5）。〈媒觀質疑客家電視定位　客委會發聲明〉，《中央社》（http://www.cna.com.tw/news/ahel/201712050362-1.aspx）。(3) 中央社（2018.8.23）。〈振興客語　客委會擬設傳播基金會與研究中心〉，《聯合新聞網》（https://udn.com/news/story/7314/3326161）。

集團一分子，再度變成政府媒體，尚有待觀察。

進入本章主題，簡單問，什麼是公共媒體？也許還有許多民眾連什麼是公共媒體都不甚了解，更遑論如何討論公共媒體的角色與功能了。本章將帶領讀者了解公共媒體的源起與發展背景、了解公共媒體的內涵與脈絡，以便了解臺灣公共媒體的實踐與發展，進而希望能夠讓民眾更加了解公共媒體，以及探討臺灣發展公共媒體體制所面臨的困境。

第一節　公共電視發展簡史

一、公共電視的起源

1962 年臺灣成立第一家無線電視台「臺灣電視公司」時，並未有廣播電視相關法規，到 1968 年教育部即邀集政治大學新聞系教授李瞻擔任召集人，著手研擬《廣播電視法》草案，而李瞻版本的電視制度乃參考日本 NHK、英國 BBC 及德國 ARD，即期待臺灣的電視能依前述各國的「公共電視」制度來規劃與發展。但是此議並未獲行政院納入草案版本，不過李瞻此舉被視爲是臺灣公共電視制度討論的源起。

1973 年，中國國民黨十屆五中全會上，陳立夫建議成立公共電視，後來五中全會通過決議，成立「改進電視專案小組」，由國家安全會議祕書長兼中國國民黨中央常務委員黃少谷擔任召集人；但是由於當時三家電視台（台視、中視、華視）的主要投資人都是這個專案小組的成員，他們也許並不樂見這樣的競爭者出現，這個專案小組最終並無法達成使命。直到 1980 年 2 月 6 日，行政院院長孫運璿在中小學教師自強愛國座談會上公開倡議，應在現有三台外，再成立公視台「負責製作沒有廣告的社會教育節目，以配合國家政策以及教育需要」。當年 3 月 8 日，孫運璿正式宣布政府辦理公視的決定。

1982 年 6 月，行政院新聞局成立廣播電視未來發展研究委員會，邀請學者專家研究如何設立一個「公共電視節目製作中心」，該委員會決定：將公共電視節目委由電視台、社團及有關文化、教育學術機構，或國內民間廣告、傳播業者承製，亦可選購國內外節目成品；週一至週五，每天播出三個 30 分鐘的公共電視節目；週六及週日，每天播出一個 60 分鐘的公共電視節目；分別利用原先的老三台（台視、中視、華視）夜間聯播時段及夜晚收播後延長播出，作爲公共電視節目時間。隔年行政院新聞局提出「公共電視節目製作中心」計畫草案，但因經費過高、人力龐大而擱置。1984 年 2 月，行政院新聞局國內新聞處設立公共電視節目製播小組（簡稱公視小組），徵用三台的時段播出公共電視節目。

二、公共電視籌委會成立

1986 年 12 月，公視小組被併入廣播電視事業發展基金並改名爲公共電視節目製播組（簡稱公視製播組），仍然徵用三台的節目時段播出公共電視節目。1990 年 5 月，依據行政院核定的《公共電視臺籌備委員會設置要點》，中華民國公共電視台籌備委員會（公視籌委會）成立，廣電基金卸下製作公共電視節目的任務。公視籌委會開始推動《公共電視法》的立法，以及公視建台的各項準備工作。但在這段期間，由於公視節目播出沒有專屬頻道，借用三台的時段經常被調動，不僅觀眾無法養成收視的習慣，亦影響觀眾收視權益。

另外一個比較值得注意的問題是，當年孫運璿提出成立公視台的想法是「負責製作沒有廣告的社會教育節目，以配合國家政策以及教育需要」，其實這個觀念比較接近政府電視台的營運模式，只是沒有受廣告影響，但還是很難說是獨立於不當影響力之外的公共電視台。雖然後來不同的公視研議組織也許有不同的建台想像，但當時臺灣的政治環境，仍然處於戒嚴時期，執政者是否眞想成立一個不受政治力控制的公共電視台，不無疑義。因此在這樣的政治背景與經營理念下，決定了最初公視的發展是由官方來主導，也導致公視成立後一直擺脫不了政治干預的命運。

三、公廣集團成形

1993年，行政院將《公共電視法》草案送交立法院審查；同年12月，《公共電視法》草案在激烈的辯論下通過一讀。隔（1994）年8月，《公共電視法》草案進入二讀，從此之後，歷經立法院五個會期的討論，草案仍然無法完成二讀。1996年9月，一群關心公共電視的學術、文化界人士組成公共媒體催生聯盟，結合各界支持公共電視的力量，力促立法院儘速通過《公共電視法》。到1997年5月31日，歷經民間鍥而不捨的遊說及立法院密集的政黨協商，立法院終於三讀通過《公共電視法》，但是附帶決議，要求公視在2002年7月以前不可製作每日即時新聞，這再度證明執政者對於不受政治力控制的公共電視台還是充滿疑慮的。

自從公視成立後，公共廣電媒體集團就成爲追求臺灣公共媒體制度者的一個理想目標，總覺得公共媒體應該要「大而壯」，而不是維持當初因黨政疑慮而妥協的「小而美」。因此爲配合民進黨首次主政時推動的黨政軍退出廣電媒體的廣電三法修法，[3]2006年4月中華電視台的大股東國防部及教育部爲遵守新修《廣電法》的規定，將持有華視的所有股權轉贈給公共電視基金會，華視正式納入公視系統，也讓公共廣電集團的想像邁出第一步。

接著公廣集團目標持續推進，原本由客委會及原民會委託民營媒體代爲經營的客家電視台、原住民族電視台，還有僑務委員會下轄的宏觀電視台，也都秉持新修廣電三法「黨政軍退出廣電媒體」的精神，在2007年1月正式加入公視系統行列，視爲公廣集團的雛形，不過後三者的經營還是維持著「官控公營」（就是政府編列經費，委由公共電視經營）的奇特模式，而也許正因爲這樣的奇特經營模式，導致後來原住民族電視台的出走，以及客家電視台留或不留的爭議，這些後續將會再深入討論。

[3] 《廣播電視法》第五之一條。

表 11-1 公共媒體發展歷程

年份	組織發展
1973年	成立「改進電視專案小組」
1982年	成立「廣播電視未來發展研究委員會」
1984年	設立「公共電視節目製播小組」
1986年	改名為「公共電視節目製播組」
1990年	中華民國公共電視台籌備委員會（公視籌委會）成立，廣電基金卸下製作公共電視節目的任務，公視籌委會開始推動《公共電視法》的立法
1996年	公共媒體催生聯盟成立，力促《公共電視法》通過
1997年	立法院三讀通過《公共電視法》
2006年	中華電視臺（原屬於國防部與教育部）正式納入公視
2007年	客家電視台、原住民族電視台，還有僑務委員會下轄的宏觀電視台，正式加入公廣集團行列

資料來源：作者自行整理製表

第二節　公共電視法：爭議的開端

自從 1997 年立法院通過《公共電視法》後，落實公共媒體治理的主要爭議也大多來自法規範內容，例如董監事該如何提名、如何選任？立法院審查公視董監事提名人的委員會該如何組成？同意權門檻的標準爲何？還有，是否該明訂公視年度預算的額度，以保障公共媒體的獨立自主？很遺憾的是，《公共電視法》已經通過超過二十年了，主管機關文化部甚至在 2018 年 9 月做了重大法案修正，提出擴大公共廣電媒體規模的《公共媒體法》（草案），但迄今又過了兩三年了，這些長年問題還是無法解決，《公視法》修正與公媒體改革只能繼續延宕。

《公視法》自從通過以來，主要修法爭議常聚焦在董監事的提名與選任，以及立法院審查委員的組成。1997 年第一版《公視法》第十三條規定，董事名額是 11-15 人，經由立法院根據立委人數比例推舉 11-13 位委員擔任公視董監事提名人資格審查小組，獲同意票數超過 3/4 者，則獲推舉爲公視董監事，經行政院長任命，正式成爲公視董監事。[4]雖然這樣的選任制度偶遭批評，例如要超過 3/4 審查委員同意才能擔任董監事，門檻是否過高？是否會造成多數服從少數（即 15 名委員中，只要有 4 人不同意，提名人就無法獲選任）？這條文雖迭受批評，但歷經十年倒也運作順利。

直到 2008 年當民進黨主政八年結束，再次輪替爲國民黨執政後，隔年（2009 年）國民黨政府立即提出《公視法》修正案，原本各界以爲此次《公視法》修法係爲解決董監事當選門檻的爭議，結果門檻標準沒動，還是 3/4，但董事人數則從 11-15 增加到 17-21 人，各界譁然。原來 2009 年修法主因在於，第四屆公視董監事是在 2007 年就任，任期到 2010 年，但當國民黨重新取得政權後，董監事因公視法任期保障而不得更換，因此主政的國民黨政府想出「稀釋策略」，亦即透過修法增加董事名額，原本只剩下不到 10 位董事（部分董事因不同原因請辭），但透過增加董事名額到最多 21 人後，國民黨新任命的董事名額便會超過原任名額，使得國民黨提名的董事超過前朝任命的董事。

該次修法被稱爲「稀釋條款」，不是眞的爲解決《公視法》的問題。故此舉被批評是國民黨政府企圖藉由公視董事席次的增加，便可不用逼退或改選而實質掌控公廣集團；不過根據當時負責修法的新聞局的說法是，

4 1997 年版《公視法》第十三條：公視基金會設董事會，由董事十一至十五人組織之，依下列程序產生之：一、由立法院推舉十一至十三名社會公正人士組成公共電視董、監事審查委員會（以下簡稱審查委員會）。二、由行政院提名董、監事候選人，提交審查委員會以四分之三以上之多數同意後，送請行政院院長聘任之。選任董事時應顧及性別及族群之代表性，並考量教育、藝文、學術、傳播及其他專業代表之均衡。董事中屬同一政黨之人數不得逾董事總額四分之一；董事於任期中不得參與政黨活動。

修法是爲增加公視董事成員的多元性，至於該次修法到底是稀釋或多元，各界解讀各異，但公視歷經政黨輪替導致的多年紛擾便從此而起，[5]例如從2009年公視董事會增額董事加入後，雙方開會總是劍拔弩張，新任董事甚至提案改選董事長，導致第四屆共產生過三位董事長，且雙方還到法院互告，讓董事會成爲戰場。

2010年公視第四屆董事會任期將屆，才修法短短不到一年，新聞局卻再度提出《公視法》修法，有意將董事會成員再由17-21人降爲13-17人，而更詭異的是，原本從未更動的3/4審查通過門檻卻也要跟著調降，從3/4降爲2/3。此次提修法原因有一說是，國民黨政府此舉是因爲，當時國民黨控制的立法院立委總數比例剛好超過2/3卻未達3/4，因此爲保證提名董監事可以順利通過，因此不僅調降董監事人數（這次新聞局的說詞是17-21位董事人數太多），也「順便」把審查通過比例調降。

然而公視董事會的紛爭並不因行政機關不斷提出修法而稍解。2012年3月行政院院會再度通過《公電法》修正草案，公視董事人數維持2010年調降的13-17，但立院審查通過門檻再度從原法案的3/4、2010年的2/3，再降爲1/2。不管是3/4、2/3，或者是1/2，提出修法者都沒有提供充分理由說明修法調降的用意何在？因此被外界認爲是執政者對公共媒體不肯鬆手的明證。

臺灣媒體觀察教育基金會電子報完整記錄與整理從2008年到2013年第四屆公視董事會的爭鬥血淚史：《五年公視爭議史話說從頭》，值得詳

---

[5] 相關論述請詳見：(1) 馬安奇（2012.4.3）。〈行政院版《公視法》修正出爐　媒改團體批短視〉，《目擊者》（http://mediawatchtaiwan.blogspot.com/2012/04/blog-post.html）。(2) 陳炳宏（2012.4.11）。〈機關算盡的公視修法〉，《蘋果日報》（http://www.appledaily.com.tw/appledaily/article/forum/20120411/34151511）。(3) 劉進興（2010.1.5）。〈公視事件—威權復辟與第二次民主運動〉，《南方快報》（http://www.southnews.com.tw/newspaper/00/0402.htm）。

閱。[6]另外審查委員會通過董監事獲任命比例從原先的3/4，到調降為3/2，最後再修改為1/2，其間奧妙也可參考陳炳宏（2012）略知一二。[7]

至於目前最新版公視董監事及審查制度的修法，則是在2018年由文化部修正《公視法》而提出的《公共媒體法》草案，董事名額回歸第一次版的11-15人，且廢止由立院各黨推舉審查委員的審查制，改由立法院針對公視董監事提名人，直接行使同意權，如大法官、監察委員、考試委員等任命案，由立法委員親自召開審查會進行質詢與審查。

有關從1998年來，歷次公視法有關董監事人數、審查委員名額，以及審查通過比例之修法，整理製表如下：

表11-2 《公視法》有關董監事人數、審查委員名額，以及審查通過比例之修法歷程

年份	董事名額	審查委員名額	通過比例	備註
1998	11-15	11-13	3/4	修正通過
2009	17-21	11-15	3/4	現行版本
2010	13-17	11-15	2/3	未通過
2012	13-17	11-15	1/2	未通過
2014	11-15	11-15	1/2	未通過
2018	11-15	（改由立法院直接行使同意權）	1/2	提出《公共媒體法》草案，[8]但尚未審查

資料來源：作者自行整理製表

6 林靖堂（2013.7.23）。〈五年公視爭議史話說從頭〉，《媒體觀察報》（http://www.mediawatch.org.tw/database-history/8162）。

7 陳炳宏（2012.4.11）。〈機關算盡的公視修法〉，《蘋果日報》（http://www.appledaily.com.tw/appledaily/article/forum/20120411/34151511）。

8 《公共媒體法》（草案）第十三條　公媒基金會設董事會，置董事十一人至十五人，其中一人為員工代表；設監事會，置監事三人至五人。董事及監事任期四年，以連任一次為限。董事、監事由行政院院長提名經立法院同意後聘任

第三節 公共媒體在地實踐的困境

簡單說公共媒體制度的緣起，是西方民主政治歷史悠久的國家，希望大眾媒體除滿足公民資訊需求外，也能有一種不受市場與不當外力干預的理想型媒體模式，因此建構出一種非商業、非政府的公共媒體模式。可是臺灣引進超過二十多年後，這樣的理想型媒體模式，眞可以在臺灣生根與實踐，甚至滿足臺灣民眾對公共媒體的想望嗎？臺灣公共電視發展以來，大致有以下的問題與困境。

一、全民對公共媒體的理解不足：什麼是公共？

整體來說，臺灣公共媒體在地實踐還有許多問題待解決。光從「公共」兩字的意思來說，長期以來，不管是戒嚴時期或解嚴後，臺灣社會對於何謂「公共」都沒有過深刻的理解與想像。例如當 1998 年公共電視成立時，臺灣社會理解的公共電視大概就是英國的 BBC，或日本的 NHK，但對於公共電視存在於民主社會的意義並不了解，導致公視到底該像 BBC 製播些滿足社會上層階級的優雅節目，例如歌劇、芭蕾、交響樂節目？還是就如同第一版《公共電視法》所言，只是在彌足商業電視之不足？

更有趣的是，過去有人主張不能成立公共電視台，因爲那是共產主義思維下的產物，這即是把公共誤解爲共產；另外也有人認爲，臺灣缺乏可以讓公共媒體扎根的環境，因爲臺灣人所理解的「公共」，例如公共電話、公共廁所，以及公共汽車，總認爲那就是政府免費提供的服務；甚至有傳聞一個笑話，有人誤認爲公共電視台就是讓民眾可以觀看電視的公共場所，可以自由進出。各界對於公共電視的誤解眞是不一而足。

之。行政院院長提名董事時，應指定一人爲董事長。第一項之董事，應顧及原住民、客家及各族群之代表性。

其實更嚴肅的問題在於，主管公共電視的政府機關，例如過去的新聞局及現在的文化部，主其事者眞的了解何謂公共嗎？還是只是把它當政府的媒體在操弄呢？另外，眞正參與公共電視營運的高階主管與基層員工，也眞的理解何謂公共嗎？還是以爲只要政府不要伸手進來，讓公視獨立自主營運，這就是公共媒體呢？臺灣社會認識「公共」二字的路感覺還很長。

二、公共媒體產權的混淆：公視是屬於誰的？

其次，公視到底的是屬於誰的？這問題很重要，因爲許多人簡單解讀公視的角色認爲，它的經費由政府編列，當然是政府的，然後當然要受政府指導（如果不是操控的話），這也是過去主管機關對公視角色的基本思維，曾有主管機關官員主張，公視的劇本都要經過新聞局審查同意後，劇才可以開拍。試想，如果這樣，公視跟威權時期的電視台有什麼不同？另外如果公視質疑審查機制，主管機關就會質問，如果公視不用聽政府的，那政府爲何要編預算給公視？顯見這些論述者眞的不知道公務員的薪水是人民給的，公視的經費是全民給的，可惜這些混淆視聽的言論到處充斥。

嚴格來說，公視的經費來自政府行政機關（目前是文化部）的編列是沒錯，但文化部並不能影響及干預公視年度預算的細部規劃與使用，目前每年固定預算是 9 億元，且立法院不得刪減；另外雖然公視董監事是由文化部建請行政院長提名，但最終的同意權還是在由立法院組成的審查小組身上，並不是政府想指派誰，誰就可以擔任公視董監事或董事長。

所以產權概念上，公視的董監事是由代表人民的立法院所同意才得以擔任的，這應該稱做「國家的」媒體；如果是可由政府機關指派其董監事或領導階層的媒體，例如中央通訊社及中央廣播電台，那些叫做「政府的」媒體，因爲他們的董監事是由主管機關文化部所任命的，因此國家的及政府的，這兩者是有很大的不同的，不能混淆。所以區別國家（公共）媒體或政府媒體或商業媒體，不應從其經費來源來分辨（有些商業媒體也拿政府委託製播節目的補助），應該從其高階董監事如何選任來區別吧！

三、董監事審查及選任機制備受爭議：誰說了算？

再來就是，高度政治性的立法或修法，包括公視董監事審查及選任機制。臺灣長期受困於藍綠對決的意識形態鬥爭中，連公視這樣應該屬於國家的媒體，也都避免不了被影響。例如：如前所述，公視董監事選任必須經由立法院依政黨比例推選審查委員，且要有四分之三以上委員同意，才得以擔任公視董監事。原先這樣的設計是為了避免一黨或多數黨可以控制公視董監事的選任，讓公視的經營真正做到超越黨派。

但實際執行的結果是，只要在野黨不同意，湊足四分之一，便可任意否決公視董監事的選任，造成多數服從少數的情況，而這跟哪黨主政好像都無關，反正感覺在野黨永遠會杯葛執政黨提名的人選。例如：當龍應台擔任文化部部長時，曾歷經五次提名與審查，最後立法院審查會才選出公視第五屆 17 位董事，其間眞不知有多少適任的社會賢達在這過程遭到藍綠對決而誤殺。

因此近來有人提議，應該把選任門檻降低到三分之二，甚至二分之一，只要過半數應該就獲得任命。這樣的提議看似可行，也可解決少數操控任命審查的宿命。但問題在於，高度同意率的設計主要目的是，不想讓立院多數黨即可任命公視董監事，這樣恐怕會留下公視遭執政黨控制的後遺症，因此三分之二是可行的，但三分之二還是會被解讀成少數依舊可以控制多數。

基於這樣的審查比例的爭議，2018 年文化部提出的《公共媒體法》便乾脆取消審查制，將公視董監事的任命仿效大法官、考試委員、監察委員等機制，不再透過組成審查會，直接交由立法院進行審查。但這樣就沒問題了嗎？可能問題更大，因為不論大法官或監察委員，都是國家重要官職，一旦同意後，不僅專職且支薪，因此被立院嚴加審查資格好像理所當然。

但是公視董監事不僅只是兼任職，且每次出席董監事會議支領 3,000 元出席費，這樣的職務有需要像前述的重要官職被嚴加審問嗎？嚴格來說，審視國家媒體的重要性，其董監事被立院審查是合情合理，但究竟合情合理的審查機制為何，是由依各黨派得票比例推派代表所組成的審查會來審查通過後任命，還是像新法的規定，直接交由立法院審查後通過，何者較合情合理？另外如果交由審查會審查，那四分之三好呢？還是三分之二好呢？還是乾脆一半通過就好？雖然都可以再討論，但真的有可以防範藍綠介入公共媒體的良方嗎？

四、民眾對公視收費的接受程度：願意付收視費給公視嗎？

最後是公共電視經費來源也是公共媒體在地實踐的大問題。國人算熟悉的英國 BBC 及日本 NHK，民眾付費都是他們重要的收入來源，英國 BBC 及日本 NHK 的年度預算大約在 2,000 億新台幣上下，除有政府捐贈外，多數來自購買電視的執照費，或來自每月民眾繳交的收視費。但反觀臺灣，民眾沒有捐款給公視，甚至沒有付公共媒體收視費的習慣，主要還是因為民眾有「公視是政府的，當然由政府出錢」這樣的錯誤邏輯推論。因此公視成立以來，僅能靠零星的民眾捐款，或者文化部（或前行政院新聞局）的特定補助，其餘就只能靠每年法定的 9 億元經費來營運。以每年 9 億元經費來服務臺灣 2,300 萬人來算，大約每人每年僅分到約 39 元，比起英日韓每人動不動有幾千元來對照，實在天差地遠。

公視歷任董事會都曾與行政機關討論過，固定年度預算的政策是否可以改變？或者，如果政府預算無法增加，是否可以透過立法讓民眾付收視費？但公視這樣的遊說一直無法獲得政府正面的回應，主要原因是，不管誰主政，任何執政者都會認為，如果同意公視收取收視費，這對民眾而言，就是加稅，而加稅是所有執政者最不願面對的挑戰，因此這樣的請求從來不曾獲得任何政府的同意。因此，面對公共媒體的發展，臺灣觀眾是否可以接受收視費的設計，以及政府是否可以增加年度預算，讓公視不是小而美，而變大而壯，是未來公共媒體發展與茁壯極大的挑戰。

第四節 臺灣公共媒體的未來

如果要談理想型的臺灣公共廣電媒體體制，可以先從經費與規模，還有管理體制來討論。

一、增加經費預算

首先是經費。早在公視成立前，各界對公共媒體應該是「小而美」或「大而壯」有諸多討論，最後雖無定論，但每年法定 9 億元的預算規模其實就是小而美想像的結果。但是從公視成立二十多年來的發展脈絡與困境可發現，面對臺灣商業媒體掛帥的影視環境，公共媒體應該很難小而美，因爲弱小的公共媒體只會淪爲外國影視內容的殖民地。其實不用提英國 BBC，或者日本 NHK，光比鄰近的韓國公視（KBS 與 MBC），臺灣都無顏相比？想想韓國如何在亞洲甚至全球創造影視韓流，以及各國年輕世代的哈韓，這都應該不是每年只有 9 億元預算的公視可以心嚮往之，有爲者亦若是就可以做到的。例如 2015 年韓國公廣集團經費達 447 億元新台幣，日本 NHK 則達 1,701 億元新台幣，每年只有 9 億元經費的公視，如何能發展成「大公廣」，然後與鄰近的韓國或日本公共媒體並駕齊驅？雖然俗話說，有錢不是萬能，但沒錢萬萬不能，如前所述，經費已成爲公廣發展的主要困境。

二、公廣發展集團化

其次是規模。2007 年廣電三法黨政軍退出廣電媒體後，華視（2006 年 4 月）、客家電視台、原住民族電視台，以及臺灣宏觀電視（以上在 2007 年 1 月）等，陸續加入公共廣電集團。[9]這些原本算是可壯大公廣、

[9] 2019 年 7 月 1 日公視成立公視臺語台，它的前身是 2004 年 7 月 1 日開播的「Dimo TV」頻道，並在 2012 年 10 月 1 日更名爲「公視 2 台」，最後在 2019

成為公廣集團化的主力媒體，後來卻因各種不同原因紛紛脫離公廣。

首先是原民台，當《原住民族教育法》通過後，2009 年「財團法人原住民族文化事業基金會」正式成立，其成立宗旨之一即是「經營原住民族文化傳播媒體事業」，因此 2014 年原住民族電視台脫離公廣集團，正式納入原文會。

其次是為反制中國中央電視台中文國際頻道（CCTV-4）的文宣攻勢而在 2000 年成立的臺灣宏觀電視，是政府在海外進行宣傳的媒體，在 2007 年亦因廣電三法之緣故，正式納入公廣集團。不過長期以來，因為諸多因素影響下，在 2018 年 1 月 1 日臺灣宏觀電視停止營運。[10]

最後是目前妾身未明的客家電視台。為何說妾身未明？原因是 2016 年民進黨主政後，客委會透過各種手段，包括仿效原住民族模式，透過《客家基本法》第十七條明訂「政府應捐助設立財團法人客家公共傳播基金會，辦理全國性之客家公共廣播及電視等傳播事項」，意圖「收回」客家電視台，但是後來幾經折衝，客委會表示願意讓客家電視台留在公廣，只是這樣的聲稱是否會有變，尚在未知之天。[11]

因此在這些變革影響下，目前所謂的公廣集團，只剩下公視主副頻

年正式改稱公視臺語台，成為臺灣第一個以全臺語播出的電視頻道，因此不算是公視新加入的頻道。

10 可參考陳炳宏（2019.3.4）。〈政府棄守海外宣傳影音媒體？〉，《批媒・眉批——陳炳宏的部落格》（https://pxc24.blogspot.com/2019/03/blog-post.html）。

11 這些爭議請參考：(1) 鄭人豪（2017.12.10）。〈客家台要往哪裡去？突顯公共媒體認識的混淆〉，《臺灣媒體觀察教育基金會》（http://www.mediawatch.org.tw/work/9649）。(2) 客委會（2017.12.5）。〈針對報載媒體觀察教育基金會質疑《客家公共傳播基金會設置條例》之聲明稿〉，《客委會》（https://www.hakka.gov.tw/Content/Content?NodeID=34&PageID=39428）。(3) 陳沿佐、陳彥霖（2018.9.13）。〈客傳會設置條例草案　政院通過送立院審議〉，《客家電視》（http://www.hakkatv.org.tw/news/172351）。

三台、華視主副頻三台，另外就是客家電視。這樣的規模大小各有不同解讀，但公共廣電集團沒有廣播卻是事實。

也許部分傳播學者專家鼓吹「壯大公媒」的想像被接受，文化部終於在 2018 年 9 月 20 日公布《公共媒體法》草案，擬訂修正施行後兩年內，由公媒基金會整合中央廣播電台和中央通訊社等原屬文化部的兩家政府媒體，讓公廣集團實質擁有廣播電台。不過這項法案提出迄今，已在立法院躺了兩三年，何時可以通過或被討論，恐怕無人可料。

以文化部修法盤算來看，以海外宣傳為成立宗旨的中央廣播電台隸屬文化部，屬於政府媒體。與僑委會的臺灣宏觀電視一樣，海外宣傳媒體的機制設計，究係應屬於政府，還是公共，英（BBC）、美（VOA）兩國各有不同的制度與想像，如果文化部決定將專司海外宣傳的央廣納入公廣，也許是好事，至少可以更落實黨政軍退出廣電媒體的理想。另外是中央通訊社的納入，有人認為通訊社不宜納入公廣，因為其商業本質多一點，且世界各國公廣體系中，也極少見有通訊社，是否該納入，還有許多待討論及磨合的歷程。

最後還可以再提出的是，2003 年立法院通過黨政軍退出廣電媒體條款時，朝野各黨都忽略五個尚未三退的廣播電台，包括內政部警察廣播電台、教育部教育廣播電台、國防部漢聲及復興廣播電台，以及農委會漁業電台等。根據官方說法，這五個廣播電台係根據《廣電法》第五條而成立的政府電台，並不是根據《廣電法》第五之一條的退出條款。雖然根據《廣播電視法》第五條的法條來看，政府媒體還是可以存在，但如果當年修正第五之一條的立法精神是希望黨政軍不當勢力應退出廣電媒體，那第五條允許政府媒體可以繼續存在，這條文不是很自相矛盾，也很諷刺嗎？

結語

臺灣公共電視成立迄今，已超過二十年，正往第三個十年前進。但如果現在來做個全民民調，到底有多少臺灣民眾知道公共電視是什麼樣的媒體？了解它存在的意義何在？這是公視，也是臺灣推動公共媒體極大的挑戰所在。雖然公視每年只有 9 億預算，應該有權利可以抱怨巧婦難爲無米之炊，但如果成立超過二十年，已花掉納稅人超過 200 億元，然後一般民眾到現在還是不眞正了解何謂公共媒體，或甚至沒看過公共電視，面對這樣的現況，公視該如何解讀？

不可諱言，公視成立這些年，可說是挑戰不斷，從組織結構、經費總額、人事聘任，到內容產製等的爭議，以及各界對其知曉度、收視率的質疑，這些好像都從未停歇。其次面對商業電視的眼球爭奪戰，以及數位科技平台的想像，再加上整體經營規模的擘畫，都在挑戰公共媒體在臺灣發展的可行性。

對於關心臺灣公廣媒體發展的專家學者來說，大而壯的公廣集團應該是解決當前公視困境的良方，因此文化部在 2018 年提出大公廣想像的《公共媒體法》草案，希望可以從增加經費、擴大營運規模的角度去解決公廣的問題。但這樣的作法可能會面對的問題，首先有來自立法的挑戰，亦即如何能凝聚民意，來認同大公廣的想像？接著就是，將如何大？前車之鑑有華視與公視當年整併的血淚歷史，如果《公媒法》通過，如何整合完全不同體質的央廣與中央社，這挑戰不可說不大。

總而言之，公共媒體有存在於民主國家與公民社會的重要角色與功能，但如何讓民眾了解公共媒體的重要，如何有足夠的經費給予支持，甚至有最適經營規模的組織設計，這些都是未來公廣集團化發展亟待解決的難題。

1. 您願意捐款支持公共媒體嗎？願意與不願意的理由是什麼？
2. 公共媒體的經費應該全額由政府編列嗎？臺灣有向民眾收取收視費的

可能性嗎？

3. 您覺得如何設計推廣公共媒體的策略與行動，好讓更多的民眾了解，進而支持公共媒體？
4. 臺灣公視是否應該納入更多類型的媒體，例如廣播、衛星電視，以發展成為公共廣電集團嗎？
5. 包括客家電視台、原住民族電視台，以及臺語頻道等族群或語言頻道應該都納入同一公廣集團，還是最好各自獨立營運呢？
6. 如果你同意公共廣電集團董監事的選任不應被不當政治力所介入，你覺得該如何設計公廣集團董監事的選任與審查機制？

12

第 1 2 章 ▶▸▸

自媒體、社群媒體與公民記者

- 了解自媒體與網路傳播科技的關係
- 認識自媒體、社群媒體與公民記者的特質
- 反思社群媒體與不實訊息的影響
- 落實公民記者自律與知能

前言

22 歲的美國網紅 Logan Paul，在 YouTube 的頻道擁有 1,500 萬個訂閱戶。他在 YouTube 頻道發布的影片，動輒數百萬或數千萬人收看，一舉一動都甚受注目。

2018 年初，世界各地都還沉浸在跨年的喜悅，Paul 上傳走訪日本知名「自殺森林」（青木原樹海）的影片，拍攝過程中意外撞見一名上吊者的遺體。Paul 不僅沒有立即停止拍攝，反而將畫面拉近，毫不避諱地就地取材，甚至在過程中還夾雜嘻笑，引爆網友爭議。

網友批評他不尊重亡者，要求 YouTube 刪除他的頻道。由於上吊影片迅速散布，短短一天，已超過 600 萬人次觀看，同時有數萬則留言。網友們異口同聲、大肆批評，迫使 Paul

不得不在自己的 Twitter 上道歉。他在 Twitter 貼文說：「沒有全面評估可能引發的後果，這時候很容易引起爭議。我常常想到我的影響力有多廣，且能力越強，責任越大……這是我人生第一次很後悔地說，我不當地運用這種權力。我不會重蹈覆轍。」[1] 他也錄製一段道歉影片，表示覺得自己很可恥，對自己很失望，沒考慮周全就拍攝並上傳影片。

雖然 Paul 道歉時說，他上傳這段影片，是爲了讓民眾關注到憂鬱症與自殺問題，但方法錯了。隨著影音平台盛行，人人都是媒體，創作者透過手機、相機記錄生活並且上傳分享，然而在帶給觀眾見聞的同時，也需要警惕自己拿捏分寸，以免發生無法彌補的傷害與遺憾。

隨著全球網際網路的發展及傳播科技的進度，我們經歷了 web 1.0、web 2.0、web 3.0 及 web 4.0 時代，並迎來 web 5.0。不同的階段揭示科技所提供的不同能力，同時改變人類的訊息傳播方式，帶來嶄新的社會現象，包含自媒體時代來臨、YouTuber盛行、社群媒體普及與公民記者等。

現今大家都很熟悉的 YouTuber、網紅、直播主、實況主等名詞，以及 YouTube 、Facebook、Instagram、17 直播、Twitch 等傳播平台，早已成爲生活不可或缺的環境因素，提供豐富多元的資訊與娛樂，突破過去由電視台、報社或雜誌社主宰的傳統媒體時代。提供訊息不再是媒體組織的專利，資訊的製播也不再由少數的傳播從業人員所獨享，每部電腦、每支手機、每一個網路通訊產品使用者，都可以進行訊息的製播與傳遞，自媒體時代來臨。

自媒體時代每個人身兼訊息製作人、守門人，又是訊息接收者與消費者，「一條龍式」的內容製播，顛覆傳統媒體層層把關的製作流程。然而是否人人都具有內容製播的知能？人人都是記者時，對社會發生什麼影響？社會大眾又需要哪些素養呢？本章即要帶領大家了解自媒體以及自媒

[1] 請參考張曉雯（2018.1.3）。〈訪日本自殺森林拍亡者美網紅挨轟認錯〉，《中央社》，上網日期：2018 年 1 月 8 日，取自：http://www.cna.com.tw/news/aopl/201801030033-1.aspx

體時代所需要的媒體素養。

第一節 自媒體的興起

一、傳播科技所帶來的網路媒體發展

許多人都聽過 Web1.0、2.0、3.0、4.0，甚至 5.0 等名詞。這些名詞代表科技發展以及與使用者的互動程度，進而影響科技賦予社會大眾的傳播能力，於是有了 Media 1.0 至 Media 5.0 的概念。

Media1.0：Media1.0 是「注意」（attention）的時代，使用者以身體往後靠的姿勢觀看從網路下載的訊息，與媒體處於單向傳播的狀態，單純的上網蒐尋及查看資訊，無法雙向溝通。

Media2.0：「參與」（involvement）的時代，使用者可以下載訊息也可以上傳資訊，與媒體進行雙向互動，部落格、維基百科、PTT、即時通，以及各類論壇是當時的流行，甚至後來出現的社群媒體亦是 Media 2.0 的產物；因爲訊息的流動從單向轉爲雙向，使用者的參與程度提高，與媒體的互動頻繁，不知不覺中身體姿勢往前傾，與媒體的距離更近了。

Media3.0：延伸 Media 2.0 的功能，使用者延續 2.0 的行爲模式，以及應用電腦的演算功能，可跨越不同網頁及介面，進行各種資料的分享、轉傳及改寫，快速連結與整合各種資料的關聯性，提供個人感興趣的內容；再加上行動裝置的崛起與盛行，大多數的使用者在各自感到興趣或有意義的世界中進行內容產製與消費，UGC（user-generated content，使用者自創內容）盛行，使用者可以跨越平台傳播訊息，人人都離不開媒體，彷彿整個人跳入媒體世界，沉浸在其中。

Media4.0：至於 Media 4.0 將是網路（web）與非 web 可以輕易互聯的時代，目前已被廣泛討論的「物聯網」即是其中之一；再導入人工智慧與學習的技術，Media 4.0 讓使用者可以更精心地辨識資訊品質，是自我

提升的時代。媒體是身體心智的延伸及生活的環境，使用者無時無刻進行資訊的蒐集、分辨、整理、分析、連結、應用等，媒體資訊在不知不覺中，早已默默進入每個人的生命與生活中。

Media5.0：指涉的是思想網路擴展延伸的時代，人類參與媒體的方式是植入式（implanted）的，不像 Media3.0 時代能隨時進入與抽離網路的暫時性關係，也不是 Media4.0 時代永遠與網路連接在一起的永久性關係。Media5.0 強調的是人腦與電腦的連接，腦機接口、神經網路介面、神經機器人、完全沉浸的擴增視野等，是人類思想網路的再擴展。

表 12-1 Media1.0 至 Media 5.0 網路媒體演進特質

特質	Media 1.0	Media 2.0	Media 3.0	Media 4.0	Media 5.0
演進時間	1990-2000	2000-2010	2010-2020	2020-	即將進入
訊息傳播途徑與方式	只能下載訊息 單向傳播	可上傳及下載訊息 雙向互動	多方交流 人人參與	智慧交流 萬物相聯	人機交流 人腦與電腦思想溝通
參與程度	低度參與	中度參與	沉浸參與	隨時連結	無所不在
網路環境	訊息網路	社交網路	語義網路	智慧網路	腦機網路
使用者狀態	專注／娛樂 內容消費者	參與／出版 內容生產消費者	加入／創造 內容創造及共享者	連結／提升 人機互動人工智慧	感應／擴增 人機合一
實際應用	網站 Yahoo ……	部落格， 社群， Google ……	社群＋行動 FB，YouTube， APP……	無所不在 AR，VR，AI Google 眼鏡	腦機接合 Neuralink ……

資料來源：作者整理

參考資料：http://human20.com/web-1-0-through-5-0-the-evolution-of-media/

由表 12-1 可看到，網路媒體由 Media 1.0 到 Media 5.0 的發展，賦予使用者不同的傳播能力：Media 1.0 是單向互動、僅限下載閱讀的階段；Media 2.0 開啟雙向溝通，是下載閱讀與書寫上傳的階段；Media 3.0 讓使用者可以跨越文字、圖片、影像等不同媒體形式，進行自我創作與展演；

到了 Media 4.0 是物物相聯、人工智慧大量應用的自我提升的世代；而 Media 5.0 則是人腦與電腦連接的思想網絡擴展時代。我們身處迎接 Media 5.0 的 Media 4.0 階段，Media 2.0 與 3.0 讓使用者得以在不同傳輸設備上，應用不同的 APP 隨時隨地進行傳播活動；不管是接收訊息或產製內容，人人都可以在消費的同時創造內容、傳播內容；每個人同時擁有內容製作者、傳播者與接收消費者等多重身分。整體社會由印刷媒體、電子媒體、進入網路媒體，出現媒體去中介化的現象。

傳播媒體與產製過程的「去中介化」，宣示自媒體時代到來。

二、自媒體的發展

自媒體雖然是這幾年的熱門詞彙，但早在 2003 年，美國媒體人 Shayne Bowman 與 Chris Willis 發表「自媒體——閱聽眾如何形塑新聞與訊息的未來」報告，即提到自媒體（we media）的崛起。[2] 他們觀察網路科技快速發展，提供容易使用的網頁互動功能、與全世界連線的功能，以及隨時隨地皆可進行傳播的行動功能，賦予使用者更多能動性，不僅威脅到傳統新聞產製流程中的守門人威嚴，也讓一般閱聽人更主動積極地參與新聞及訊息的產製與傳播，即「參與式新聞學」（participatory journalism）與「使用者生產內容」（user-generated content）的時代來臨，形成新的媒體生態。

Bowman 與 Willis 對於自媒體的看法，與 Dan Gillmor 的觀點是接近的。[3] Gillmor 將自媒體視爲「草根」（grassroots）媒體，也就是在網際網路普及之後，部落格、公眾論壇、社群媒體興起，使得個人本身即具有媒

---

2 Bowman, S., & Willis, C. (2003). We Media: How audiences are shaping the future of news and information. http://sodacity.net/system/files/Willis-and-Bowman_We-Media-Ch1.pdf

3 Gillmor, D. (2004). *We the Media: Grassroots Journalism by the People, for the People*. CA: O'Reilly Media Inc.

體的角色與功能，人人都是媒體也都可以產製與傳遞訊息，也就是由下而上（button-up）的公民參與；所以自媒體也帶有公民媒體、公民新聞的意涵。

上述倡議自媒體的主張，有幾個重要的關鍵：

（一）自媒體的興起與傳播科技息息相關，科技降低生產內容的技術門檻，提供每個人都可以參與媒體產製的管道。

（二）自媒體的傳播主體是一般大眾，並非媒體專業組織機構的專職人員。

（三）自媒體傳播的內容是一般大眾本身關注的事實或新聞，具有平民化、生活化與普遍化的特質。

在此情形下，越來越多的使用者透過不同的媒體管道，如早期的部落格、現今的社群媒體及直播平台等，開始自發性地參與新聞時事的對話，以及傳達各面向的訊息與個人觀點，將自媒體由傳統媒介生態的邊緣推到中心，成爲今日當紅的熱門媒體現象。越來越多人參與自媒體的內容製作，也匯聚大量參與互動的使用者。

造成全球風行的自媒體潮，也與傳統媒體的大幅報導有關。2014 年《華爾街日報》報導在網路上化名爲 PewDiePie 的瑞典籍知名 YouTuber，他的頻道創於 2010 年；在 2014 年，頻道訂閱人數約 2,700 萬人的時候，年收入達到 400 萬美金（2014.6.16, *The Wall Street Journal*），[4] 折合台幣約 1 億 2,000 萬的年收入，引發許多媒體的關注與追蹤報導，也吸引一般大眾投入自媒體的傳播。

PewDiePie 的年收入與一舉一動受到大家關注，2015 年的收入劇增至 1,200 萬美金，2016 年的收入更增加至 1,500 萬美金（約折合 4.5 億元

---

[4] Grundberg, S., & Hansegard, J. (2014.6.16). YouTube's Biggest Draw Plays Games, Earns $4 Million a Year. *The Wall Street Journal*. https://www.wsj.com/articles/youtube-star-plays-videogames-earns-4-million-a-year-1402939896

台幣）；[5]但是在 2017 年 2 月《華爾街日報》報導他上傳多支內容包含納粹意象及反猶太思想的影像，其中一部影片更有兩名男子高舉一塊寫著「所有猶太人都去死」（Death to all Jews）的牌子並一邊大笑，因而遭到網友抗議、合作廠商迪士尼也緊急切割並終止合作關係。[6]接著 2017 年 9 月，PewDiePie 又因爲直播打電玩時，突然爆出帶有種族主義歧視的語詞「黑鬼」，引發影片被下架的危機。[7]由於他在網路中有極多粉絲與追隨者，傳統媒體也喜歡追蹤他的動態並加以報導，無形中更加擴張自媒體的影響力。

根據《富比士》（*Forbes*）的調查報導，蟬連 2019 年[8]與 2020 年[9]全世界收入最高的 YouTuber 居然是 2011 年出生的 Ryan Kaji，分別有 2,600 萬美元與 2,950 萬美元（約 8 億 8,500 萬台幣）的收入。截至 2021 年 3 月，Ryan's World 頻道的總觀看次數，已累積至驚人的 463 億 969 萬多次。

不只國外的自媒體發展蓬勃，近幾年在臺灣與中國大陸也十分盛行。早期的自媒體以部落格的文字爲主要表現媒介，近期則以圖片及影像爲主，使用者在 YouTube 開設個人頻道，或個人臉書及 Instagram 的專戶、

---

5 蘋果日報（2017.5.7）。〈全球最賺 YouTuber 年收 4.5 億〉（https://tw.appledaily.com/headline/daily/20170507/37642556）。

6 高敬原油（2017.2.15）。〈影片涉及反猶太、納粹意象，超過 5,000 萬人訂閱的實況主 PewDiePie 遭迪士尼與 YouTube 終止合作〉，《數位時代》（https://www.bnext.com.tw/article/43169/disney-severs-ties-with-youtube-star-pewdiepie-after-anti-semitic-posts）。

7 蔡鵑如（2017.9.11）。〈億萬電玩網紅 PewDiePie 直播爆種族歧視粗口惹議〉，《中國時報》（http://www.chinatimes.com/realtimenews/20170911005750-260408）。

8 https://www.forbes.com/sites/maddieberg/2019/12/18/the-highest-paid-youtube-stars-of-2019-the-kids-are-killing-it/?sh=7405d36438cd

9 https://www.forbes.com/sites/maddieberg/2020/12/18/the-highest-paid-youtube-stars-of-2020/?sh=3723a13a6e50

粉絲專頁，再加上各社群平台所提供的直播功能，即能將訊息向外界傳播，也能讓其他收視者訂閱。當自媒體開始對外傳遞訊息並出現訂閱行爲時，表示該自媒體已如同專業媒體組織，擁有固定的基本收視群。

臺灣知名的自媒體紅人也不少，有大家很熟悉的蔡阿嘎、這群人TGOP、阿滴、滴妹、聖結石、阿神等，還有近年快速掘起的理科太太、愛莉莎莎、千千、白癡公主等人，各自擁有上百萬個訂閱者，累計頻道觀看次數也都有數千萬次至數億次。NoxInfluencer 公司提供查詢 YouTube 頻道上的訂閱人數、觀看次數、成長速度等指標，列出 YouTube 的排行榜。我們扣除媒體、藝人及品牌等專業組織或公司的頻道後，以網路原生的素人爲觀察對象，列出 2021 年 3 月臺灣 YouTuber 訂閱人數的 Top 20 名單，如表 12-2。發現「娛樂」與「人物」是線上影音最主要的訊息內容，遊戲與教育類型的影片也是自媒體最主要的傳播內容。

表 12-2　2021 年 3 月臺灣 YouTube 素人原生頻道 Top 20

排名	頻道名稱	訂閱數（萬）	每部影片平均觀看數（萬）	類型
1	這群人 TGOP	338	225.4	娛樂
2	阿滴英文	267	17.99	教育
3	阿神	252	35.09	遊戲
4	蔡阿嘎	247	37.22	人物
5	Jay Lee Paining	237	18.12	教育
6	Joeman	206	44.38	人物
7	眾量級 CROWD	202	47.13	搞笑
8	谷阿莫（主頻道）	195	16.81	電影動畫
9	DE JuN	177	36.82	遊戲
10	黃氏兄弟	165	23.98	娛樂
11	千千進食中	161	66.21	人物
12	反骨男孩	153	36.66	娛樂
13	白癡公主	153	44.99	娛樂

排名	頻道名稱	訂閱數（萬）	每部影片平均觀看數（萬）	類型
14	狠愛演	148	151.69	人物
15	啾啾鞋	148	39.24	娛樂
16	安啾咪	144	41.87	人物
17	小玉	144	95.77	人物
18	滴妹	140	34.88	人物
19	聖結石	139	5.46	娛樂
20	三原	137	20.71	人物

資料來源：https://tw.noxinfluencer.com/youtube-channel-rank/top-100-tw-people%20%26%20blogs-youtuber-sorted-by-subs-weekly

第二節 公民記者——自己的新聞自己報導

雖然現今自媒體的發展趨向商業化與娛樂化，但早期回應科技的自媒體類型卻是以公共事務爲主。web 2.0 的部落格時代，出現大量以新聞、時事與評論的部落客，他們專注耕耘網誌，隨時發表自己的意見，也讓網誌的追隨者看了之後可以留言再做迴響，激盪出更豐富多元的觀點，進而形成輿論。這股從下而上眞正代表每位人民的聲音，成爲不可忽視的力量，也促進政治與社會的開放。人人都可以成爲記者、人人都可以提出自我的觀察，自媒體成爲推動公民新聞的支柱。所以 Dan Gillmor 將自媒體視爲草根媒體，是百花齊放、人聲鼎沸的公民媒體，讓資訊的流向由下而上、從邊緣走向中間。

自媒體的盛行，也帶動公民新聞的普及。所謂公民新聞就是指公民可以藉由大眾媒體或個人的傳輸設備，向社會傳播自己所採訪、撰寫、分析及錄製的訊息；即由非專業、非新聞組織工作者所做的新聞報導。

一、公共電視台設立PeoPo公民新聞

這股風起雲湧的新群眾運動，也鼓舞公共電視台於2007年設立《PeoPo公民新聞》，只要年滿18歲，即可申請帳號，上傳自己採訪製作的影音新聞。「PeoPo」是英文「people post」的縮寫，強調每個人都有發聲的權利，落實公民近用媒體的權利，期望一般大眾分享自己的所見所聞，擴大新聞由專業媒體人產製的有限視野；進而期待藉由獨立公民個體的參與分享，建構自主又富涵群眾力量的公民社會。所以PeoPo公民新聞將自己定位爲開放、分享與行動的平台，鼓勵所有公民參與、藉由交流與分享達成公民培力、進而推動社會進步。[10]

《PeoPo公民新聞》推出之後，不僅獲得普遍性支持，2008年即有超過2,300位公民記者、130個非營利與非政府組織加入、累積提供超過2萬篇充滿議題性與公民觀點的新聞，獲得國際媒體的關注。至2021年3月已有11,504位公民記者，累積了15萬6千多篇報導；新聞議題比傳統的主流媒體多元，包含社會關懷、社區改造、生態環保、生活休閒、運動科技等。[11] PeoPo試圖透過網際網路實踐公民的傳播權利，並在各地舉辦上百場的工作坊，培養公民產製新聞的知能，讓公民新聞充分反映在地性，有別主流媒體的新聞觀點。

由於公民新聞平台賦予公民記者觀察者與報導者的角色，打破成爲記者的專業門檻，也打破傳統新聞稿的寫作格式。PeoPo公民新聞平台以公民爲發聲的主體，尊重公民的自主性與言論自由，不會事前審核或檢查公民記者上傳的報導，全部交給公民記者自行把關，亦即每位公民記者皆肩負新聞守門人的角色。至於新聞內容的公正性則是透過檢舉機制來進行，一則新聞若累計三次的檢舉，就會主動下架；下架之後，內容若經討論可重新上架，PeoPo公民新聞平台則會在七天內重新上架該作品。若是新聞

[10] 請參考PeoPo公民新聞網，網址：http://www.peopo.org/

[11] 同註10。

報導有越多人推薦，該則新聞也會被排列在明顯的地方，意即 PeoPo 公民新聞平台所進行的是一套讓使用者自行決議的汰換機制。

二、公民記者的社會責任與角色功能

PeoPo 公民新聞平台是由公共電視台所成立設置，具有公共媒體的性質，雖然不會審核公民記者上傳的新聞，但設有檢舉機制、「PeoPo 公民新聞平台使用規範」，以及「PeoPo 公民新聞平台使用者自律公約」，作爲自律的基礎。

在平台使用規範中，強調上傳的新聞內容除了須符合節目製作的相關法規之外，應與公共議題相關、傳播多元觀點，並且同意授權複製、修改、改編、翻譯，以及向大眾發表或創作衍生作品的權利。[12]

此外，在自律公約中強調公民記者的身分僅代表個人，需要揭露新聞來源，尊重當事人的隱私權與採訪對象的意願；新聞的處理原則必須公正、誠實、迴避個人利益、不誇大或扭曲事實，以及遵守著作權的相關規範等。[13]同時設有「公民新聞自律委員會」，適時給予需要的諮詢及提醒。

雖然公民記者是非專職、非專業性，但一旦成爲訊息內容的產製者，即肩負新聞訊息的正確性與影響性，不會因爲是非正式的媒體人就可免責。爲了協助一般民眾具備傳播者應有的知能，PeoPo 公民新聞平台舉辦各類培訓課程，包含產製新聞所需的攝影、採訪、剪輯、收音等技術能力，以及傳播人應有的倫理及相關規範。同時 PeoPo 也持續經營在地的社團組織與公民記者，促進兩者的交流互動，一起關心地方公共議題。PeoPo 的用心經營，屢獲國際肯定，如英國 BBC 與《衛報》等，也奠定 PeoPo 成爲公眾發聲的重要管道。

---

12 詳見「PeoPo 公民新聞平台使用規範」，網址：http://www.peopo.org/events/about/P2-1.htm

13 詳見「PeoPo 公民新聞平台使用者自律公約」，網址：http://www.peopo.org/events/about/P2-2.htm

在 PeoPo 運作的這幾年間，PeoPo 不只是一個讓大眾上傳影音圖片與文字的平台，也積極參與社會的發展脈動；許多被大家忽略的公共事務，反倒因當地公民記者的報導而使事件受到主流媒體的關注。例如 2009 年莫拉克風災時，PeoPo 公民記者在宜蘭記錄颱風帶來的豪大雨以及損害，率先向大眾發布警訊，事後證明這是五十年來最嚴重的一場風災；在南部的 PeoPo 公民記者則搶先上傳水災及溪水暴漲的照片。同時，在嘉義縣的公民記者，也捕捉到土石流駭人的速度與規模，都遠遠早於主流媒體記者的採訪報導。再如 2010 年的「大埔事件」，[14] 最早是由 PeoPo 公民新聞平台一則標題爲「當怪手開進稻田中」的新聞所揭露；幾天內點閱率已超過 13 萬筆，[15] 再加上大量的轉貼、轉寄與討論，不僅引起主流媒體的大幅報導，民間團體也發起「反對科學園區擴大徵收連署」，帶動數千人參與此項活動。

公民記者在自然災害與緊急事件中扮演重要的角色，甚至在主流媒體因災難遠離不再進行報導，公民記者仍舊持續報導漫長的災後重建，確保大眾能夠監督災後的重建工程。此外，商業媒體過多、高度競爭下，新聞品質日益下降，三器新聞充斥且氾濫、[16] 新聞廣告化情形嚴重，電視新聞甚至被社會大眾唾棄爲社會亂象的來源。而公民新聞平台的開放性、包容性與多元性，是自媒體的另類具體實踐，填補主流媒體的不足之處，也凸顯出公民記者的價值。

2021 年緬甸軍方發動政變取得政權之後，軍方向記者發布命令，禁止使用「政變」、「政權」和「軍政府」等詞來形容軍方對政府的接管。

[14]「大埔事件」發生在 2010 年 6 月，苗栗縣竹南鎮大埔里居民反對政府區段徵收與強制拆遷房屋的抗爭事件。詳見 https://zh.wikipedia.org/wiki/%E5%A4%A7%E5%9F%94%E4%BA%8B%E4%BB%B6

[15] https://www.mediawatch.org.tw/work/1403

[16] 指現在的電視台透過網路瀏覽器、行車記錄器和街口監視器的畫面來組成電視新聞，被稱爲「三器新聞」。

但是僅有少數記者聽從軍方命令，於是軍政府逮捕了至少 56 名記者，高壓強制所有的言論自由。在專業記者被壓制的情況下，許多年輕人站出來，冒著生命危險記錄軍方暴行，他們使用手機拍攝照片及影片，並在網路上分享，他們被稱爲公民記者。《紐約時報》的記者訪問一位公民記者 Ma Thuzar Myat，他說「軍方瞄準的目標是專業記者，因此我們國家需要更多的公民記者」，「我知道我可能會因爲拍攝正在發生的事情而被殺，但是我不會因此退縮」。[17]

公民記者的最大強項是在地的草根觀點，公民記者拍下與主流媒體不同角度的影像與報導，是眞正當地民眾的視角。這些公民記者的報導再連結社群媒體的擴散性，提供社會不同的資訊來源，充分展現自媒體的影響力。

第三節 社群媒體及不實訊息擴散效應

2016 年下旬美國總統大選，當時代表民主黨的希拉蕊在各大電視台與報紙的民調或輿論都是領先代表共和黨的川普，孰知開票結果卻是川普獲勝，讓許多選舉專家及原先支持希拉蕊的媒體大感意外。

在這次的大選，美國許多主流新聞媒體紛紛表態支持希拉蕊，包含知名的《華盛頓郵報》（*Washington Post*）、《紐約時報》（*New York Times*）及《今日美國報》（*USA Today*）等。此外，根據「尼曼新聞研究中心」的分析，支持希拉蕊的日報高達 229 家、週刊有 131 家，但支持川普的日報只有 9 家、週刊只有 4 間，落差相當懸殊，獲支持比例爲 27 比 1。因此選前美國民調中心和《紐約時報》、《華爾街郵報》等主流媒體的民調，也都顯示希拉蕊領先。[18] 美國國家廣播公司（NBC）在選前曾披

[17] https://www.nytimes.com/2021/04/01/world/asia/myanmar-journalists-arrests.html

[18] 資料來源：數位時代（2016.11.10）。https://www.bnext.com.tw/article/41765/

露，希拉蕊在電視廣告上花費 5,200 萬美元，但川普卻未花 1 毛錢在電視廣告。[19]

選舉結果大爆冷門，大家紛紛把川普勝選的重要關鍵歸結到社群媒體。川普本身是 Twitter 的重度使用者，平常即非常頻繁的透過個人臉書及推特帳號發文，換取無數次的「讚」與「分享」，帶來巨大的免費廣告效益。根據媒體分析單位 mediaQuant 所做的研究，把川普在社群媒體被提到的次數換算成金錢，在 11 月 8 日大選之前，所得到的免費廣告效益預估約有50億美元。[20]對川普來說，Twitter是比傳統媒體更能有效溝通理念的工具，甚至還免去了媒體必須客觀、平衡等規範；川普根本不需要新聞媒體，因爲他自己就是媒體。川普就曾說過，「社群媒體就像是讓他擁有一家報社，卻不用負擔虧損」，他只需要一個鍵就可以發表自己的意見。[21]

社群媒體讓川普本身就是媒體，卻不用憂慮媒體組織的營收問題，「我就是媒體」，也就是將社群媒體視爲自媒體。

一、社群媒體的發展

「social media」有人譯成社群媒體、社交媒體或社會媒體，中文譯詞的差異，顯露使用者對 social media 重視的面向不同。「社群媒體」強調凝聚社群的能力，「社交媒體」強調人際交往互動，使用「社會媒體者」則側重媒體所具有的社會性。雖然中文譯詞略有不同，但 social media 善用傳播技科 web 2.0 的雙向互動性，讓使用者可以在網絡平台進行創作、分享、交流意見、凝結共識及傳遞經驗的目的卻是一致的。事實

social-media-vs-traditional-media-in-2016-us-election

[19] 資料來源：中央社（2016.8.10）。http://www.chinatimes.com/realtimenews/20160810009085-260408

[20] 同註 18。

[21] 謝樹寬（2016.11.10）。https://www.mirrormedia.mg/story/trumptwitter20161005/

上，social 一詞原本就有社會的與社交的雙重意涵，大部分的社群媒體在創立之初，都是以社交爲主要目的，但是運作一段時間之後，經由社交活動的連結形成社群，有了社群之後，成員彼此之間，以及與社群的互動，自然孕育社會性。所以 social media 是一種新型態的媒體，與傳統媒體有極大不同。

在本章，我們以普遍且慣用的名稱「社群媒體」來代表 social media，也比較貼近的說明它是社群化的媒體，是針對社群生產內容的媒體組織，它的內容來自社群，又面向社群；社群中的每個成員皆是自媒體，人人都是訊息傳播者也是接收者，擁有彼此間的高度互動。透過社群媒體的演算法則所篩選出來的內容及使用者，構成一套規則體系、形成社群；訊息內容由整個社群成員共同貢獻，所以產生的內容往往是高精準性的，切中社群成員所需要或想要的。此外，社群媒體讓每位社群成員享有更多的選擇權利和編輯能力，卻又免除媒體守門人的審核與箝制。

簡單來說，社群媒體泛指基於網際網路架構，提供使用者在有界限的範圍內建立公開或半公開的網絡服務，使用者可以藉此互相對話、聯繫或分享彼此的內容訊息。

使用 web 2.0 技術進行訊息分享的平台很多，van Dijck 就將社群媒體分爲四種類型：分別是 (1) 社群網絡平台（social network sites, SNSs），以社交網絡爲基礎的社群網站，包含大家熟知的 Facebook、Twitter、Linkedin 等；(2) 使用者產製內容（user-generated content, UGC），例如 YouTube、Wiki 等，提供使用者創作內容的分享平台；(3) 交易與行銷平台（trading and marketing sites, TMSs），以交易或行銷爲主要目的的平台，如 Amazon、eBay 等；(4) 遊戲平台（play and game sits, PGS），以線上遊戲爲主的社交互動平台。[22] 若以媒體及訊息傳播的角度來觀察，一般的社會學者大多以 SNS 爲社群媒體的研究對象，本章節也以此爲社群

[22] van Dijck, J. (2013). Culture of connectivity: A Critical history of social media. Oxford: Oxford University Press.

媒體的討論範疇。

隨著傳播科技的發展，社群媒體展現不同的形式，文字、圖片、符號、影像、音樂等。現今流行的社群媒體包含了 Facebook、Instagram、Line、Twitter、Linked、Snapchat、WeChat 等。不同的社群媒體各有功能及特色，在不同地區、不同族群中有不同的使用情形。

依據「統計」（statista）網站的統計，臉書 2020 年第 4 季的全球活躍使用者高達 28 億多人，[23] 超過 YouTube 的 23 億人；[24] 其次是 WhatsApp 與 Messenger 的 20 億與 13 億人。[25] 再接下是在中國盛行的 WeChat 與 QQ，活躍使用者人數分別是 12 億及 6 億多人。[26] 以照片分享爲主、特別受到年輕人喜愛的 IG，則有 10 億使用者；[27] 川普喜愛的 Twitter 則有 3 億 5 千多萬；[28] Snapchat 有 2 億 6 千多萬使用者。[29] 反倒是深獲國人喜歡的 Line，僅盛行於日本、臺灣、泰國與印尼，2020 年第 3 季在全球的活躍使用人數約 1.64 億人。[30]

深受世界各地年輕人喜歡的 TikTok 抖音社群媒體，2021 的統計顯示，每個月的活躍使用者有 6 億 8 千多萬人，但抖音 APP 已被下載超過 20 億次，它征服 62% 美國 10-29 歲的年輕人。[31]

上述廣義的社群媒體又可以區分爲「及時通訊平台」與「互動社群平台」。及時通訊平台（instant messenger, IM），如 WhatsApp、Messen-

---

[23] https://www.statista.com/topics/751/facebook/

[24] https://www.oberlo.com/blog/youtube-statistics

[25] https://www.oberlo.com/blog/whatsapp-statistics

[26] https://www.statista.com/statistics/258749/most-popular-global-mobile-messenger-apps/

[27] https://www.oberlo.com/blog/instagram-stats-every-marketer-should-know

[28] https://www.businessofapps.com/data/twitter-statistics/

[29] https://www.statista.com/statistics/545967/snapchat-app-dau/

[30] https://www.statista.com/topics/1999/line/

[31] https://www.oberlo.com/blog/tiktok-statistics

ger、Line 及 WeChat 等，提供使用者透過網路進行即時通訊的功能，可以讓兩人或多人使用網路即時傳遞文字訊息、檔案、語音與視訊的交流。而互動社群平台，如 Facebook、Twitter、Instagram 及 Linkedin，主要作用是讓擁有相同興趣或活動的人建立線上社群，爲使用者提供聯繫與交流的互動管道，例如聊天、影音、圖片、檔案分享、即時語音通訊、群組等，再透過彼此朋友的連結，將網路展延開來。但由於兩者所提供的功能越來越接近，一般就統稱爲社群媒體。

值得關注的是，Facebook 是全球社群媒體的最大擁有者，除了在 2004 創立臉書，2012 年以 10 億美金收購 Instagram、[32] 更在 2014 年更以驚人的總價 220 億美金收購 WhatsApp；[33] 再加上原本就是臉書公司開發的 Messenger，總計該公司擁有四大社群平台，掌握全球數十億人的社群網絡活動。當社群媒體平台的用戶數越來越多，平台上所流動的資訊量與複雜性越來越高，對世界的影響也越來越大。例如之前所提及的假新聞猖獗間接導致川普選上總統、暴力事件透過社群媒體直播等事件，都是社群媒體應該思考的議題。

二、社群媒體的特質

社群媒體吸引全球數十億人口使用，甚至成爲日常生活的重要環節，與社群媒體設置的目的、所應用的科技及設計的功能有關，與傳統大眾媒體不同，有其特殊的性質。

（一）提供人與人、平台與平台間的連結

社群媒體透過網路及平台功能設計，將實體世界的線下社群導引成線上社群，也可以和朋友的朋友進行連結，擴大社群，甚至可以追蹤朋友或名人，即時掌握被關注對象的一舉一動，強化人與人之間的連結。除此

[32] https://www.cw.com.tw/article/5031968

[33] https://www.bloomberg.com/news/articles/2014-10-28/facebook-s-22-billion-whatsapp-deal-buys-10-million-in-sales

之外，不同的社群平台、內容網站、購物平台或其他應用程式等，皆可進行連結，增加平台與平台之間的互動性，也增加使用者對社群平台的黏著度。

（二）實現人人都是媒體的想像

傳統媒體的產製專業性強、複雜度高，通常由媒體組織決定播出什麼類型的內容、誰的作品、何時刊出；非組織內的專業人員，很難有使用媒體的機會。但社群媒體沒有限制使用對象，人人都可免費申請、人人都可任意創作或編輯，內容製作的門檻低，人人都是媒體。

（三）重視即時訊息與社群互動

傳統大眾媒體的內容製作十分複雜，製作時間以天、週、月，甚至是年來計算。例如專業的媒體組織發布一則新聞，少則幾個小時，有時需要數天或數月；一部影片的製作時間可能更長，因爲所有訊息內容皆是媒體組織的「商品」，它們必須在商業市場上和其他媒體組織互相競爭，一定要符合市場需求。社群媒體的使用者缺乏市場商品競爭的考量，強調即時訊息的傳遞與溝通，訊息內容偏向輕薄短小，圖片影像與文字混雜，重視最新動態的隨時發布與社群間的互動。

（四）缺乏守門機制，不實資訊查證不易

社群媒體強調人人都是媒體，可以自由產製與傳遞資訊，平台沒有守門人審查內容、核可文章，或者幫忙篩選，容易成爲不實資訊流竄的平台。特別是眾多使用者都在搶奪被按讚與分享的次數，讓不實訊息更難被查證，而且傳播的速度快。雖然社群媒體各自強調設有演算法作爲平台的過濾機制，但是內容氾濫、同質訊息、不實資訊等問題，仍然是社群媒體難以處理的議題。

三、不實訊息與假新聞在社群媒體的擴散

隨著社群媒體使用人數大幅增加，大家越來越倚賴社群媒體成爲資訊的主要來源，也讓社群媒體成爲各種謠言、不實訊息及假新聞的溫床。雖然假新聞不是新鮮事，但在網路社群互動頻繁及電腦演算法的精密分析，

不實訊息的傳播效果與影響力非比尋常。

2018 年 3 月，曾任職於倫敦劍橋分析公司的 Christopher Wylie 向媒體揭露該如何非法取得 Facebook 5,000 萬個用戶的資料，並在 2016 年美國總大選期間針對這些選民在各社群媒體投放假新聞，誤導選民的判斷，確保他們最後會票投川普。幾天之後，另一位劍橋分析公司的前員工向外界透露更多細節，包括他們如何透過 Google、Snapchat、Twitter、Facebook 和 YouTube 來贏得總統大選，甚至影響英國的脫歐公投。[34]

曾擔任劍橋分析公司業務總監的 Brittany Kaiser，更於 2019 年出書公開劍橋公司如何蒐集臉書用戶的數位足跡（digital footprint），再應用大數據分析工具與演算法的精心算計，有目的地幫助川普當選美國總統、讓英國脫歐公投不是民主政治的理性選擇；甚至在印尼製造了一場青年運動，推翻 31 年的獨裁者；在千里達操作族裔認同，讓印度裔候選人成功當選。[35]

麻省理工學院的研究指出，假新聞的傳播速度比精準新聞的傳播速度快上 6 倍，而且傳播範圍更遠、更深入、更廣泛。[36] 主要原因之一是假新聞或不實訊息的內容比正確新聞吸眼聳動，例如英國的投歐公投操作充滿恐懼的不實訊息，散布英國一旦留在歐盟，國民健保可能破產、移民和恐怖分子湧入邊境，再將這些偏頗的資訊偽裝成中立客觀的新聞報導，澈底

---

34 參考 https://newtalk.tw/news/view/2018-03-28/118934 以及 https://medium.com/bitmark-inc-%E4%B8%AD%E6%96%87%E9%83%A8%E8%90%BD%E6%A0%BC/%E8%87%89%E6%9B%B8%E5%80%8B%E8%B3%87%E5%A4%96%E6%B4%A9%E4%BA%8B%E4%BB%B6%E5%A7%8B%E6%9C%AB-3%E5%88%86%E9%90%98%E6%87%B6%E4%BA%BA%E5%8C%85-eacbed24ff99

35 該書有中文翻譯版。楊理然、盧靜（譯）（2020）。《操弄【劍橋分析事件大揭祕】：幫川普當選、讓英國脫歐，看大數據、Facebook 如何洩露你的個資來操弄你的選擇？》（原作者：B. Kaiser）。臺北：野人。（原著出版年：2019）

36 https://news.ltn.com.tw/news/focus/paper/1182676

欺騙大眾、撕裂民主社會。

另一個讓假新聞操作成功的原因是社群媒體的同溫層效應（stratosphere effect），又稱迴音室效應（echo chamber）。由於社群媒體的演算法會依據個人的搜尋結果提供類似的資訊，即演算法已透過數位足跡幫用戶過濾訊息，提供個人偏好的資訊或意見，讓人們被固守在與自己意見或價值接近的圈子裡，形成一個相對封閉的環境，相近的資訊不斷重複出現，讓處於相同環境的大多數人誤以爲這就是事實的全部。

由於不實訊息或假新聞的危害甚大，引發各方的關注。Google 英國與美國公司，於 2016 年與非營利組織合作，由公正第三方查證新聞內容的眞實性，進行 Google 新聞的事實查核（fact check）；Facebook 也於 2016 年推動第三方事實查核計畫（Third-Party Fact-Checking Program），2019 年在臺灣啟動。2018 年臺灣事實查核中心成立，是臺灣的事實查核非營利組織；另外還有 MyGoPen、蘭姆酒吐司（Rumor & Truth）、Cofacts 眞的假的等團體也致力於網路謠言及不實訊息的查證，以提供民眾正確的資訊、杜絕假新聞的擴散與影響。

結語

觀察臺灣近些年的選舉，儘管現今有上百個電視頻道，但是因應民眾媒體使用行爲的變遷，幾乎所有候選人都有自己的臉書粉絲專頁、YouTube 頻道、Instagram 及 Line 群組，不再被動倚賴主流媒體的訪問報導，改以主動出擊的方式經營自己的社群媒體。

以臺北市長柯文哲爲例，雖然選舉當時有現任市長的優勢與知名度，但仍然不敢掉以輕心。2017 年 7 月 14 日柯市長在臉書公布自己的 Instagram 帳號，表示要勇敢嘗試新事物，一支影片、一段文字，顯現他日常一面，還說誠實的市長在臉書，眞實的柯 P 在 Instagram。[37] 此外，爲了行

[37] https://news.ltn.com.tw/news/politics/breakingnews/2132893

銷 2017 年在臺北舉辦的世大運，柯市長積極與 YouTuber 合作，「一天一網紅」，成功引起熱議。2018 年高雄市長韓國瑜的當選與 2020 年的罷免運動，也都與社群媒體的操作有關。社群媒體成了宣傳行銷的最佳工具，網路小編的角色受到關注，社群媒體與傳統主流媒體的合作串連，成了數位時代成功行銷的必備策略。

如今社群媒體已成爲每個人的自我宣傳場域，具有抒發情感、記錄生活、傳達理念，或者行銷商品等多重目的。當我們是社群媒體產製者角色時，需要注意媒體內容產製的基本準則，不要重蹈傳統媒體被人指責的錯誤；若是扮演閱聽人的角色時，就必須具備訊息解讀的技巧，不盲目相信、不隨意轉傳有問題的不實訊息。讓自媒體成爲協助社會發展與穩定的力量，而不是顛覆破壞的衝突來源。

1. 目前你的手機與電腦上，下載了哪些社群媒體？你最常使用哪幾種社群媒體？再觀察周圍親朋好友的習慣，例如同學和長輩經常使用的社群媒體是什麼？使用行為（例如使用時間／頻率／情境／功能……）和你一樣嗎？
2. 再仔細想想，這些社群媒體是不是提供不同的功能？帶給你及親朋好友們不同的滿足？它們對大家是不是有特殊的意義？
3. 關注哪幾個直播主或YouTuber？他們是屬於哪種類型的自媒體？他們吸引你注意的原因是什麼？
4. 你有自己的YouTube頻道或Instagram帳號嗎？通常會上傳什麼樣的內容？為什麼想上傳這些內容？有期待親朋好友的回饋嗎？

5. 請觀看公民新聞，從中挑出一則新聞和主流媒體的新聞做比較。例如新聞的取材、報導的立場、新聞長度、畫面呈現……；進一步思考，公民新聞的價值與發展和主流媒體有什麼差異？

媒體產製與監督

第 13 章

媒體監督：三律共管機制

學習目標

- 了解媒體監督理論與實務基礎
- 了解三律共管的基本概念與現實困境
- 討論建構媒體監督的新架構
- 思考閱聽眾成為自媒體的監督與被監督

前言

2020年總統大選期間，各候選人甚至早在黨內競爭提名時，即已使出渾身解數，爭取提名或勝選，再加上媒體各擁其主，顯現選戰之混亂與激烈。有人說，只要打開電視台，從新聞報導就可以看出該台支持哪位候選人？這種現象算是民主社會的常態嗎？或是媒體多元化的展現呢？民眾該如何看待塗滿顏色的臺灣媒體？如果媒體偏離其應謹守的專業角色與功能，那誰有責任或權力去提醒它、監督它，甚至處罰它？

NCC在2019年6月公布「108年3月電視新聞報導觀測」統計結果，[1]該觀測報告以3月份申訴量最多的一週（3月24

[1] 劉力仁（2019.6.19）。〈NCC公布新聞台統計中天政治人物報導

日到3月30日）作爲觀測期間，針對台視、中視、華視、壹電視、年代、東森、中天、民視、三立、TVBS、寰宇新聞等11個頻道，每天12時至13時、19時至20時新聞報導之標題爲基礎，進行觀測。觀測結果出爐，總合被報導的前五名政治人物爲韓國瑜、蔡英文、賴清德、柯文哲、朱立倫。韓國瑜無論總則數及總秒數，在11台都奪冠，第二名部分，除了壹電視是柯文哲第二外，其他十台都是蔡英文。

若統計政治人物報導秒數，中天報導韓國瑜秒數占88.31%、中視占77.58%、東森占65.62%；政治人物報導則數方面，中天報導韓國瑜則數占87.05%、中視占77.33%、東森占64.08%。若將政治人物新聞跟一般新聞加起來，中天有41.57%的新聞在報導韓國瑜、寰宇二台31.79%、中視20.99%、東森則是21.52%。NCC根據該週新聞秒數及則數的統計結果強調，部分媒體播報特定政治人物的比例有明顯偏高的情況。

如果就NCC對各新聞台報導政治人物的觀測結果來思考，電視新聞台大量報導某一候選人，有何不可或不當嗎？其次，如果新聞媒體大量報導某些政治人物，有違反現行的廣電相關法規嗎？還有，主管機關是否應該對媒體如此表現加以處罰嗎？社會大眾該如何去看待媒體這樣的表現呢？這些都是值得深思的媒體素養教育的重要課題。

每次談到政府該如何規管媒體，或者有媒體因觸犯某些法規而面臨被罰款，甚至撤照等狀況時，總是會有人高舉言論自由或新聞自由的大旗，來反對政府對媒體進行管制。這樣的主張應該思考的問題是，難道因爲憲法保障言論自由，媒體就可以擁有無限度的新聞自由嗎？還有除了政府可透過立法來規範媒體表現外，社會大眾又該如何去看待媒體的不當行徑呢？亦即當媒體日益惡質化，這到底是媒體的或是政府的責任，還是其實也是所有閱聽眾的責任呢？

簡單說，媒體與閱聽眾的關係，可用市場供需法則來解釋，有需求就

韓國瑜占8成〉，《自由時報》（https://news.ltn.com.tw/news/life/breakingnews/2827285）。

會有供給，就算是不良的媒體內容，只要有人願意閱聽，就會有人願意刊播。也就是說，當許多人抨擊媒體日漸惡質化時，有可能忽略了，閱聽人本身也是造就不良媒體的共犯之一。因此，讓媒體表現符合國家及社會的期待，絕對不只是媒體本身或主管機關的責任，更是所有閱聽眾該負起的責任，這就是所謂媒體監督的議題。本章將帶領讀者了解推廣媒體監督理念的重要性與必要性，以及在面對媒體問題時，如何讓社會大眾能夠體認自身的責任，並學習實踐媒體監督的策略。

第一節 媒體監督的理念基礎

如果要談媒體監督的源起，其發展論述可能不如媒體角色那樣的明確且脈絡分明。簡單說，大眾媒體的角色與功能的討論大致建立在民主政治發展體系脈絡中，亦即唯有在民主開放的政治體制下，媒體才會忠實扮演它應該有的角色，以及發揮它應該有的功能。而在民主政治體制中，媒體最主要的功能就是監督政府，亦即媒體是監督三權政府（行政、立法、司法）的第四權。

但是在這樣的理論架構下，媒體角色與功能會因著各種內外影響因素，例如社會期待與政治控制等，而有不同的表現面貌。例如這些年媒體因為廣告總量的減少，導致內容產製的經費不足，因此引發搶奪收視率及置入性行銷的搶錢行動。另外在 2003 年黨政軍退出廣電媒體修法通過後，多數媒體陸續落入財團手中。如果經濟力介入媒體，只是想獲利，那對資本主義社會來說，應該是企業集團經營事業的常態，但偏偏在臺灣，財團介入媒體引發的爭議，反而不是來自經濟力，而是政治力，或是意識形態的控制。

例如 2008 年旺中集團併購三中（中時、中視、中天）後，[2] 2010 年又

2 謝柏宏、余麗姿、黃晶琳（2008.11.4）。〈204 億元旺旺買下中時集團〉，

結合國泰集團與東森集團，以 700 億有意併購當時最大的有線電視集團中嘉網路，引發社會各界的質疑聲浪。[3]旺中集團短時間大舉進軍臺灣媒體產業，不僅讓各界對媒體財團化，及中國是否介入臺灣媒體產生極大疑慮外，社會團體、學生與學者更發動大規模反媒體壟斷遊行，而主管機關國家通訊傳播委員會（NCC）亦著手研議制訂反媒體壟斷法規，反旺中運動蔚爲當時風潮。

戒嚴時期（1949-1987）的威權政府全面控制著媒體，雖然亦曾引發第四權如何能監督三權的疑慮，但威權時代媒體的獨立自主本來就很難被期待，因此當時媒體與政治間關係的議題都聚焦在媒體如何擺脫政治控制？但到黨政軍退出廣電媒體後的財團控制媒體時代，則引發另一個值得深思的議題，那就是媒體如何擺脫所屬財團（產權）的不當控制。這些年來，臺灣媒體依然無法擺脫被不當控制的命運，只是這隻控制的手從政治力變成經濟力而已。

雖然媒體如何擺脫政治力或經濟力的不當操控永遠是關心媒體如何在民主國家發揮應有的角色與功能的重要議題，但這問題的背後，其實還有個更嚴肅的問題待面對，那就是如果媒體因不當勢力操控而偏離它應有的角色及功能時，那這時應該由誰來導正媒體呢？

威權時期媒體被政府操控，經常爲執政者擦脂抹粉，後來解嚴進入市場競爭時期，眾多媒體爲搶占日漸萎縮的廣告市場，不惜以低俗節目內容爭取收視率，或以置入性行銷手段，將廣告訊息置入節目中，讓閱聽眾不知不覺透過知曉廣告訊息，進而引發其購買意願或產生購買行爲；另外其實更嚴重的是，如果財團不以獲利爲其經營媒體的主要考量，反而是以控制媒體來貫徹其個人的政治理念或意識形態，那麼在這樣的困境下談媒體

《經濟日報》（http://city.udn.com/54543/3086727#ixzz44kED8aaB）。

3 張家豪、陳慜蔚、徐毓莉（2010.10.26）。〈旺旺東森蔡鎮宇合資 700 億買中嘉每收視戶逾 6 萬元創新天價旺旺將持股 51%〉，《苦勞網》（coolloud.org.tw/node/64615）。

的角色與功能，還有什麼意義？

因此在政治、經濟，或其他不當勢力持續控制媒體的背後，值得關注的問題是，誰來保護或監督媒體扮演其應有的角色？亦即當社會有越來越多不當力量企圖影響媒體時，如何建構使媒體能正常運作的社會機制，是民主政治發展的重要議題。

第二節 媒體監督架構：三律

過去當媒體表現偏離它應該有的角色與功能時，有些民眾會自認倒楣，因爲媒體不可或缺，只好睜一隻眼、閉一隻眼，對媒體失職的表現無能爲力或無奈以對；另有些人體認憲法賦以媒體言論自由的保障，只能苦口婆心地呼籲媒體要體認它存在於民主社會的重要性，不要輕忽或糟蹋自己崇高的職責；另外有些民眾則會採取拒看、拒買，或拒點閱的方式來消極抵制媒體的不當行徑，期待媒體因此做些調整；此外還有些人會採取比較強烈的手段，出面呼籲政府應該出手好好管管媒體，導正媒體的不當行爲，甚至以往還發生過監察委員去巡視行政院前新聞局時，要求政府應該透過立法好好管理媒體，以免讓媒體成爲破壞民主制度的幫兇。

不管是前述的哪種論點或行動，學者提出三律架構，作爲思考媒體規範的理論基礎：自律、法律，以及他律。以下分別說明。

一、自律

所謂「自律」是指媒體受憲法新聞自由條款的保障，應認知到社會期待媒體能成爲監督政府施政、守望社會環境、促進民主發展，以及建構公民社會的重要力量，因此媒體要「嚴以律己」，以回應憲法保障的媒體工作權。簡言之，媒體自律的主張在強調，當媒體享有憲法超高層次的言論自由的保障，理應也要有超高度的自我規範使命，來回應憲法給予它的崇高工作權。也就是說，天底下從沒有一個行業行爲是如此崇高到受憲法明文來保障（言論自由），因此媒體即應該體認到這樣備受尊崇的工作權利，並不是平白無故而得的，必須比其他行業更要重視自律的重要，即自己管好自己。

但很遺憾地，這些年新聞媒體從煽色腥的報導，[4]到危害社會的假新聞，問題層出不窮，以致 NCC 都不得不承認媒體自律已失能的事實，也證明媒體自律只是臺灣社會虛空的想望。[5]簡單說，在這些年間，媒體從 2008 年香港陳姓男藝人到 2012 年臺灣李姓富少，兩人淫照偷拍事件的報導，或是從 2012 年日籍女藝人到 2016 年李姓女藝人，兩人毆打計程車司機或互毆事件的報導，還有近年的假消息、假新聞滿天飛，媒體員的從自我角色認知中，學到或學會自律了嗎？還是像 NCC 前主委說的，媒體自律已失能？如果繼續期待媒體會自律，這樣是否太緣木求魚了呢？

二、法律

「法律」是指以立法爲手段來管制媒體的行爲，這也是當媒體偏離它應有的角色與功能時，民眾最常想到的一種規範方法，但其實主張立法規範媒體，正好違背媒體監督政府的民主政治基本邏輯，因此便顯得危險，因爲會讓被監督的政府去操控監督它的媒體，便可能導致媒體監督政府的力量的消逝。因此理論上來說，法律是所有媒體規範模式的下下策，除非萬不得已時，應該儘量不用，否則將引發箝制新聞自由與干預新聞自主的疑慮。例如當各界在討論假訊息防制策略時，民眾該贊成政府立法來處罰

---

4 劉麗榮（2019.6.19）。〈全裸私刑報導畫面 NCC 開罰 3 家電視台 80 萬〉，《中央社》（cna.com.tw/news/firstnews/201906190310.aspx）。

5 陳進交、黃庭鋒（2019.3.18）。〈假新聞不斷立委抨擊 NCC 坦言媒體自律失能〉，《新唐人亞太電視》（http://www.ntdtv.com.tw/b5/20190318/video/241891.html?%E5%81%87%E6%96%B0%E8%81%9E%E4%B8%8D%E6%96%B7%E7%AB%8B%E5%A7%94%E6%8A%A8%E6%93%8A%20NCC%E5%9D%A6%E8%A8%80%E5%AA%92%E9%AB%94%E8%87%AA%E5%BE%8B%E5%A4%B1%E8%83%BD）。

假新聞的傳散嗎？也許是兩難。

有關「法律」，這裡需補充的是，廣電法規「多如牛毛」的原因是，無線電頻譜屬於全民所有，政府只是受人民所託管理無線電頻譜的使用者如無線廣播及電視台，因此爲保障人民的無線電頻譜財產權，所以才得以立法規範無線電波的使用者，以確保人民的財產被妥善使用。

三、他律

「他律」就是希望透過社會大眾及民間團體的力量，建立民間監督媒體的機制，隨時檢視媒體的表現，以防患媒體表現脫離常軌。理論上，這也許是最直接、最值得期待的媒體監督力量，甚至有人把民眾監督媒體視爲「第五權」，亦即當媒體成爲監督政府三權的「第四權」時，那民眾應該扮演監督媒體的第五權。不過事實上，民眾監督媒體的理想卻也被視爲最「烏托邦」的一種管制力量，因爲民眾永遠像是一盤散沙。以臺灣當前民間監督媒體的現況來看，烏托邦的說法也許適用，因爲實務上，臺灣的他律不僅難以落實，也從未發揮過眞正可以影響媒體發揮功能的效果。

簡單舉一個最著名的他律實例，2004 年當美國超級杯足球賽中場表演者賈斯汀（Justin Timberlake）伸手扯下另一位表演者珍娜傑克森（Janet Jackson）的胸罩後，雖然這電視畫面僅僅出現 1.7 秒，但美國廣電媒體管制機構聯邦通訊傳播委員會（Federal Communications Commission，FCC）在一個月內即收到來自全美各地的 54 萬個包括電話、電郵等抗議訊息，結果負責轉播的哥倫比亞廣播公司（Columbia Broadcasting Corporation，CBS）被處罰 55 萬美金（張錦華，2004）。[6]但是十年後，當 2014 年臺灣發生中天電視談話性節目物化太陽花女神事件，雖然當時總計約有 6,000 通抗議電話湧進 NCC，但比起美國的超級杯抗議人數，還眞是小巫見大巫！這數字差距的背後，應該不會只是臺灣與美國人口總數差異的問

6 張錦華（2004.10.3）。〈從 CBS 天價罰款看閱聽人的監督力量〉，《中時名家論壇》（http://homepage.ntu.edu.tw/~cchwa/html/chinaT_main.htm）。

題而已，應該是美國人比臺灣人更了解媒體在民主社會應該扮演什麼角色，當它的角色扮演偏離社會對它的期待時，民眾是會出手導正的。

總結來說，雖然三律被視爲是當前規範媒體的三種主要力量，但臺灣在諸多因素影響下，媒體自律還是不彰，要求媒體要管好自己幾乎是緣木求魚。加上在戒嚴時期，威權政府長期透過控制媒體來控制人民的腦袋，解嚴後法律還是容易被執政者濫用來對媒體上下其手，甚至引發寒蟬效應，進而達成政治箝制言論的目的，因此人民對政府立法管控媒體還是會心存恐懼，還是會有很大的疑慮。最後是他律，長期以來，當管控媒體的手段從極嚴變爲極鬆後，民眾誤認媒體只是娛樂的工具，因此對媒體不當行爲永遠寬容以待，多數人最常掛在嘴上的一句話就是，不喜歡（媒體）就不要看！但這樣的論述卻忽略，娛樂僅是媒體在民主社會的極小部分功能而已，媒體對民主社會更重要的功能，應該是提供公共服務、建構公共論壇，因此提倡他律幾乎成爲奢求，以致長期以來，臺灣公眾監督媒體的力量不僅相當薄弱，更是一盤散沙，根本無法影響媒體。

第三節　三律共管的實踐與困境

綜整來看，媒體監督的三律雖各司其職，但也各有弱點，因此都難以獨挑大梁。當監督媒體論述框限在思考三律如何發揮力量，讓各界不得其解時，約莫 2000 年左右，歐盟提出三律共管的媒體規範新理念，開始讓各界深思，也許三律不應各行其是，而是應該互爲助力，讓三律有新的規範架構，亦即「三律共管」的媒體監督新架構。

所謂三律共管，即是統合三種規範媒體的力量，一起發揮監督媒體的作用，可以分成兩部分來說明：一是以法律來強化自律，二是以法律來獎勵他律。

一、以法律強化自律

以法律強化自律的基本思維是，政府不宜輕率提出管制媒體的法律，以免有箝制言論市場的疑慮，但這樣的主張並不是說，政府可恣意放任媒體的不當行徑，因此如果是在規範媒體以發揮其正常功能的前提下，政府是得以立法，強制媒體應自行設計一個自己可以管好自己的合理機制，以避免政府的介入營運。其次，以法律鼓勵他律是鑒於他律是一盤散沙，但卻是最應發揮效益的一種力量，因此寄望透過政府立法，以實質手段立法鼓勵，甚至獎勵民眾發揮監督媒體的功能。這樣做，不僅可以積極解決媒體自律不彰的情況，並可免除政府箝制言論的疑慮，積極發揮民間監督媒體的力量。

爲落實三律共管架構中「以法律強化自律」的理念，2016 年修訂的《衛星廣播電視法》第二十二條明訂：製播新聞或其他經主管機關指定之衛星頻道節目供應事業，應建立自律規範機制，獨立受理視聽眾有關播送內容正確、平衡及品味之申訴。並應定期向主管機關提出具體報告，並將其列爲公開資訊。NCC 此舉正是將「以法律來強化自律」的理念入法，目前所有衛星新聞頻道以及有製播新聞的電視頻道皆已依法成立自律（倫理）委員會，不僅聘請外部專家學者擔任委員定期召開會議，並需將其會議紀錄公布於公司（頻道）官網，以昭公信。

理論上來說，自律委員會的成立應該有助於電視新聞相關頻道的自律，來提升新聞品質。但近五年來，成立自律委員會跟提升新聞品質間，是否呈正相關，應該還沒有相關證據或研究來呈現兩者間的關聯性；另外從 NCC 這些年的裁處紀錄來檢視，自律委員會是否提升新聞品質的實際效益應該尙待觀察及考驗。其次，自律委員會能否有影響新聞部門的權威，還是只能被動接受諮詢，提供法規意見而已，甚至僅是用來應付法規的要求？例如：多數自律委員會，其外部成員並未過半，且主席或召集人通常是媒體內部高階主管，這樣討論時的權力關係當下立判，即便有過半，外聘的委員也都可能是媒體友好人士，是否眞能秉公處理有爭議的自律事件，亦不無疑慮。甚至自律委員會是否有內部懲處建議的權限，還是只有勉勵避免再犯的功能？據此，NCC 應該針對自律委員會的設置成效進行調查或研究，以作爲未來修法或制訂新規範的參考依據。

二、以法律獎勵他律

三律共管規範中「以法律獎勵他律」的落實則相對困難許多。事實上，他律機制存在於廣電法規中已久，落實以法律獎勵他律實在不能說是新的規範，但爲何說具體實踐有困難呢？例如 2007 年以前的廣電法規規定，凡是檢舉廣電媒體違法行爲，檢舉者可獲裁罰金額的 4%，作爲檢舉獎金，實質鼓勵民眾檢舉媒體的不法行爲。但到 2007 年，這個檢舉獎金的比例基於不明原因，突然被修法調降爲 1%，只剩原來的四分之一。到 2011 年，立法院曾做成決議，「以現今國家財政困難，且檢舉不法的傳播內容亦爲國民應盡義務，責成 NCC 重新檢討獎勵要點，應將檢舉獎金發放之額度降爲罰鍰金額之千分之一，以撙節國庫支出」；接著 NCC 基於立院的檢討決議，2012 年 10 月透過修訂《國家通訊傳播委員會檢舉違法傳播內容獎勵要點》，將檢舉獎金的比例再度調降，這次一降就降爲 0.1%，只剩當年的四十分之一。

後來 2015 年 5 月 NCC 再以「案件少、獎金少、行政作業成本高」爲理由，不明所以地將檢舉獎金完全取消，也就是 0 元；終於讓檢舉媒體違規成爲「國民應盡的義務」，亦即檢舉媒體違規沒任何獎金！當時 NCC 說明決定全面取消檢舉獎金的理由主要有二：一是行政作業成本高，實際效果很少，民眾領取意願低，約有 17% 的檢舉人未領取獎金；二是現在網路發達，檢舉管道很多，不需要再透過獎金鼓勵檢舉。歷經三次修法，檢舉廣電媒體違規的獎金從 4% 修到最後變成 0%。

許多人對政府取消檢舉獎金的措施百思不解，如果政府眞有意鼓勵民眾發揮監督媒體的權力，而不是事事都由政府來規管媒體內容的話，那檢舉獎金正是很好的政策工具，有何理由該取消呢？當初 NCC 提出的兩點理由有點似是而非。首先民眾領取獎金意願低，是因爲檢舉獎金修到只剩 0.1%，例如媒體被罰 10 萬元，結果檢舉獎金只有 100 元，即便媒體被重罰 100 萬，檢舉獎金也只有 1,000 元，這像是有誘因的獎金額度嗎？第二個理由說現在檢舉管道很多，所以不需獎金鼓勵，此說法更是矛盾，檢舉管道多不多，跟想不想或應不應該有檢舉獎金，這兩者間並無關連。[7]NCC 提出如此不成理由的理由，應該是有難言之隱，主要是因爲媒體業者遊說立法院，建議 NCC 取消違規獎金，以免民眾看中獎金而積極檢舉媒體違規。

因爲法律無法有效鼓勵他律，也就造成目前媒體監督的落實尚有個缺口，想要達成透過法律來鼓勵他律的目標，恐怕還是需要靠閱聽大眾的協力。因爲基於三權分立原則，NCC 受立法院的監督，因此可以說官員怕立委；而民意代表需要接受選舉的考驗，便需要透過媒體以塑造好形象，所以可以說立委想討好媒體。如此一來，就形成了「媒體怕官員、官員怕立委、立委討好媒體」的鐵三角互動關係，讓媒體檢舉獎金成爲不可能。

退一步想，即便 NCC 想立法獎勵民眾監督媒體，但媒體不想被監督時，業者就會請想向媒體示好的立法委員去質詢官員，要求檢討或取消檢舉獎金的規定，而 NCC 怕得罪立委會被刪除預算，所以只好讓立委予取予求，便只能順應立委「民意」取消檢舉獎金。因此面對這樣的三角關係，期待 NCC 主動提修法恢復檢舉獎金，幾乎是不可能的事。如果思考落實「以法律獎勵他律」之道，恐怕還是只能集聚閱聽大眾的「民意」，給予民選的立委壓力，讓他們知道不能只靠討好媒體塑造形象，尊重民意也是很重要的，如此才有可能打破前述鐵三角關係的框限。總而言之，媒體監督的動力，還是需要源自閱聽大眾，不能太過指望其他的助力。

---

7 有關本節有關以法律獎勵他律的討論，可參考：(1) 陳炳宏（2012.11.6）。〈NCC 阻撓人民的媒體監督〉，《批媒．眉批——陳炳宏的部落格》（http://pxc24.blogspot.com/2012/11/ncc.html）。(2) 陳炳宏（2015.9.7）。〈檢舉媒體不法，爲何沒有獎金？〉，《媒體改造學社》（http://twmedia.org/archives/1225）。

第四節 數位時代媒體監督的挑戰

傳統媒體監督的理念基礎很簡單，就是媒體監督政府，誰來監督媒體？但由於媒體與政府是監督者與被監督者的關係，所以對政府管制媒體需要非常警覺，以免讓政府的手伸進媒體，因此人民成為監督媒體的主力，但由於閱聽眾還不是很了解個人與媒體間的關係與重要性，人民對監督權利的無知，導致媒體的繼續墮落。隨時時間的演進，這些年來媒體還是媒體，閱聽眾還是閱聽眾，兩者間繼續維持主動提供訊息與被動接收訊息的傳統關係。

但因著數位時代的到來，兩者間的關係已經有了根本的轉變。怎麼說呢？因為媒體可能還是媒體，但形式更多了，而這時閱聽眾已經不再是單純的閱聽眾，也可能是媒體，例如近來盛行的 YouTuber、自媒體、直播主等等，每個可以生產訊息內容的閱聽眾都可以成為媒體，那麼當傳統的閱聽眾監督媒體的基本邏輯，到數位時代便被顛覆，或者說，監督的意涵更複雜了。例如：過去閱聽眾看到或聽到不當的媒體內容，他可以去投書譴責、可以打電話或寫信去抗議，甚至可以到管制機關如 NCC 去檢舉，形式不一而足。但是當閱聽眾變成媒體，例如直播主或 YouTuber 生產一些不當訊息時，這時候的問題是，傳統被動的閱聽眾成為主動的訊息提供者，那又該由誰來監督呢？也就是說，過去閱聽眾監督媒體，但當閱聽眾也是媒體，那誰來監督閱聽眾媒體呢？再想下去腦筋可能就要打結了，因為該被對付的是隨時可以產訊息的閱聽眾（自媒體、部落客、直播主），那又該由誰來監督呢？

因此數位時代的媒體監督的概念可能比傳統監督理念還要多元一些，也就是說，在數位時代，訊息提供者與訊息接收者很可能已經混為一談，很難釐清誰監督誰。所以追根究底，還是本書最終的目標，每個民眾都是被動接收訊息的閱聽眾，但也同時是傳播訊息的自媒體，因此要落實傳統媒體監督的數位使命，那就是希望透過教育落實媒體素養，讓全民具備媒體素養能力，否則數位時代因爲監督者（閱聽眾）與被監督者（媒體）角色的重疊或互換，未來媒體亂象可能只會更嚴重而無解，除非努力落實媒體素養教育。

結語

如同前面的討論，自律不可期待、法律又有很大的疑慮，雖然可以仰賴他律，但在民眾缺乏自我角色認知，以及缺乏三律共管的獎勵機制，他律好像也無法落實，因爲他律根本就像是一盤散沙，沒有根基而無法著地。因此有些致力於提升媒體經營環境及內容品質，或重視兒少身心健康的公民團體，例如臺灣媒體觀察教育基金會、臺灣少年權益與福利促進聯盟（兒少新聞妙捕手），都有一項重要的任務，即接受民眾對媒體表現不滿的申訴，除轉給媒體做參考外，有時也會啟動監督機制，代表民眾向主管機關提出檢舉。其次是廣電媒體主管機關，例如NCC在官網設置「傳播內容申訴網」，接受民眾對廣電媒體表現不滿或違法的申訴。

另外如「網路內容防護機構」（Institute of Watch Internet Network, iWIN），係依照《兒少法》第四十六條授權，由國家通訊傳播委員會邀請各目的事業主管機關，如衛生福利部、教育部、文化部、內政部警政署、經濟部工業局以及經濟部商業司等共同籌設，致力於防止兒童及少年接觸有害其身心發展之網際網路內容，其業務中即有接受民眾對網路不當內容的申訴，亦即具備監督媒體內容的功能。[8]

此外，除仰賴公民團體或政府機關啟動的監督機制外，閱聽眾還是有許多方法可以落實媒體監督行動。例如：利用報紙寫讀者投書，或到各

---

8 這四個組織的網址如下：(1)「臺灣媒體觀察教育基金會」（http://mediawatch.org.tw/）；(2) 臺少盟「兒少新聞妙捕手」（http://www.newscatcher.org.tw/）；(3)NCC「傳播內容申訴網」（https://cabletvweb.ncc.gov.tw/SWSFront35/SWSF/SWSF01013.aspx）；(4)「網路內容防護機構（iWIN）」（https://i.win.org.tw/iwin/）。

相關網路平台留言或討論媒體表現；另外也可以打電話或寫信到電視台客服部門，或上媒體官網、粉專留言表達意見；再來就是也可以利用個人的社群媒體，將媒體不當表現公諸於眾，並促進討論以形成媒體改善的壓力等，只要能讓媒體了解閱聽眾對其表現的不滿意，進而形成提升媒體的動力，這就是有效的媒體監督行動。

總而言之，媒體監督這項重要促進媒體改善的行動，不必過度奢望由政府機關來發動，如果能透過他律來達成媒體監督的目標，這樣比單純仰賴自律或透過法律來得更符合民主社會的基本精神，只是如果可以促成主管機關願意擬訂具體措施，來鼓勵民眾進行監督媒體，例如恢復檢舉獎金，形成完整的三律共管機制，那就更完美了。

最後，要提醒的是，數位時代每個閱聽眾都是媒體，當民眾把手指指向媒體指責其不當時，也不要忘記，自己也是產製訊息的自媒體，如何讓數位時代的各類媒體都能扮演好自己的社會角色，並透過媒體素養教育，讓大眾媒體與自媒體一起邁向共好，這才是數位時代積極的媒體監督意涵。

第十三章 思考問題

1. 你覺得平面媒體該立專法管理嗎？你覺得目前管理平面媒體的法規有哪些？這些法律規範有何問題？該如何改善呢？
2. 你覺得廣電媒體的管理機制有何問題？該如何修正與強化？
3. 你覺得政府該管網路媒體嗎？那網路平台及社群媒體也該管嗎？如果該管，你會建議該如何管理呢？
4. 你覺得政府該如何強化他律法規，以及該如何鼓勵他律？
5. 請設計一套宣傳策略，讓民眾知道他律的重要性，然後樂意進行他律。

6. 當被動的閱聽人變成主動的媒體人（自媒體）時，這時候媒體監督到底是誰監督誰？請思考當人人是媒體人時，數位時代的媒體監督該如何定義，以及如何落實？

第 14 章

數位媒體時代的著作權與個人資料保護

- 了解媒體創製與著作權
- 認知著作權合理使用範疇
- 懂得應用創用CC資料
- 注意隱私權保護

前言

以「X 分鐘看完 XX 電影」系列而在網路上擁有高知名度的 YouTuber 谷阿莫，從 2015 年開始，在網路發表數百支對電影與電視劇的評論影片。例如點閱率高達 400 多萬次的「12 分鐘看完 18 小時的網劇《太子妃升職記》」、超過 300 萬觀看次數的「9 分鐘看完 9 部漫威復仇者聯盟系列電影」等。截至 2021 年 3 月爲止，谷阿莫的主頻道已累積 195 萬訂閱者，以及高達 9 億多萬次的點閱數。[1]

[1] 谷阿莫主頻道 https://www.youtube.com/channel/UC6IMF6xi_MZ3jA1wRlPQDLA/featured；谷阿莫另外還成立「谷阿莫 Life」頻道、「副頻道谷阿莫」、「谷阿莫直播」、FB 粉專與 IG 帳號等。

谷阿莫的影片在推出後獲得大眾熱烈討論與訂閱，也讓谷阿莫在2016年獲得WebTVAsia所頒發的「臺灣最佳年度頻道獎」。[2]更有網友從社群網站PTT與其他和媒體間的訊息，推估阿莫2016年的收入破500萬人民幣（約2,221萬新台幣），2017年又得到中國A輪融資3,000萬人民幣（約1.3億新台幣）的挹注；[3]此外，谷阿莫在YouTube上有超過百萬人訂閱，享有廣告分潤，估算2017年8月前，谷阿莫頻道在YouTube上獲取1,400多萬元的利潤。[4]

這些驚人的點閱數、討論度與收入，讓谷阿莫在2017年因《11分鐘看完960分鐘的韓劇W兩個世界》的影片，遭獨家買下《W兩個世界》影片版權的KKTV提告；另外「又水整合」電影公司也表示谷阿莫擅自使用所發行的《Stand By Me哆啦A夢》、《哆啦A夢宇宙英雄記》、《腦漿炸裂少女》、《近距離戀愛》等多部影片，不僅將電影批評的十分不堪，還破梗劇情，導致公司直接取消《腦漿炸裂少女》的上映計畫，甚至連DVD版權和播映權都受影響，粗估損失達上千萬元，因而提告。[5]

另外還有來得利影視、美商迪士尼及車庫娛樂等三家公司也提出告訴，認爲谷阿莫擅自取用電影片段，已經違反《著作權法》構成侵權，檢警於2017年4月進行搜索後將谷阿莫起訴。[6]

谷阿莫在被起訴之後，也自拍影片強調自己是依著作權合理使用原則，使用網路上找到的已公開，且任何人都能免費自由下載的影片，說明自己的影片使用並未侵犯智慧財產權。[7]在人人都是媒體創作者的自媒體時代，谷阿莫的影片使用方式受到著作權的保護嗎？是否構成著作權的侵權行爲？還有哪些重要的議題是媒體使用者應該注意的權責？

---

2 https://star.ettoday.net/news/819931

3 https://ent.ltn.com.tw/news/breakingnews/2047144

4 https://www.ettoday.net/news/20170903/1002988.htm#ixzz5xmFSX0c1

5 https://www.setn.com/News.aspx?NewsID=246541

6 https://www.ettoday.net/news/20190527/1453679.htm#ixzz5xmVjbHh3

7 請參閱谷阿莫影片 2017.4.24 https://www.youtube.com/watch?v=7icUXwJRaXQ

回到谷阿莫事件，檢方調查後認爲「X 分鐘看完 XX 電影」系列，已非單純的引用，而是「改作並公開傳輸，且超過合理使用範疇」，因此認定違反《著作權法》，在 2018 年 6 月將他起訴。2018 年 11 月開庭審理，谷阿莫表示自己沒有向觀眾收費，不爲營利，不認同被起訴；他也在臉書上回應，強調自己「不會輕言退出和放棄二次創作權」。

歷經二年的訴訟，最終谷阿莫和片商和解，估計谷阿莫賠償數百萬元，並於 2020 年 6 月 9 日在臉書粉專發文公開道歉，換得片商撤告，官司落幕。[8]

上述這段文字出現幾個重點：何謂著作權的「合理使用範疇」？什麼是「公開傳輸」？沒有營利就可以任意使用別人的著作嗎？何謂「二次創作」？在人人上網、人人皆是傳播者的時代，適度理解著作權，已是全民必備的基本素養。但若每樣事物皆受到著作權的保護，人類文明的發展可能因此受限，於是有合理使用與創用 CC（creative common）的出現。此外，有關隱私權與個資問題，也是數位時代極受重視的議題，本章即要帶領大家認識數位時代的媒體使用者應具備的素養。

第一節 著作權保護範疇與應用

網路興起之後，資訊的取得與傳輸變得十分容易與快速，再加上數位媒體匯流風潮，在網路上進行創作的門檻也比過往容易。有些人會說，我不是「創作」，只是「分享」、「轉傳」，不管是原創或分享，都涉及著作的取得、利用、散布與傳輸等與著作權相關的議題。更何況 2021 年「yes123 求職網」的調查顯示，「社群小編、網紅」高居男性與女性夢

8 詹鎰睿（2020.6.9）。《三立新聞網》https://www.setn.com/News.aspx?NewsID=758613&From=Search&Key=%E8%B0%B7%E9%98%BF%E8%8E%AB

幻職業的前 5 名；[9] 2019 年人力銀行的調查也顯示，「部落客與網紅」是國人心目中夢幻工作的第 3 名，僅次於公務員與工程師。[10] 當今大家都喜歡在網路上發訊息、做自媒體的狀況下，更需要理解著作權的相關規範。

一、智慧財產權與著作權

許多人搞不清楚這兩個名詞所指涉的內容，也經常聽到這兩個名詞交互使用，究竟這是兩個不同意思的詞彙？還是意義相近的名詞？

依據經濟部智慧財產局與其他研究者的解釋，「智慧財產權」（intellectual property right, IPR，簡稱智財權）是人類精神活動成果保護的權益總稱。[11] 包含三個重要概念：(1) 智慧，也就是「人類精神活動的成果」；(2) 財產，即這項人類精神活動的成果，必須同時具備經濟價值，才有成爲「財產」加以保護的必要；(3) 權利，即這項具有經濟價值的人類精神活動成果，由法律賦予它「權利」，才能成爲「智慧財產權」。[12]

具體來說，依據《成立世界智慧財產權組織公約》的規定，智慧財產權包含的內容有「文學、藝術及科學之著作」、「演藝人員之演出、錄音物及廣播」、「人類的任何發明」、「科學上的發現」、「產業上的新型及新式樣」、「製造標章、商業標章及服務標章，以及商業名稱與營業標記」、「不公平競爭之防止」、「其他在產業、科學、文學及藝術領域中，由精神活動所產生之權利」等八大項。

而著作權則是前項智慧財產權中，所提到的「文學、藝術及科學之著作」以及「演藝人員之演出、錄音物以及廣播」等部分，也就是智慧財產權的其中一種。一般常見的著作包括：詩詞、散文、演講（語文著作）、

[9] 林坤緯（2021.3.24）。《Mirror Media》https://www.mirrormedia.mg/story/20210324web010/

[10] https://www.nownews.com/news/20180419/2738320/

[11] https://www.tipo.gov.tw/ct.asp?xItem=219594&ctNode=7561&mp=1

[12] http://www.copyrightnote.org/ArticleContent.aspx?ID=1&aid=40

詞、曲（音樂著作）、漫畫、水彩畫、油畫（美術著作）、地圖、工程圖（圖形著作）、電影、動畫（視聽著作）、戲劇、舞蹈著作、錄音著作、建築著作、電腦程式著作及表演等。[13]

所以著作權是智慧財產權的其中一部分，屬於智慧財產權中對於「藝文性質」或「文化層面」等精神活動成果的保護，是與民眾日常生活關係最密切的智慧財產權。但是在我國並沒有一部法律叫「智慧財產權法」，而是由《著作權法》、《專利法》、《商標法》、《營業祕密法》等法律分別就不同的智慧財產權加以保護。

二、著作權的意義

著作權的保護主要來自《著作權法》的規範，依據該法的定義，著作權是指因「著作」完成後所生的「著作人格權」以及「著作財產權」。

根據《著作權法》的規定，「著作」包含了語文著作、音樂著作、戲劇舞蹈著作、美術著作、攝影著作、圖形著作、視聽著作、錄音著作、建築著作、電腦程式著作、表演、改作（衍生）著作以及編輯著作等。

而「著作人格權」包含公開發表權、姓名表示權以及禁止不當修改權等三種權利；「著作財產權」則包含重製權、公開口述權、公開播送權、公開傳輸、公開上映權、公開演出權、公開展示權、散布權、改作權、編輯權及出租權等。

更進一步來說，一件作品可以受到著作權的保護，必須是「屬於文學、科學、藝術或其他學術範圍」的「創作」，具體判斷的標準大致可歸納爲「四必一沒有」五項要件。[14]

四個必備條件是：

（一）必須是人類精神力作用的成果。因爲《著作權法》保護的對象是人類精神文明的智慧成果，因此必須是有人類精神挹注其中所完成的

[13] 同註 12。

[14] 資料來源智慧財產局，同註 12。

作品才受到保護。所以野柳風景區的女王頭不是著作權保護對象，用電腦軟體整篇翻譯的文章、測速照相機器所攝影的照片等，都不屬於創作，無法列入著作權保護對象。

（二）必須經由表達而外顯，也就是著作權保護的對象必須以客觀化的表達形式表現出來，能爲人類感官所感受到的內容。仍然停留在抽象層次的思考或思想，是不被保護的。

（三）必須獨立創作且具有創作性。也就是作品必須由著作人自行完成，不能是抄襲或複製他人既有著作。至於創作性則依「美學不歧視原則」，不將著作的品質列入考量，只要具有最低程度的創意，就可認定作者的精神足以表現其個性或獨特性，而受到保護。

（四）必須屬於文學、科學、藝術或其他學術範圍。也就是強調創作必須具有「文藝性」，不是學術性，也不是應用價值性。例如設計精美的手機，不屬於文學、科學、藝術或學術範圍的創作，所以不被《著作權法》保護，但可被認定爲新式樣而劃歸《專利法》保護。

所謂「一沒有」是指《著作權法》將原本屬於保護的作品，因考量公眾需求，而被排除於著作權保護範圍之外，沒有被保護的作品，例如憲法、法律、命令或公文；標語及通用的符號、名詞、公式、數表、表格、簿冊或時曆；單純爲傳達事實之新聞報導所作成的語文著作；依法令舉行的各類考試試題及其備用試題等等。

上述這些複雜的觀念，我們用下圖 14-1 來表示就很清楚了。智財權是指人類精神力作用的成果，包含人文藝術科學、產業創新、製造商標等等，由「四必一沒有」原則來判定是否是符合智慧財產的條件；目前智財權沒有單一專法來規範。著作權是智財權的一部分，專指文學藝術、科學戲劇、音樂舞蹈等。著作權包含著作人格權與著作財產權，分別保護著作人與作品的權益。

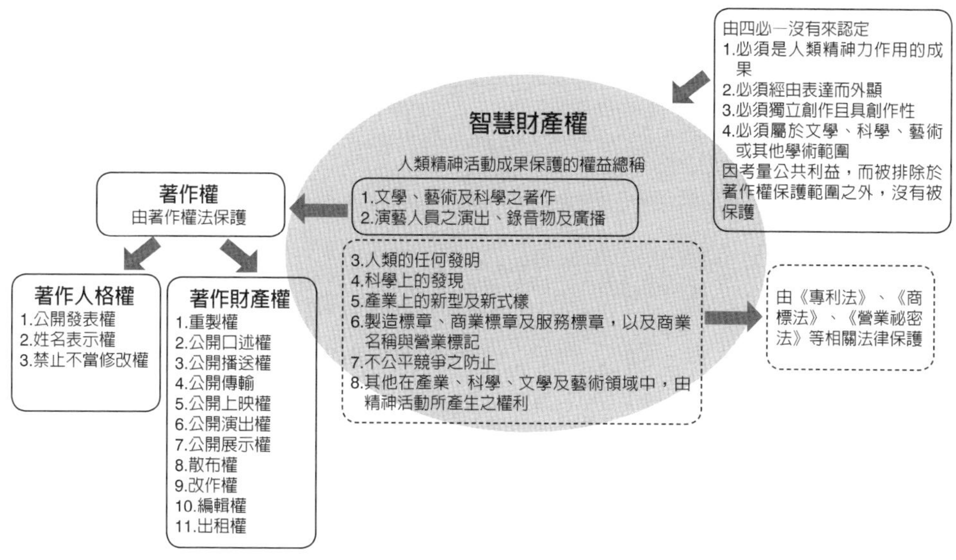

圖 14-1　智慧財產權與著作權相關規範之意涵

資料來源：經濟部智財局；繪圖：作者。

三、著作權與社群媒體

釐清智財權與著作權的基本概念之後，大家即可明瞭在社群媒體上分享自己的美食體驗、旅遊照片、心情抒發等文字、圖片或影像內容，皆是著作權保護的範疇，在使用他人的內容時需要小心謹慎。

以臉書的內容為例，根據臉書的條款規定，將使用者上傳提供的訊息分為「資料」及「內容」兩個部分。臉書的資料是使用者的姓名、大頭照或其他事實等可以使別人聯想到使用者的訊息。當初使用者在加入臉書時，已經同意臉書可以取用這些資料，所以即使公開分享也不會造成侵犯著作權的問題。

但是臉書「內容」，指涉的是與著作權相關的文字、相片、影片與圖畫等訊息。這些「內容」只限於臉書使用，即便使用者分享時設定為「公開」，但不表示任何人都可以隨意公開使用，若是未經當事人同意，自行下載後轉貼、轉傳等行為都會構成侵害著作權的行為。

有人認為只要註明作者姓名，就可以免費取用、改作重製或者轉貼分享，這其實是不正確的，不是所有公開的東西都可以免費使用。因為臉書的內容是創作者的智慧財產權，沒有當事人同意授權，極可能構成侵權問題；若只是單純分享該篇文章的網址，由觀看者自行連結，就沒有侵權問題。[15]

最常見的是有些網路賣家，因為販售相同的商品，就自行取用他人的照片，下載後轉貼、轉傳，極有可能觸法侵害他人權益。

此外，有很多社群媒體的使用者，看到 YouTube 上的精彩影片，擔心分享到臉書時縮圖較小或影片無法直接播放等因素，就直覺的「先下載影片，再重新上傳」，讓影片可以顯示得更符合自己想要的呈現方式。但這種方式很可能侵犯著作權，只要下載再上傳，就是一種重製行為，需要謹慎。同樣的道理，好文分享「先複製再剪貼」，也可能涉及重製權的侵害。最保險的方式就是使用臉書的分享按鈕，那是藉由網站提供連結的方式，提供其他使用者瀏覽，這種單純轉網址的動作，不涉及重製內容的行為，也就不會有侵權的疑慮。

還有一些人為了抓住觀眾的注意力，喜歡把授權影片重新剪接，加上有趣的字幕或素材，甚至配上音樂，改作重製。雖然有標示影片來源，但標示來源只是「著作人格權」的範圍，並不一定代表取得完全的著作權利。

因為上述的影片後製其實是一個複雜的過程，涉及好幾個著作相關權利。包含音樂、影片及其他素材等所有來源，都必須經過合法授權，且經過每個創作者同意。其次，這種下載影片再進行重新製作的方式，可能涉及二個著作利用的行為，一個是「重製」，另外一個是「改作」。隨著改作的幅度變大，整個新影片也可能會成為一個全新的著作。因此，需要事先確認影片所有者是否可轉載，也可能需要說明自己使用素材的目的、使用的範圍以及使用的方式等，以徵得著作人的同意。

[15] 中央社（2017.2.5）。https://www.chinatimes.com/realtimenews/20170205001564-260410?chdtv

最後，如果大家發現自己創作的內容未經授權就被使用，第一時間可以要求對方先行刪除，或是蒐集相關證據進行訴訟，維護自己權益。至於在轉貼文章或是相片、影片之前，也最好先行取得當事人同意，避免引起不必要的糾紛或爭議。

第二節 合理使用與創用CC

《著作權法》的立法目的，除了保護著作權，另一方面也需要保護大眾接觸人類智慧成果的公共利益，所以在賦予創作者著作權之外，也以合理使用規範，限制著作人的權利，確保資訊流通與知識傳承。否則社會大眾將無法應用人類智慧所創作出來的各種創作，不僅無法促進文明的發展，反而處處受限，隨時處於侵害著作權的危機。

一、合理使用的意義與實務

爲了讓智慧創作的成果不被壟斷、能兼顧大眾利用著作的權益，《著作權法》在特定的情況下，允許社會大眾因爲「報導、評論、教學、研究或其他正當目的之必要」，可以在合理範圍內，引用已公開發表之著作，而不構成著作權的侵害。所以像是老師課堂上的教學、新聞記者的報導、研究者的評論等，都可以在合理範圍內引用他人的著作。

進一步了解所謂「合理使用」。其實是法律對著作財產權的「限制」與「例外」，同時爲了避免與著作的正常利用產生衝突，或者不合理地損害著作人的利益。「合理使用」除了上述使用情境的限制之外，更有審愼的規範，以我國的《著作權法》爲例，對於合理使用明列四個面向的判斷基準：[16]

（一）利用之目的及性質，包括係爲商業目的或非營利教育目的

[16] 同註 11。

（二）著作之性質，是商業性質、學術性質或其他通俗著作等
（三）所利用之質量及其在整個著作所占之比例
（四）利用結果對著作潛在市場與現在價值之影響

上述合理使用的判斷並不是絕對的，也不是非黑即白的考量，而是比較性的，沒有絕對的標準。好比我們不能因爲著作利用的目的是商業性的，就不能合理使用，因爲是非營利教育目的就判斷可以合理使用；而是說，以商業性質目的爲主的利用，比較不易構成合理使用，非營利教育目的的著作使用，比較容易構成合理使用。

所利用的著作質量占整個作品的比例，也是判斷是否合理使用的基準。例如谷阿莫宣稱他的「X 分鐘看完 XX 電影」屬於著作權合理使用範疇，其中所列舉的理由之一就是，他的影片只用了原作十分之一的電影，不是整段電影都拿去用。那麼使用整部電影的十分之一算不算合理使用？法律還必須考慮谷阿莫的影片播出之後，對該部電影的票房與口碑形象的影響，即「利用結果對著作潛在市場與現在價值之影響」。

再根據法律人士的分析，[17]谷阿莫自行剪輯電影內容並加上自己旁白，屬於《著作權法》的「重製」與「改作」，而將剪輯內容放於網站上屬「公開傳輸」，重製、改作及公開傳輸，都需要經原權利人的授權，但谷阿莫都未經授權。不過谷阿莫主張他是以評論電影著作爲目的，在合理的範圍內引用原始電影著作的內容。

另外，谷阿莫提出「二次創作」的主張，認爲影片系列是不侵害任何人的著作權。事實上法律並沒有「二次創作」的名詞，是非正統的著作權用語；正確的說法，是「衍生著作」（derivative work），指在一些已經存在的著作作品，如文章、圖片、影片或音樂歌曲等之上，加以改變、改編、加添新創作或者以其他形式進行創作。[18]但是並非衍生著作就可以免

[17] 湯其瑋律師，發表於智權網專欄，網址：https://www.follaw.tw/f-comment/11880/

[18] 同註 17。

費合理使用片商上映或上映的電影。

拜科技發展之賜，網路上找資料非常方便，複製、剪輯、貼上等行為也十分容易，雖然著作權有合理使用的途徑，但並非萬靈丹，媒體使用者仍需謹慎。

二、創用CC（Creative Commons）

由於現行的《著作權法》將著作的使用權利，全然保留於著作權人手中，也就是所謂的「所有權利保留」（All Rights Reserved）。於是任何「合理使用」之外的利用，使用者都要事先取得著作權人的授權，才能夠進行。這對於想加速著作流通、擴大著作影響力，歡迎別人複製、散布，甚或改作其作品的創作者，反而造成困擾。

2001 年，法律學者 Lawrence Lessig 等人，在美國成立「Creative Commons」非營利組織，2002 年提出「保留部分權利」（Some Rights Reserved）的思考與作法，提出公共著作權授權條款，授權作者想要與他人分享、使用或創作衍生作品的權利。也就是提供作者對著作權有更靈活的使用性，既可保護著作，也可以與他人分享。這種公共著作權的授權，即是「創用 CC（Creative Commons）授權」，只要遵守由作者指定的條件，不用擔心侵犯著作權。

我們習慣將「Creative Commons」組織所提供的公眾授權條款，稱為「創用 CC 授權條款」，取其授權方式便利於著作的「創」作與使「用」之意。[19]該組織以模組化的簡易條件，透過四大授權要素的排列組合，提供了六種便利使用的公眾授權條款。創作者可以挑選出最合適自己作品的授權條款，透過簡易的方式自行標示於作品上，將作品開放給大眾使用。透過這種自願分享的方式，大家可以共同建立內容豐富、權利清楚且便於散布的各種資源，既可幫助自己，也可與眾多使用者分享。

---

[19] 臺灣創用 CC 計畫，網址：http://creativecommons.tw/explore

（一）創用CC的四個授權要素

創用 CC 授權條款包括四個授權要素：「姓名標示」、「非商業性」、「禁止改作」以及「相同方式分享」，具體意涵如下圖 14-2 所示。[20]

 姓名標示 （Attribution） 必須按照著作人或授權人所指定的方式，表彰其姓名	 非商業性 （Noncommercial） 不得因獲取商業利益或私人金錢報酬為主要目的來利用作品	 禁止改作 （No Derivatives） 僅可重製作品不得變更、變形或修改	 相同方式分享 （Share Alike） 若變更、變形或修改本著作，則僅能依同樣的授權條款來散布該衍生作品

圖 14-2　創用 CC 四個授權要素及意涵

資料來源：臺灣創用 CC 計畫

（二）六種授權條款

將上述四個授權要素加以排列組合，發展出六種授權條款，各種條款的使用條件如圖 14-3 所示。

根據統計，截至 2018 年 5 月，已經有 14 億件著作是屬於創用 CC 分享的作品，維基百科（Wikipedia）就是其中一件。同時間，創用 CC 在超過 75 個司法管轄區擁有 100 多家分支機構來促進全球的創用 CC 活動。[21] 在臺灣，由中央研究院資訊科學研究所，於 2003 年成爲 Creative Commons 在臺灣的的合作機構，進行 Creative Commons 授權條款的臺灣中文翻譯、公開討論與合作推廣，希望能藉此參與建立全球性公共資源庫的工作，建立一個合理而富有彈性的著作權模式，以及豐富便捷且費用低廉的公共資源庫，鼓勵更多創作，也讓更多人接觸作品。[22]

---

[20] 同註 17。

[21] https://en.wikipedia.org/wiki/Creative_Commons

[22] 臺灣創用 CC 計畫，網址：http://creativecommons.tw/explore

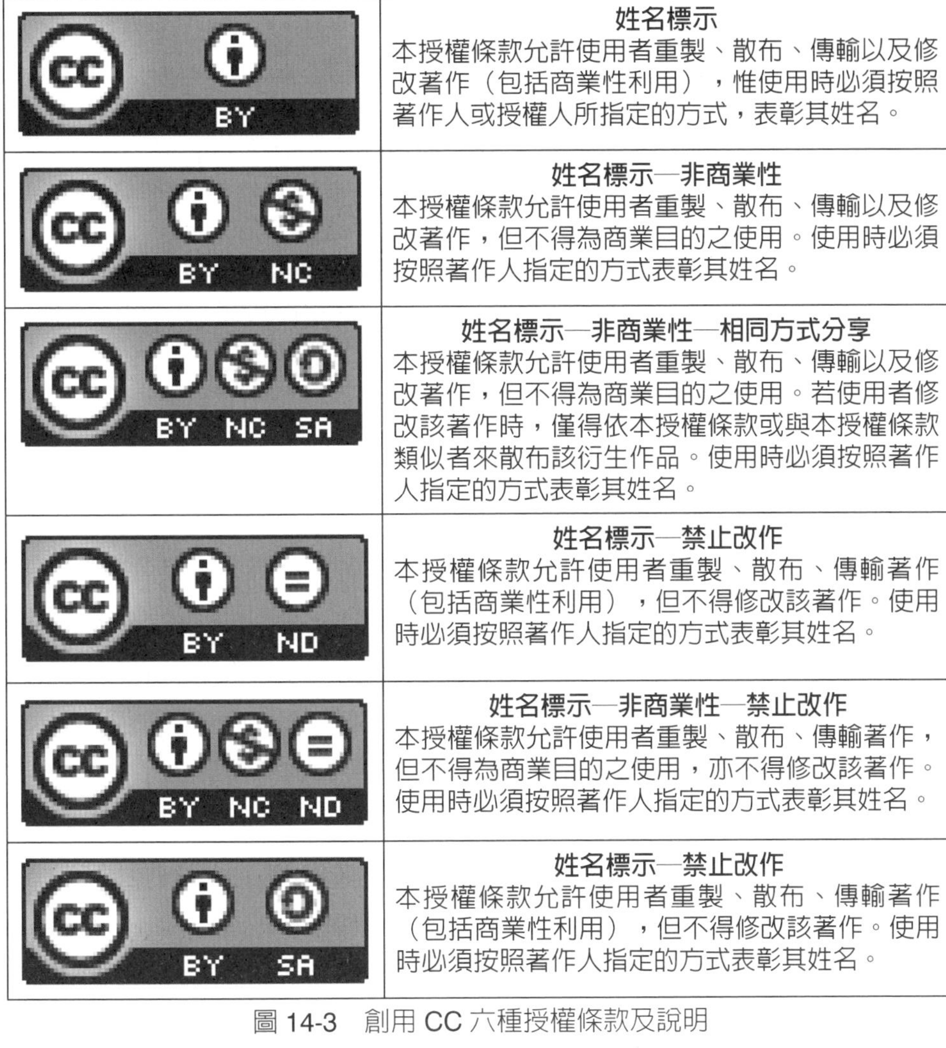

BY	**姓名標示** 本授權條款允許使用者重製、散布、傳輸以及修改著作（包括商業性利用），惟使用時必須按照著作人或授權人所指定的方式，表彰其姓名。
BY NC	**姓名標示—非商業性** 本授權條款允許使用者重製、散布、傳輸以及修改著作，但不得為商業目的之使用。使用時必須按照著作人指定的方式表彰其姓名。
BY NC SA	**姓名標示—非商業性—相同方式分享** 本授權條款允許使用者重製、散布、傳輸以及修改著作，但不得為商業目的之使用。若使用者修改該著作時，僅得依本授權條款或與本授權條款類似者來散布該衍生作品。使用時必須按照著作人指定的方式表彰其姓名。
BY ND	**姓名標示—禁止改作** 本授權條款允許使用者重製、散布、傳輸著作（包括商業性利用），但不得修改該著作。使用時必須按照著作人指定的方式表彰其姓名。
BY NC ND	**姓名標示—非商業性—禁止改作** 本授權條款允許使用者重製、散布、傳輸著作，但不得為商業目的之使用，亦不得修改該著作。使用時必須按照著作人指定的方式表彰其姓名。
BY SA	**姓名標示—禁止改作** 本授權條款允許使用者重製、散布、傳輸著作（包括商業性利用），但不得修改該著作。使用時必須按照著作人指定的方式表彰其姓名。

圖 14-3　創用 CC 六種授權條款及說明

資料來源：臺灣創用 CC 計畫

網路上有許多創用 CC 免費授權的網站，有各種音樂、音效、配樂、圖片、影像、教學資源、線上課程等，甚至有熱心的網友蒐集各種素材的創用 CC 網址，並整理成表格，供大家查詢，[23] 共同促進更加開放友善的

[23] 例如 http://ectle.fy.edu.tw/ezfiles/18/1018/img/942/CC.pdf 或者 http://creativecommons.

創作環境。

第三節 隱私權侵犯與個人資料保護

如果大家還有印象，幾年前在臉書或其他社群媒體充滿有趣的心理測驗或算命遊戲，吸引許多人投入並分享結果，甚至蔚爲風潮。在這過程中雖然有人提出警告：不要再玩！FB爆紅遊戲暗藏隱私陷阱，[24]卻似乎沒有引起太多人的警覺。

一、社群媒體與個人資料保護

2018年初，臉書爆發大規模的個資外洩案，資料分析業者「劍橋分析」（Cambridge Analytica）利用一款心理測驗APP「this is your life」，蒐集了超過5千萬個用戶個資，違法轉賣給第三方分析用戶的性格、喜好、政治立場等，再針對用戶投放特定政治宣傳廣告，企圖影響選民投票取向，進而左右選舉結果。[25]據媒體報導，這些個資分析影響了2016年英國脫歐公投及2016年美國總統大選。[26]

這件事情由劍橋分析公司的創辦人之一向媒體揭露，震驚全世界，更驚動美國與英國的國會介入調查。英國議會要求FB創辦人Mark Zuckerberg出面說明，並提供FB如何獲取、儲存以及保護使用者個資；美國聯邦貿易委員會（Federal Trade Commission, FTC）著手調查FB是否違反

tw/search

[24] 陳宜豐（2015.11.30）。《自由時報》https://3c.ltn.com.tw/news/21755

[25] 黃韻文（2018.3.22）。《蘋果日報》https://tw.appledaily.com/new/realtime/20180322/1319444/

[26] BBC NEWS 中文（2018.4.3）。https://www.bbc.com/zhongwen/trad/world-43626263

政府的隱私協議，允許第三方自由獲取使用者個資。美國國會與歐盟也都因爲此案舉行聽證會，顯示各國對個資外洩的重視。

2018 年 7 月，英國有關個人資料與隱私保護的獨立機關「英國資訊委員會」（Information Commissioner's Office, ICO），以 FB「未能保護用戶隱私並違反法規」爲由，處以最嚴厲、金額最高的 50 萬英鎊（約新台幣 2,050 萬元）罰金。[27] 美國 FTC 則於 2019 年 7 月投票通過與 FB 和解，FB 將支付創紀錄的 50 億美元（約新台幣 1,554 億元）罰款。這也是 FTC 對企業侵害個人隱私權的最大罰款金額，同時 FB 必須依據和解協議加強內部監督以保護用戶隱私。[28]

越是便利的資訊時代，個人資料越容易留在虛擬空間，FB 並非單一個案。IG 也傳出個資外洩 4,900 多萬筆；[29] 社群網站 Google+ 也出現個資外洩，數十萬用戶資料曝光，Google 因此宣布個人版 Google+ 走入歷史，2019 年 4 月 2 日關閉帳戶及所有專頁，個人帳戶中的內容也遭到刪除。[30] 連國人使用最多的 Line 也曾傳出個資外洩的疑慮。

特別值得關注的是，許多父母喜歡在社群媒體上「曬娃」。大部分民眾樂於分享爲人父母的喜悅，加上寶寶天眞可愛，忍不住張貼兒童萌照、分享孩子成長、親子互動等育兒經驗。殊不知在不知不覺中，已經洩露太多個人資料，或者孩子照片遭到不明人士盜用。

根據兒福聯盟 2019 年的調查，達 84% 的家長會在社群媒體分享曬娃照片，其中有 20.5% 家長曾放過孩子洗澡的裸露照，22% 從未或偶爾幫

---

27 高敬原（2018.7.12）。《數位時代》https://www.bnext.com.tw/article/49848/facebooks-cambridge-analytica-fine-is-worth-15-minutes-of-profit

28 中央社（2019.7.25）。https://technews.tw/2019/07/25/facebook-ftc-reconcile-and-fined/

29 中央社（2019.7.25）。https://www.cna.com.tw/news/firstnews/201905210025.aspx

30 吳家豪（2019.2.3）。《中央社》https://www.cna.com.tw/news/ait/201902030104.aspx

孩子的重要部位打上馬賽克。僅有一成的家長每次分享前會徵詢孩子的意願，這個現象隱藏著兒童被「高曝光、低尊重」的危機，不但有隱私外洩的風險，也可能危害日後的親子關係。[31]

近年歐洲出現孩子因不滿父母將自己的資料分享在網路上而告上法院的新聞。例如 2016 年，奧地利 18 歲的女孩 Anna Maier（化名）不滿父母未經她同意，就將她童年約 500 張的私密照片上傳 FB，和超過 700 多名朋友分享。安娜要求父母將照片撤下來，父親卻堅稱照片是他拍的，他有權決定該怎麼使用這些照片。安娜於是向法院控告父親侵犯她的隱私權。[32]

爲了保護兒童，法國法律規定，父母如果未經子女同意就在社群網路上公布照片，待子女成年，有權向父母提告，最高可罰 4.5 萬歐元（約台幣 166 萬元）或者 1 年的有期徒刑。[33]

根據英國《衛報》的報導，雖然目前沒有證據指出在線上同步分享成長過程會如何影響小孩，但有侵害隱私權與安全，以及讓小孩可能遭到霸凌的疑慮。2015 年的統計顯示，英國父母在社群媒體發布子女照片的數量，5 歲以下平均每年超過 200 張照片，累積到 15 歲則超過 1,000 張，然而小孩長大後可能並不希望這些照片在網路流傳。所以英國的社會心理學者提醒家長，需要謹愼考慮與誰分享子女的資訊，特別是在網路時代，這些圖片被發布分享之後的情況是無法預期的。[34]

這樣的擔憂不是空穴來風，美國就有一位部落客媽媽，將她訓練雙

---

[31] 兒福聯盟（2019.3.3）。https://www.children.org.tw/research/detail/68/1488

[32] Abby Huang（2017.9.6）。《關鍵評論》https://www.thenewslens.com/article/74734

[33] 張庭瑜（2016.5.9）。《數位時代》https://www.bnext.com.tw/article/39505/BN-2016-05-09-153308-218

[34] Nicole Kobie (2016.5.6). https://www.theguardian.com/sustainable-business/2016/may/08/children-sue-parents-facebook-post-baby-photos-privacy

胞胎小孩上廁所的照片放到網路上，沒想到後來發現有人下載了她孩子的照片，修圖後散播到戀童癖網站上。[35]兒福聯盟的調查也顯示，有31%的家長曾遇過孩子的照片或影片未經同意被截圖或轉載，還有11%曾遭網友負評、騷擾或檢舉；卻有超過40%的家長很少甚至不會檢查網路平台的隱私設定，33%從不檢查群組成員名單，間接提高孩子暴露在風險的機會。[36]

美國FTC十分重視兒童的隱私。2019年2月，FTC罰了抖音（TikTok）570萬美元（約新台幣1億8千多萬），因爲抖音用戶個人資訊的預設值是公開的，所有人都能看到兒童帳號的資訊，就算變更該預設值，使用者仍能看到這些兒童的檔案照片與自傳，並傳送私人訊息。同時已有數千名父母向FTC投訴抖音的違法行徑，包括該程式並未通知父母有關蒐集兒童個資，也未在父母的要求下刪除個資，違反了《兒童線上隱私保護法》（Children's Online Privacy Protection Act, COPPA）。[37]2019年YouTube也被控涉嫌未經父母同意蒐集兒童個資而違反《兒童線上隱私保護法》，遭到美國FTC對YouTube母公司谷歌（Google）處以1.7億美元（約新台幣51億元）罰款。[38]

自媒體時代，日常的生活，隨時可拍、隨時可上傳，增加可以被分享的價値，但是「生活」與「表演」的界線也越來越模糊。若不想讓被觀看的童年成爲必經之路，每個人都必須注意自己社群媒體的帳號，隨時檢查貼文與訊息的隱私設定，拒絕將陌生人或可疑分子加爲好友，並定期整理好友名單。

---

35 Abby Huang（2017.9.6）。《關鍵評論》https://www.thenewslens.com/article/74735

36 同註31。

37 陳曉莉（2019.2.28）。《iThome》https://www.ithome.com.tw/news/129028

38 黃慧雯（2019.9.5）。https://www.chinatimes.com/realtimenews/20190925002970-260412?chdtv

二、個人資料保護

我們常常會因爲網路很方便、業者推出好玩有趣的遊戲或者折扣優惠活動等情形，將自己的資訊留在網路上，讓網路業者或社群媒體有機會窺探我們的生活。再加上資訊科技社會，生活中的衣食住行育樂等活動，都是使用數位平台進行互動與交易，個人資訊在不同企業與跨國間流通，也讓個資被有心人士蒐集、竊取的機率增高；大數據時代，如何保障個人資料與隱私刻不容緩。

各國爲了規範個人資料的蒐集、處理及利用，避免人格權受侵害，並促進個人資料的合理利用，都設有《個人資料保護法》（個資法）。但是個人資料的種類眾多，區分爲不可以蒐集的「敏感性資料」，如病歷、醫療、基因、性生活、健康檢查及犯罪前科等；以及「一般性個人資料」，如姓名、生日、教育、職業、婚姻、住家地址等。[39]

不論是敏感性資料或一般性資料的「蒐集、處理與利用」，都必須符合法律規定，最重要的原則即是保護「足以辨識」「特定具體個人」的資訊。至於如何確定「資訊」與「特定個人」間，具有足以連結的相關性，重點即是「直接識別性」與「識別之重要性」。

「直接識別性」是指資料必須可以直接與個人連結，例如姓名、國民身分證統一編號、護照號碼、指紋等資料具有直接的個人識別性；反之，不足以表現特定個人的資料，不管如何利用都沒有侵害個資的問題。例如在臉書上寫「有一個年輕貌美的長髮女子」，這些資料並不足以與個人相連，進而認出指的是誰，也就沒有侵害特定個人隱私權。[40]

「識別重要性」是指資料本身能不能「間接」識別出資料擁有者的程度。意即如果該資料經過比對、連結、勾稽，可以達到直接識別出資料

---

[39]《個人資料保護法》https://law.moj.gov.tw/LawClass/LawAll.aspx?PCode=I0050021

[40] 同註 39。

的擁有者，此份資料就具有個人資料保護的價值和意義。例如在一則感情糾紛中，男方不滿女友的前男友，便在 FB 張貼他的車牌號碼後 4 碼、車款、顏色、活動區域、照片等資料，並留言：「我覺得此人太畜牲，而且打死不承認拿女友錢買車⋯⋯ 」後來被法院認爲違法散布個人資料，違反個資法，應予處罰。

又如住宅社區的糾紛，在 FB 貼出肇事車主是「H1-2F、第 254 車位」的住戶，雖然沒有特定指明某一樓某一住戶，也沒有公布車牌號碼，但因是在社區的 FB 上公布此資訊，住戶可以輕易的透過此資訊得知「H1-2F、第 254 車位」是住在該社區 H1 棟 2F、地下停車位第 254 車位的人。所以雖然只公布住戶居住樓層和車位，法院認爲此資料可以識別出特定個人，而被認定有罪。[41]

2005 年臺中市長選舉投票前夕，前市長胡志強的病歷遭公開，即是違反《個資法》，嚴重侵害個人隱私。又如健身房教練蒐集會員的健康情形，因健康狀況屬於敏感性資料，只有公務機關才能蒐集，除非當事人同意，否則都是侵害隱私的違法事件。

2018 年歐盟正式施行「一般資料保護規範」（General Data Protection Regulation，簡稱 GDPR），號稱「史上最嚴個資法」，[42] 大幅擴張個人資料定義及嚴格保護，並以驚人的罰款金額「提醒」業主，當企業違反規定時，最高可處 2 千萬歐元或全球營業總額 4% 的罰鍰，宣示防範個資外洩的重要性。

GDPR 強調個人資料必須要獲得當事人積極同意，即當事人須在有自主性（freely given）、具體（specific）、被告知（informed）及明確（un-ambiguous）的表示同意下，個資才能合法使用。最特別的是，GDPR 賦予

---

41 林煜騰（2017.7.4）。《關鍵評論》https://www.thenewslens.com/article/72145

42 周宇修（2018.6.7）。https://www.ettoday.net/news/20180607/1185768.htm#ixzz5yJkdaDhk

當事人五大權利，是各國個資法所不及的。[43]

（一）透明原則：當事人應要被明確告知誰掌有該資訊、該資訊被掌有之目的、可能的風險及受侵害的權利救濟管道。

（二）接近使用權：當事人有權要求提供目前資料被使用的情形，以確認該資料有無被不法使用。

（三）更正及刪除權：後者又稱之爲被遺忘權（Right to be forgotten），主要是賦予當事人得請求更正錯誤資料，以及因撤回同意或因發現資料被非法使用時得刪除資料之權利。

（四）可攜帶權（Right to data portability）：當事人有權要求原先的資料控管者將該資料移轉至其他資料控管者處。

（五）反對權（Right to object）：當事人有權反對或拒絕資料控管者對該資料的處理或分析。

這些規範讓個資隱私保護邁向前所未有的重要里程碑，也促成當事人在使用個資時更隱密、彈性、平等。

GDPR 在制定時，確實有受到管制太過嚴格而阻撓產業發展的批評，但在個人資料價值日漸升高，且資訊全球流動的情況下，對於個人資料的取得與使用進行管制，有其必要性。2019 年 1 月日本申請歐盟 GDPR 適足性認定獲得通過，旋即與美國和歐盟共同研擬促進個人資訊流動的國際架構，制定資料傳輸的共同政策。[44] 我國也在2019年申請GDPR的適足性認定。

目前民眾對於個人資料、隱私保護意識較爲薄弱，常常在便利的誘因驅使下，認爲給予個人資料無傷大雅，形成個資與隱私被侵害的危機。另一種情形是因爲某一社會事件，對當事人進行人肉搜索。例如 2010 年阻擋救護車的「中指蕭」事件，當事人在很短的時間內即被網友搜尋出來，

[43] 同註 42。

[44] 廖緯民（2019.9.2）。《聯合報》https://udn.com/news/story/7339/4023203?from=udn-catebreaknews_ch2

並公布就讀學校、居住地址、電話、手機號碼，以及雙親的姓名與職業，造成當事人及其家屬很大影響。大家對於個資的「蒐集」與「使用」不得不慎，否則即可能因不當的資料連結與散布，造成個人資料或隱私權的侵害。

結語

數位時代，資訊流動快速，個人角色多重，隨時都得注意自己著作權與個資的保護，同時也須避免侵害他人的權利。落實前述理想的最佳方式，就是從自身的素養出發，了解著作權與個資保護、善用創作 CC，才可以享受自由不受監控的數位科技使用權。

資料安全出現的危機，至少可以確認下面三件事來自保：

（一）保密性（Confidentiality）的確認。即保護資訊免向未經授權人士披露，例如使用FB時，可以更改隱私設定，讓特定的一部分人可以看到內容，未被授權的人看不到。

（二）完整性（Integrity）的確認。即保護資訊免受未經授權人士更改，所以分享訊息時，可以期待訊息出現的完整性，不會在傳輸過程中被更改。

（三）可用性（Availability）的確認。即保護資訊可以讓已獲授權者在需要時可隨時取用，例如我們可以隨時存取及檢視寄放在某一網路平台的個人資料。

面對數位資訊經濟時代，個人資料是大數據分析的重要核心，政府擬學習歐盟，將「個資資產化」，未來業者向民眾索取個資時，除了知情同意書外，可能還需支付費用，政府也可能會向數據資料公司課稅。[45] 日本已有企業，開始採行讓當事人自主決定個資的使用權與銷售權的 MyData 模式，以建立個資銀行的方式，讓當事人自行上傳資料。例如通勤資料、

[45] 林于蘅（2019.6.17）。《聯合報》https://udn.com/news/story/11319/3877627

財務資料或身體健康資料等進行管理，甚至可以自行決定是否授權給廣告公司取得個人化廣告的服務。[46]

個人資料的價值逐步提升，著作權與個資保護，成爲資訊社會全民的素養，更是自媒體者必備的常識，也就不會出現類似谷阿莫頻道侵權的窘境。

第十四章 思考問題

1. 「智慧財產權」與「著作權」各自代表的意義是什麼？二種權利的差別是什麼？
2. 到風景區賞花，拍下繽紛美景並上傳到個人Instagram，拍攝者可以對這張照片宣稱擁有哪些權利？
3. 網路上除了谷阿莫的「X分鐘看完XX電影」系列，還有許多類似以影評為主的頻道，請比較不同頻道對於電影影片的使用方式，進一步討論這種方式是否造成侵權？可以如何避免？
4. 熟悉創用CC條款的六種授款條款嗎？網路上有許多提供符合創用CC的免費圖文影音資料庫，可以和你的同學互相交流分享。
5. 假設有親友是所謂的「曬娃狂人」，喜歡將自己年幼孩子且未經後製修飾的影音與照片上傳至社群媒體；雖然嬰幼兒的影像非常可愛且療癒，但也可能帶給孩子或家人負向影響。請問你會提供他何種建議？

[46] 巫其倫（2019.6.25）。《自由時報》https://ec.ltn.com.tw/article/breakingnews/2833664

第 15 章

媒體及網路社群平台之專業倫理與規範

學習目標

- 了解媒體與網路內容的現況
- 理解媒體倫理準則與專業規範
- 熟悉網路社群平台之重要規範
- 反思現今媒體與網路社群平台之表現

前言

2014 年太陽花學運。「太陽花女王」爆紅，變成中天電視台《新聞龍捲風》討論對象。來賓彭華幹雙手在「太陽花女王」胸前比畫，邊說：「你看那襯衫，已經開到這邊來了，超殺、好殺，還穿馬靴，你看、超短熱褲…… 」彭華幹誇張的肢體動作，用雙手把觀眾的目光，聚焦在女子胸前，引發觀眾不滿，更引發汙衊女性的批評。民眾向國家通訊傳播委員會（NCC）投訴抗議，案件如潮水般大量湧入，一度因流量太大讓網頁當機。[1]

[1] 自由時報（2014.4.7）。https://news.ltn.com.tw/news/politics/

該節目主持人和來賓雖然出面道歉，還是無法平息眾怒，總共有 6 千件申訴案抗議中天《新聞龍捲風》。NCC 委員會最後以節目物化女性，違反公共秩序與善良風俗，決議開罰 50 萬元。[2] 根據 NCC 的報告，該年度（2014）民眾申訴媒體內容的案件高達 10,016 案，較前一年增加 8,209 件，[3] 也較次年增加 7,583 件。[4] 可見媒體對「太陽花女王」的偏頗評論，激怒社會大眾，創下單一節目最高申訴量。

民眾每年向 NCC 申訴檢舉的案件多則上萬，少則也有 2,000 件，究竟申訴哪些令人不滿意的媒體內容？這其中又有多少申訴案件違反媒體規範？

2019 年 NCC 裁定中天新聞台未進行事實查證而出現扭曲的報導，要求中天一個月內改善。有人認爲 NCC 已干涉新聞自由，有人認爲 NCC 的規管是堅持新聞專業價值。媒體組織需要負起倫理道德的社會責任嗎？媒體需要呈現怎麼樣的專業與倫理？又該遵守哪些規範？

不只是傳統媒體有專業規範要遵守，網路社群媒體也有必須遵守的社群規範與準則，例如 YouTube 的「社群規範」（Community Guideline）即是使用 YouTube 平台的行爲準則。如果上傳的影片內容違反 YouTube 的「社群規範」，例如出現仇恨言論、詐欺行爲、暴力犯罪、網路霸凌、裸露與性愛、危害兒童安全、侵犯隱私權等準則的規定，頻道就會收到警告或者移除。[5]

2021 年 1 月 7 日，Twitter、Facebook 以及 YouTube 等網路社群平台，

---

breakingnews/983096

2 黃國鈞（2014.4.16）。《TVBS NEWS》https://news.tvbs.com.tw/local/528211

3 103 年 NCC 傳播監理報告；https://www.ncc.gov.tw/chinese/files/15033/2606_33430_150410_1.pdf

4 104 年 NCC 傳播監理報告；https://www.ncc.gov.tw/chinese/files/16041/2606_35410_160414_1.pdf

5 參考 YouTube 網站的說明 https://www.youtube.com/howyoutubeworks/policies/community-guidelines/#community-guidelines

移除美國前總統川普 6 日在白宮外舉行「拯救美國」（Save America）集會的演說。Twitter 說川普的推文嚴重違反該平台的「公民誠信政策」（Civic Integrity Policy）；[6] Facebook 移除演說片段，還透過 Twitter 發布禁止川普發布貼文 24 小時，Facebook 認爲演說內容不但未能降低引發暴力的風險，反而會增加風險。[7] YouTube 也公開聲明，認爲川普頻道的影片違反該平台禁止發布煽動暴力內容原則，YouTube 已啟動「一犯封殺」（one-strike），至少七天不得上傳內容，留言功能遭強制關閉。[8]

媒體社會責任論（social responsibility theory）是傳播學討論媒體制度的四大規範性理論之一，[9] 也是大多數自由民主國家所奉行的。該理論認爲，媒體不只應該享有免於政府干預的自由，也應該擔負起某種社會責任，提供閱聽眾多元的資訊以及完整的報導，並確保民眾接近、使用媒體的權利（right of access to the media）。所以媒體作爲社會公器，除了是私人的財產，也要著重維護公共利益、促進社會公平正義、關注公共議題，對社會產生正面影響力。

在上述前提下，媒體的專業表現與倫理操守，不僅是基本要求，也是媒體獲得社會大眾信賴的主因。

本章的主旨即是讓大家了解媒體需具備哪些專業，萬一媒體無法達到專業要求時，有哪些規範是媒體組織必須遵守的；以及媒體若是違反專業規範的處理情形。

---

6 參考 https://twitter.com/TwitterSafety/status/1346970431039934464

7 參考 https://twitter.com/fbnewsroom/status/1346994037786619905

8 陳怡均（2021.1.13）。《工商時報》https://ctee.com.tw/news/global/402268.html

9 另外三種理論分別是威權主義媒體規範理論、自由主義媒體規範理論以及共產主義媒體理論。

第一節 媒體與網路內容申訴及違規現況

目前NCC的組織架構設有「電台與內容事務處」，專責傳播內容管理、問責與自律的推動。民眾向NCC申訴傳播媒體不妥的內容或廣告，就是該處的業務之一。該處統計每個月的申訴案件，集結成年度的傳播監理報告。從報告中，可以觀察到一些現象。我們簡要的以2017、2018、2019與2020年等近四年的監理報告爲依據，歸納出媒體申訴及違規的現況。

一、了解媒體與網路內容申訴管道

NCC設有「傳播內容申訴網」，[10]鼓勵公民參與監督傳播內容，且責成傳播媒體將民眾意見納入節目製播參考。該網站主要受理電視、廣播類的媒體內容申訴，有關網路內容的申訴，則由各部會共同設立的「iWIN網路內容防護機構」（www.win.org.tw）受理。

另外，涉及政府部會的分工，部分有關媒體內容的申訴業務並非NCC負責，就必須向所屬的部會申訴。表15-1整理幾個常見的媒體違反專業問題，但申訴業務由不同政府部門處理。例如節目或廣告內容涉及藥品、食品或化妝品等有關健康醫藥類的，負責民眾申訴業務的是衛生福利部。

二、媒體與網路內容申訴案件統計

依據NCC的報告，2017年有1,906件申訴案，扣除非關廣電媒體的申訴案件，電視內容的申訴案有1,530件、廣播電台有174案。[11]2018年

[10] https://cabletvweb.ncc.gov.tw/SWSFront35/SWSF/SWSF01013.aspx

[11] 106年NCC傳播監理報告；https://www.ncc.gov.tw/chinese/files/18032/2606_38939_180416_1.pdf

表 15-1 常見媒體違反專業或相關法規之申訴部會

媒體內容違反專業事項	業務負責部會
節目與廣告內容涉及藥品、食品與化妝品等相關規定	衛生福利部
節目或廣告內容涉及股市與證券交易分析等相關規定	金融監督管理委員會
平面媒體（報章雜誌）與電影事業相關問題	文化部
有線電視購物台廣告不實	公平交易委員會
其他傳播內容涉及專業倫理與相關法規之問題	國家通訊傳播委員會

資料來源：整理自 NCC 傳播內容申訴網

的申訴案件共有 2,660 件，有關電視 2,253 件、廣播 113 件，無關廣電業務 294 件。[12] 至於 2019 年 [13] 與 2020 年的資料 [14] 如表 15-2。平均而言，對電視的申訴占整體申訴案件的比例高達 90% 以上，民眾對電視的關注遠遠多於廣播。

至於網路內容的申訴是由「iWIN 網路內容防護機構」來受理，表 15-3 是近四年來民眾申訴案件的情形。[15] 大家最關心網路內容是否涉及兒少相關法規，以至於危害兒少身心健康。由表 15-3 的統計數字來看，有關兒少內容的申訴案件確實是最大宗，而涉及兒少相關法規的 IP 位置又以境外居多，造成國內執法的難度。

[12] 107 年 NCC 傳播監理報告；https://www.ncc.gov.tw/chinese/files/19041/2606_41291_190411_3.pdf

[13] 108 年 NCC 傳播監理報告；https://www.ncc.gov.tw/chinese/files/20031/2606_42886_200326_1.pdf

[14] 109 年 NCC 傳播監理報告；https://www.ncc.gov.tw/chinese/files/21030/2606_45806_210309_1.pdf

[15] 資料來源「iWIN 網路內容防護機構」106、107、108、109 年度申訴案件統計報表。https://i.win.org.tw/report.php

表 15-2 2017-2020 年民眾向 NCC 申訴的案件數

年度	2017	2018	2019	2020
申訴案總數	1,906	2,660	3,759	2,992
廣電媒體申訴案件數	1,704	2,366	3,132	2,722
電視件數／比例	1,530 (89.78%)	2,253 (95.22%)	3,049 (97.35%)	2,660 (97.72%)
廣播件案／比例	174 (10.22%)	113 (4.78)	83 (2.65%)	62 (2.28%)

資料來源：整理自 NCC 各年度監理報告

表 15-3 2017-2020 年民眾向 iWIN 申訴網路內容的案件數

	2017	2018	2019	2020
申訴案總數	9,865	5,599	3,139	3,878
涉及兒少法規案件數	9,368	5,018	1,367	1,928
涉案 IP 位置 境內	1,493 (15.94%)	1,095 (21.82%)	745 (54.50%)	471 (24.43%)
涉案 IP 位置 境外	7,859 (83.89%)	3,923 (78.18%)	622 (45.50%)	1,457 (75.57%)

資料來源：整理自 iWIN 各年度報表

三、民眾申訴媒體與網路內容的不妥類型

平均每年約 2,000 件的申訴案，民眾認爲廣電媒體的不妥內容是什麼？究竟民眾是看到什麼內容，決定向 NCC 申訴呢？

依據傳播監理報告的內容，可以將申訴類型大致分爲媒體內容與媒體營運兩大類。前者如內容報導不實、性別歧視、妨害兒少身心、違反新聞製播倫理、廣告超秒、節目重播太多等；後者是有關媒體營運的項目，包含客戶服務態度欠妥、節目規劃製作或排播等問題、廣電收訊畫質或音量等技術性問題⋯⋯。可見民眾申訴的案件類型非常多元，且每年度也會有些變化，表 15-4 可看出近四年的申訴類型。

表 15-4 2017-2020 年民眾申訴媒體案件之不妥類型

類型	年度	2017	2018	2019	2020
媒體內容	內容不實、不公	339	541	1,078	439
	妨害公序良俗	126	391	477	1,042
	針對特定頻道／節目／廣告內容表達個人想法	257	321	350	254
	廣告違規／內容不妥／排播不妥／	136	281	179	160
	妨害兒少身心	85	161	220	179
	節目與廣告未區分	95	112	164	145
	針對整體傳播環境、監理政策／法規或本會施政提供個人想法	121	70	230	68
	違反新聞製播倫理	173	92	58	49
	其他 *	196	127	114	190
媒體營運	針對整體傳播環境、監理政策等提供個人想法	36	122	5	60
	節目規劃／製作／排播等問題	45	56	99	33
	廣電營運管理事項	0	38	132	80
	客戶服務態度欠妥	27	29	7	0
	其他	68	25	19	23

資料來源：整理自 NCC 各年度傳播監理報告

*「其他」包含：涉及性別歧視、法規資訊查詢、重播次數過於頻繁、節目分級不妥等等。

由表 15-4 可以清楚看到，民眾對於傳播媒體的申訴類型，對於「內容不實、不公」的感受最強烈；其次是申訴媒體內容「妨害公序良俗」與「針對特定的頻道、節目或廣告內容表達個人想法」。所謂「妨害公序良俗」的完整名稱是「妨害公共秩序與善良風俗」，即申訴媒體內容涉及違反社會善良風俗，或者是違害社會公共秩序的維護。此外，民眾對於妨害兒少身心的媒體內容也很在意；亦關注廣告內容的適切性以及節目與廣告未區分，也就是節目廣告化、廣告節目化以及置入行銷的議題。

至於網路內容申訴案件涉及兒少相關法規的類型，由於每年度的分類不盡相同，整理分析之後的情形如表 15-5，可看出色情、有害兒少物品的賭博與毒品藥物等爲主要申訴類型。

表 15-5 2017-2020 年民眾向 iWIN 申訴網路內容的類型

	2017	2018	2019	2020
色情	8,772	4,079	765	1,856
暴力／血腥／恐怖	126	158	39	38
有害兒少物品	389	551	458	573
網路霸凌	（未統計）	（未統計）	0	7
其他	68	230	105	174

資料來源：整理自 iWIN 各年度報表

四、申訴案件的節目類型

大家可能也會感興趣，民眾申訴案件是否集中在哪些類型的內容？眾所周知，臺灣人很喜歡看新聞節目，被申訴最多的案件內容，果然是新聞報導類，其次是廣告內容。特別值得關注的是 2020 年的綜合娛樂節目的申訴次數驟然升高至 1,005 次，原因是三立公司播出的《綜藝大熱門》節目，因主持人吳宗憲說憂鬱症患者都是因爲「不知足」原因而造成，民眾認爲吳宗憲的話語帶有歧視性及傳遞錯誤觀念，被申訴次數高達 929 次，詳如表 15-6。

民眾主動申訴媒體，是監督媒體能量的展現；但是對媒體內容的不滿意，可能是媒體內容缺乏求證、價值偏頗等，但也有可能是閱聽眾個人的主觀感受，既與公共利益無關，也未牴觸現有法規。因此，接下來要了解媒體在哪些情況才算違反專業規範？又會受到哪些處罰？並由這些案例來理解媒體的專業倫理與規範。

表 15-6 2017-2020 年民眾申訴媒體不妥內容之節目類型

內容類型	2017	2018	2019	2020
新聞報導	583	911	1,676	626
廣告	175	560	261	228
政論談話性節目	84	89	220	183
一般性節目（2019改為戲劇節目）	364	292	287	197
一般性談話節目（2019改為綜合娛樂）	37	59	105	1,005
其他	176	106	257	250

資料來源：整理自 NCC 各年度傳播監理報告

第二節 媒體專業倫理與規範

還是從 NCC 核處媒體的案例說起。從 2017 年至今，NCC 針對民眾申訴或業務主動調查的媒體內容不妥案，認爲媒體的表現不僅不符專業倫理、甚至違反法律規定的核處案，進行分析說明。

一、最常上榜的媒體違規事實

所謂 NCC「核處」的案件，是指經過 NCC 的行政程序，被核定的懲處案件，懲處結果包含「警告」與「罰鍰」兩種情形。前者是指媒體內容產生專業倫理的爭議，有違反法律之虞，發文給予提醒；後者則是情節已涉及違反相關法律規定，按照法規條文給予處罰。例如 2020 年，NCC 共核定 117 件電視違規案件，其中警告案有 23 件（不罰款）、94 件罰鍰，總罰款金額 3,698 萬元，如表 15-7。

表 15-7　2017-2020 年 NCC 通過媒體核處案件與罰鍰

	2017		2018		2019		2020	
	電視	廣播	電視	廣播	電視	廣播	電視	廣播
總件件數	78	60	42	35	87	26	117	18
警告件數	40	45	9	25	22	22	23	18
罰緩件數	38	15	33	10	65	4	94	0
核處金額	1,105萬	87萬	1,120萬	24.6萬	3,037.3萬	4.2萬	3,698萬	0

資料來源：整理自 NCC 各年度監理報告

相較數千或上萬件的申訴案，眞正遭到核處的案件並不多，每一件的罰款金額也都不高，幾乎都在數十萬元之間，相較國外動輒百萬、千萬元起跳的罰款，我國對媒體的罰責相對輕微。

更進一步來看，媒體被核處的原因是什麼？是因爲哪些行爲或內容違反專業倫理或規定？表 15-8 整理近年媒體遭到 NCC 核處的違規事實。[16] 雖然媒體違規的事實非常多元，但「節目與廣目未明顯區隔」以及「違反節目分級處理辦法」等二項，卻是每年度被核處最多的違規事項。此外，妨害公序良俗、違反兒少保護等，也是媒體常見的違規事實。

二、媒體的專業倫理與規範

仔細分析表 15-8，可以看出媒體亟需加強的專業倫理規範與現今市場競爭激烈有密切關係。

（一）節目廣告區隔與置入性行銷及贊助管理

「節目與廣告未明顯區隔」、「廣告超秒」、「節目播送前後未揭露贊助者訊息」、「於新聞節目置入性行銷」、「未依指定之時段、方式播送節目或廣告」、「違反電視置入行銷與贊助管理辦法」等違規事實，皆與廣告有關，也就是與媒體的收入及生存有關。

[16] 2017 年原來的核處案件是 87 件，後來經訴願撤銷 9 件，成爲 78 件。

表 15-8 近年 NCC 核處電視媒體的違規事實（含警告與罰緩）

電視違規事實	2017	2018	2019	2020
節目與廣告未明顯區隔	37	22	32	50
違反節目分級處理辦法	1	3	8	11
妨害兒童或少年身心健康			13	18
妨害公共秩序或善良風俗		6	8	14
違反兒童及少年福利與權益保障法	1		2	1
廣告超秒	9		5	4
新聞違反事實查證原則，致損害公共利益			5	8
違反本國節目之認定、類別、指定播送時段及比率限制之辦法	14	8	3	
違反本國自製節目或本國自製戲劇節目比率	2			1
節目播送前、後未揭露贊助者訊息		1		
於新聞節目中為置入性行銷	1	1	2	
未依指定之時段、方式播送節目、廣告	1		1	
違反電視置入行銷及贊助管理辦法	1	1	1	4
違反性侵害犯罪防治法	2			
違反黨政軍退出媒體規定	4		2	2
其他	5		5	2

資料來源：整理自 NCC 各年度監理報告

本書第六章曾提及，廣告是商業媒體最重要的收入來源，但是隨著媒體開放、網路媒體搶食廣告市場等因素，商業媒體的生存越來越艱辛；再加上民眾媒體使用行爲的變遷，電視的開機率與收視率逐年下降，廣告收益更加困難。於是「廣告超秒」、「未依指定之時段、方式播送節目或廣告」等亂象就層出不窮。

雖然政府訂有《電視節目廣告區隔與置入性行銷及贊助管理辦法》，納入「節目與廣告的區隔」、「置入行銷」的規定以及「贊助與冠名」方式的管理，但是礙於商業利益的誘因，許多業者遊走法律邊緣，甚至知法玩法，低落媒體品質，讓整體傳播環境更加惡化。

（二）落實新聞事實查證及內控問責機制

另一方面，媒體爲了競爭收視率或點閱率，搶快、搶獨家的結果，往往就是犧牲內容品質。甚至因爲媒體組織的特殊立場，產製偏頗不公的內容。也就是被核處違規事項中的「新聞違反事實查證原則，致損害公共利益」、「妨害公共秩序與善良風俗」等。在事實查證之外，媒體內部的守門與問責機制，更是媒體專業形象的展現，落實《兒童及少年福利與權益保障法》與《性侵害犯罪防治法》即是重要的媒體專業倫理。

（三）媒體經營管理的專業倫理

除了前述二項違反媒體專業倫理的核處事實，涉及經營管理的面向也層出不窮，例如「違反黨政軍退出媒體規定」、「未經許可擅自變更營運計畫」，以及這幾年因鼓勵本國自製節目而修改法規的「違反本國自製節目或本國自製戲劇節目比率」等。這幾個項目與媒體經營者對法規的理解與實踐有密切關係。

三、媒體專業倫理與法規案例分享

前面說了這麼多事實及原則，現在舉實際案例來說明。

（一）節目與廣告未明顯區分隔

2020 年 8 月 31 日，隸屬年代公司的東風衛視，在《新鮮生活》節目中，由主持人先拋出現代人因睡眠不足導致許多健康問題；再由節目的來賓接二連三著說出「睡眠調整機」的各種功能及效能。節目甚至邀請醫師在現場測量使用睡眠調整機之前與之後的表現；主持人與來賓交互在現場示範說明，誇大產品功效，甚至公然鼓勵購買，最後還要觀眾趕快撥打健康諮詢專線 0800-xxx-xxx……。整集節目很明顯是爲特定產品進行宣傳，致使節目與廣告未能清楚辨識與區隔，違反《衛星廣播電視法》第三十條的規定，罰鍰 40 萬元。[17]

（二）違反節目分級處理

時間回到 2018 年 9 月 9 日晚間 6 點 42 分，民視晚間新聞播出一則新聞「不滿女友提分手同居惡男竟虐貓致死」，民眾向 NCC 申訴，新聞畫面出現男子拎著小貓上下晃動，接下來竟然大力狂摔十多下，小貓嚇得躲進書桌，男子還是一把抓出來，像是打網球一樣大力地把貓打向牆壁。大力狂摔還不夠，男子還拿著拖鞋繼續追打…… 」。此外，記者在報導時，除再度播出虐貓相關畫面，並在畫面輔以「往地上狂摔」、「逃跑被抓回來」、「大力丟牆撞擊」、「低吼抵抗」、「拿拖鞋追打」等文字。[18]

該則新聞相關畫面雖然經過霧化處理，但是男子打貓過程及將小貓摔落等虐貓連續動作仍然可以清楚辨識，含有暴力、血腥、恐怖等意涵，易對兒童身心產生不良影響，逾越新聞報導畫面應符合「普遍級」的規定，違反《衛星廣播電視法》第二十八條第三項，以及《電視節目分級處理辦法》第三條的規定。最後裁定罰款台幣 40 萬元。[19]

（三）妨害兒童或少年身心健康

東森電影台在 108 年 2 月 1 日下午 6 點 44 分，播出「瑪奇夢想生活手遊一娜歐篇 10」廣告。該廣告內容出現動漫女性胸部晃動的特寫，並搭配「瑪奇回奶了～」、「大奶姊姊回奶了～」等字眼以及配音。東森電視台在「普遍級」時段播放這則含有性暗示字眼、配音及動作的廣告，不僅讓觀看者尷尬，對兒童或少年身心健康更會有不良影響，違反《衛星廣播電視法》第二十七條第三項第二款規定，決定核處新台幣 20 萬元罰

---

[17] NCC 2020 年 12 月衛星電視核處案件統計表 https://www.ncc.gov.tw/chinese/files/21010/5230_45525_210108_1.pdf

[18] 本則新聞來自爆料公社，指涉的是同一件事情，與民視新聞播出的畫面來源皆一樣，差異在於後製處理。

[19] NCC2019 年 2 月衛星電視核處案件統計表 https://www.ncc.gov.tw/chinese/files/19030/5082_41128_190306_1.pdf

款。[20]

這個廣告同時也在東森洋片台、東森綜合台、三立都會台、Animax、TVBS、TVBS新聞台、中天新聞台、中天娛樂台播出，也都因廣告內容妨害兒少身心健康，罰款 20 萬元。[21]

（四）廣告未標示

2019 年 2 月 23 日下午 1 點 33 分至 1 點 41 分，八大戲劇台播出一則長達 8 分鐘的廣告，雖然未違反衛星電視頻道節目的廣告時間：「不得超過每一節目播送總時間六分之一」，[22]即一小時的節目其廣告時間不能超過 10 分鐘；卻違反「單則廣告時間超過三分鐘，或者廣告以節目型態播送者，應於播送畫面上標示。」[23]

然而該則「五行密碼—商品篇 480」廣告，播送時間長爲 8 分鐘，且未在畫面上標示「廣告」二字，違反《衛星廣播電視法》第三十六條的規範，核處罰款 20 萬元。[24]

（五）妨害公共秩序與善良風俗

TVBS 新聞台在 2019 年 1 月 19 日晚上 7 點 4 分，播出一則新聞「疑地下匯兌黑吃黑被逮 2 男赤裸慘遭私刑」。

主播在導言說到：疑似黑吃黑，有兩名男子遭到私刑，脫光衣服唱歌，被逼在火爐上做伏地挺身，到底事情原委是怎麼發生的。接下來記者描述新聞報導播出畫面：可以看到男子全身衣服脫光光，拿著酒瓶搖手擺頭，跟著哼唱……背後還被畫上許多符號……。這段影片在網路上瘋傳，

---

[20] NCC 2019 年 4 月衛星電視核處案件統計表 https://www.ncc.gov.tw/chinese/files/19050/5082_41406_190503_1.pdf

[21] 同註 16。

[22]《衛星廣播電視法》第三十六條。

[23] 同註 18。

[24] NCC 2019 年 5 月衛星電視核處案件統計表 https://www.ncc.gov.tw/chinese/files/19060/5082_41520_190606_1.pdf

疑似兩名在北部信義區的地下匯兌車手，因爲私吞款項五、六百萬，遭到業者抓包，進行脫光衣服跳舞唱歌、隔著火爐做伏地挺身等私刑，過程中還有持棍棒的男子對兩人么喝嗆聲，畫面曝光後引發熱議，不過這兩人到底是誰，爲什麼被如此對待，還得等警方進一步釐清。

這則新聞雖然身體重點部位有後製處理，但內容呈現黑道以私刑凌虐兩名全裸男子、逼迫唱歌、跳舞及做伏地挺身等過程，電視台公然播放未經事實求證，也不見公權力介入的私刑，明顯妨害公共秩序或善良風俗，違反《衛星廣播電視法》第二十七條第三第三款規定，核處20萬元罰鍰。

或許是這則新聞太聳動，不只 TVBS 播出這個在網路流傳的影片，中天新聞台也在 2019 年 1 月 20 日上午 11 點 10 分播出，甚至播出的影片內容更長更驚恐些，也遭罰款 40 萬元。三立新聞也於 1 月 20 日上午 9 點 16 分播出，卻處理得更加聳動，不僅詳細描述黑道以私刑凌虐兩名全裸男子逼唱歌、跳舞及做伏地挺身等過程，並將男子被迫「學貓叫」的 MV 部分片段後製加工於受虐影片上，違反情節更加嚴重，遭 NCC 核處 80 萬罰鍰。

除了公共媒體之外，絕大部分的商業媒體都處在商業利益與公共利益的拉扯，常常爲了利益不惜放棄專業與自律，遊走法律邊緣。由 NCC 近年來的核處資料與案例分析，可看出最大量的違規案與廣告及置入行銷有關，其次如妨害公序良俗、兒少身心健康等，媒體的專業規範面臨更大的挑戰。

此外，相同的內容主題，可能因媒體的呈現觀點、製作方式、播出時間等差異，產生不同程度的違反專業規範，也出現不同的核處結果。民眾除了持續關心媒體的內容表現，更可發揮監督媒體的責任，向個別媒體或主管機關申訴，協助媒體在自律與法律之外，還有他律的共管機制。

第三節 網路社群媒體倫理規範

相較於受到各種法律規管的電視與廣播等傳統媒體，網路媒體好像是另一個自由天堂，在電視上不能播、不能說的，在網路世界都沒有問題。例如本章上一節所舉的男子被私刑的案例，私刑影片已在網路平台廣泛流傳，不僅不用後製模糊某些不雅鏡頭，也不用東剪西剪的避開某些殘酷畫面。同樣這一則新聞，三立新聞台、中天新聞台與 TVBS 因爲播出影片的差異化處理，各被核處 80 萬、40 萬與 20 萬的罰鍰，並且自行下架該影片。同時期，鏡週刊也以影音與文字報導此則新聞，[25] 卻不用被核處也不用自行下架，這種不對稱管制的原因即在不同的媒體屬性，其規管強度是不同的。

一、網際網路的倫理規範：運行真實世界的法則

網際網路出現時，大家都對這個新的場域寄予高度期待，樂觀地認爲網際網路帶來自由開放、民主平等的美麗新世界。WWW 的發明者英國科學家 Tim Berners-Lee 也認爲，網路之所以能快速擴展，是因爲網路具有普遍性（universality），是一個沒有預設立場，無論任何文化、任何語言、任何軟體或硬體、任何作業系統，所有人都可以使用的平台。

對網路採取開放自由的立場是世界各國的普遍通則，然而開放自由的意義並不代表網路平台可以免責，或者可以不用對網路上流傳的內容負責。即使是代表自由民主的網際網路，也需要負擔應有的社會責任。如同開車於高速公路上，高速公路局有責任提供設施完善、制度設計良好的道路，以確保用路人的生命安全與流暢的交通。而用路人則應具備最基本的倫理規範，如不能無照駕駛、酒後不開車、不超速等，遵守道路使用的相關規範，保護自己也保護別人，共同建構令人滿意的行車經驗。使用網路

[25] 鏡週刊（2019.2.21）。https://www.youtube.com/watch?v=pQA9MsrvbOE

亦然。網路平台業者有責任建制自由平等的使用環境，而使用者也需具備使用網路應有技能與倫理。

過去對網路的規管經驗未建立，網路成爲什麼都有，也成爲什麼都不奇怪的空間，看似自由開放，卻充滿各種危機。直到近年來網路問題越演越烈，相關規範逐年逐步形成，除了業者的道德自律與使用者自律，政府部門的法律也開始規範網際網路。

早期認爲網路是虛擬空間，並非眞實世界，網路上的言行是虛假的。隨著網路適用範圍急速擴大，涵蓋生活所有面向，網路世界成爲眞實世界的一部分、網路運行眞實世界的法則，網路上的行爲視同眞實世界，也適用眞實世界的法律規範，網路線上生活視爲線下眞實社會的延伸。

例如在網路上與他人筆仗，或者留言批評，要小心涉及「公然侮辱」與「誹謗」；從網路上複製圖片、下載及轉傳音樂或影片、利用他人著作加以重製等，必須留意是否取得相關授權，以免造成「著作權的侵害」。此外，年輕人喜歡玩線上遊戲，盜取虛擬貨幣或寶物、駭進他人帳號、刪除網路紀錄等事件，都會觸及刑法與民法的規範。現行眞實世界的規範也適用網際網路，所以網路使用者的倫理規範與眞實世界無異，千萬不能存有僥倖心理。

至於網路平台業者的倫理規範，也經歷由自由到適度規範的過程。特別是網路影響生活的程度日漸加劇，甚且影響國家安全與民主政治，迫使各國政府對網路的態度也由開放到緊縮。由近期各國政府對網路言論與個資侵害等問題的強硬處理態度，即可看出大家對網路社群媒體的倫理要求。

二、對仇恨言論的規範

2019 年 3 月 15 日，紐西蘭基督城市中心發生恐怖槍擊案，槍手闖入當地的兩座清眞寺，進行無差別掃射。造成至少 49 人死亡、48 人受傷，被稱爲「紐西蘭最黑暗的日子」。嫌犯在行兇前，曾透過 Twitter 及論壇散播直播網址，並透過 Facebook 直播 17 分鐘的恐攻過程。[26]該影片雖在事後遭 Facebook 官方下架，也呼籲民眾自律，不要再散布相關的影音內容。Facebook 表示，看到恐攻直播的用戶不到 200 人，但是被轉貼的視訊被超過 4 千人看過；甚至在恐攻後的幾天內，Facebook 至少阻止了超過 100 萬次的上傳。

大屠殺的主要兇手爲 28 歲的白人 Brenton Tarrant，曾在網路發表長達 74 頁的宣言，描述身分及犯案動機。恐攻事件不久，澳州出現一款視訊遊戲，畫面使用紐西蘭大屠殺，將回教徒擺在槍手的十字架上，模因（memes）紐西蘭恐攻事件中兇手的臉部和武器，甚至稱讚這名暴徒爲極右的守護神。

這些事情讓紐西蘭總理採取一連串措施，包括發起基督城宣言，呼籲 Facebook、Google、Twitter 和 YouTube 等科技公司，採取更多措施來遏制暴力和極端主義內容，因爲「我們無法單靠紐西蘭自己就避免暴力內容在線上傳播」。17 個國家和歐盟執委會，以及 8 家大型科技公司，簽署了她的宣言。[27]

事實上，德國針對仇恨性言論的法案（NetzDG）早在 2017 年中即通過，並於同年 10 月生效，法案規定任何在當地擁有超過 200 萬用戶的社交平台，必須在 24 小時之內移除有關「明顯非法」的恐怖內容、種族主義題材及虛假不實的內容，否則將面臨最高 5,000 萬歐元（約合台幣 17.5 億）的罰款。法國國民議會（National Assembly）也於 2019 年 7 月 9 日通過反仇恨言論立法提案，課予網路平台業者積極管理平台上仇恨言論（hate speech online）的責任。[28]

---

26 聯合報（2019.3.16）。https://udn.com/news/story/12917/3699668

27 Tarabay, J. (2019.7.5). *New York Times*, https://www.nytimes.com/2019/07/05/world/asia/new-zealand-internet.html

28 吳采薇（2019/7）。資策會科技法律研究所；https://stli.iii.org.tw/article-detail.aspx?no=64&tp=1&i=72&d=8278

德國與法國立法要網路平台業者負起仇恨言論的審核責任，引發外界討論，該如何規範網路內容，又不會約束到個人的數位權利或是言論自由。大部分的言論都認爲網路平台有責任將煽動暴力的激進言論過濾掉。誠如布魯金斯研究所（Brookings Institution）科技創新中心主任 Darrell West 所說：「這並不牽涉言論自由的問題，因爲沒有人有權力去慫恿他人動用暴力。」「若放任民眾動用暴力、發表仇恨言論和從事會傷及他人的行爲，這會對社會產生極大危害。」[29] 這也是法國總統馬克宏所強調的，不能坐視極端主義、專制政權或恐怖主義利用網路進行大肆宣傳，政府必須反對這種扭曲的現實，採取必要的監理與立法。[30]

結語

媒體在日常生活中扮演的角色越來越重要，特別是現代社會對網際網路的倚賴達到前所未有的緊密；當媒體成爲影響社會發展的重要因素，政府的管制強度與監理措施，也必須更加嚴密謹愼。媒體本身也應負起專業倫理的要求，符合社會公器的期待。

特別是面對網路的失序，從隱私風險、個資濫用，到滿天飛的假消息和仇恨言論，WWW 發明人 Tim Berners-Lee 提出一份網路契約，希望重建人們對網路的信任，Google、Facebook 等科技大公司都簽約了。

這份「網路契約」（Contract for the Web）包含九個價值觀，希望看到這些價值（或原則）對政府機構、企業和個人的作爲，產生積極影響，讓全球資訊網爲公共財和每個人的基本權利，世界可以因此更加美好。[31]

---

[29] 林柏宏（2019.8.6）。《中央社》https://www.rti.org.tw/news/view/id/2029971

[30] Romm, T., & McAuley, J. (2018.11.12). *Washington Post*, https://www.washingtonpost.com/technology/2018/11/12/facebook-will-let-french-regulators-study-its-efforts-fight-hate-speech/?noredirect=on&utm_term=.fe35bd795a8a

[31] https://contractfortheweb.org/zh-hant/

政府的責任

- 確保每個人都能使用網際網路，任何人無論其身分、居住地點，都可以參與網路活動。
- 保持所有的網際網路在任何時間都可以使用，沒有人被剝奪使用網際網路的權利。
- 尊重人民的隱私權，使每個人可以自由地、安全地、無畏地使用網際網路。

企業的責任

- 讓網際網路是能讓每個人都能使用及負擔得起，沒有人被排除在使用和形塑全球資訊網之外。
- 尊重消費者的隱私和個人資料，人們能掌控自己在網際網路上的生活。
- 發展支持人性中最美好並挑戰最壞部分的科技，全球資訊網是眞正以人爲先的公共財。

公民的責任

- 成爲網際網路上的創造者和合作人，讓全球資訊網能提供豐富並與每個人都相關的內容。
- 成爲尊重人民發言和人類尊嚴的強大社群，讓每個人在網際網路上都能感受到安全且是受歡迎的。
- 爲全球資訊網而戰，讓全球資訊網在現在及未來都會是對世界上每個人保持開放且爲全球的公共財。

第十五章

思考問題

1. 除了共通性的原則，各行各業均擁有特殊的專業，請與同學及家人討論：「媒體人需要具備什麼樣的專業」？並嘗試分類條列出來。
2. 你認為專業媒體組織的從業人員與YouTuber（或直播主等自媒體傳播者）的專業能力應有所不同嗎？有哪些共同或相異之處？
3. 觀察並蒐集大眾常用的社群媒體（如Instagram、Facebook等），有什麼現象是大家認為值得討論的議題（如數位霸凌、侵犯隱私權等）？面對這些問題，你認為社群媒體需要負起責任嗎？為什麼？
4. 政府面對電視新聞頻道（如東森新聞、三立新聞、TVBS新聞、民視新聞……）與綜藝或戲劇頻道等非新聞類的頻道（如三立臺灣台、八大戲劇台、緯來日本台……），是否應該有不同的規範強度？為什麼？
5. 近幾年發現網路媒體的聲量具體影響選舉投票行為，也能帶起社會輿論風向，同時也是不實訊息肆意散播的大溫床；請找出5個生產製造與傳播不實訊息的內容農場，並提醒親朋好友避免誤信。

國家圖書館出版品預行編目資料

媒體與資訊素養：數位公民培力／陳炳宏，柯舜智著.--二版.--臺北市：五南圖書出版股份有限公司，2023.10
面；　公分
ISBN 978-626-366-650-4(平裝)
1.CST: 傳播產業　2.CST: 數位媒體
3.CST: 資訊素養　4.CST: 媒體素養
541.83　　110012055

1ZOU

媒體與資訊素養
數位公民培力

作　　者— 陳炳宏(259.2)　柯舜智
發 行 人— 楊榮川
總 經 理— 楊士清
總 編 輯— 楊秀麗
副總編輯— 李貴年
責任編輯— 李敏華、何富珊
封面設計— 王麗娟
出 版 者— 五南圖書出版股份有限公司
地　　址：106台北市大安區和平東路二段339號4樓
電　　話：(02)2705-5066　　傳　　真：(02)2706-6100
網　　址：https://www.wunan.com.tw
電子郵件：wunan@wunan.com.tw
劃撥帳號：01068953
戶　　名：五南圖書出版股份有限公司
法律顧問　林勝安律師
出版日期　2021年 9 月初版一刷
　　　　　2023年10月二版一刷
定　　價　新臺幣500元

※版權所有．欲利用本書內容，必須徵求本公司同意※

全新官方臉書

五南讀書趣

WUNAN Books since1966

Facebook 按讚

1 秒變文青

★ 專業實用有趣
★ 搶先書籍開箱
★ 獨家優惠好康

不定期舉辦抽獎
贈書活動喔！！！

經典永恆·名著常在

五十週年的獻禮——經典名著文庫

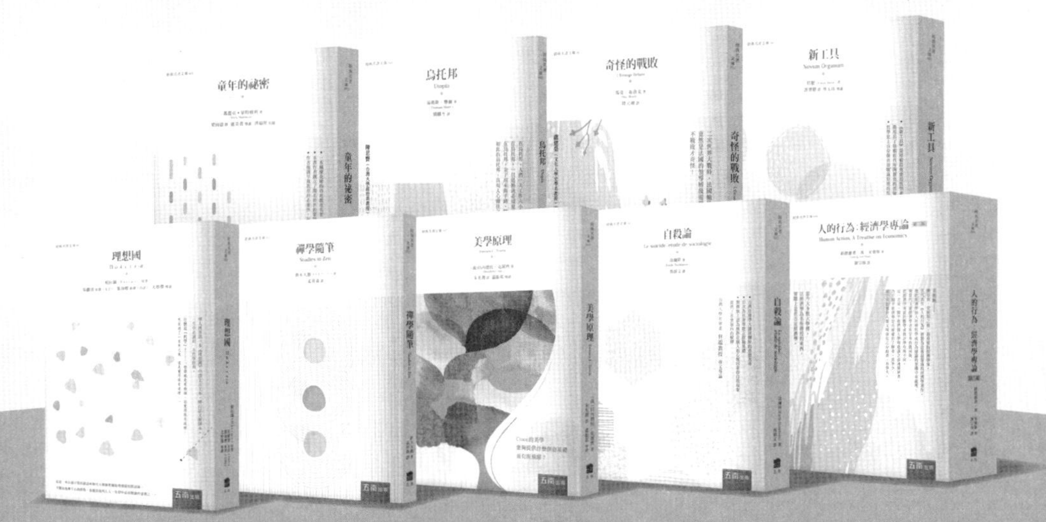

五南，五十年了，半個世紀，人生旅程的一大半，走過來了。
思索著，邁向百年的未來歷程，能為知識界、文化學術界作些什麼？
在速食文化的生態下，有什麼值得讓人雋永品味的？

歷代經典•當今名著，經過時間的洗禮，千錘百鍊，流傳至今，光芒耀人；
不僅使我們能領悟前人的智慧，同時也增深加廣我們思考的深度與視野。
我們決心投入巨資，有計畫的系統梳選，成立「經典名著文庫」，
希望收入古今中外思想性的、充滿睿智與獨見的經典、名著。
這是一項理想性的、永續性的巨大出版工程。
不在意讀者的眾寡，只考慮它的學術價值，力求完整展現先哲思想的軌跡；
為知識界開啟一片智慧之窗，營造一座百花綻放的世界文明公園，
任君遨遊、取菁吸蜜、嘉惠學子！